MULHERES INTELIGENTES
JOGAM PARA GANHAR

IVANKA TRUMP

MULHERES INTELIGENTES JOGAM PARA GANHAR

Não importa de onde você comece: supere todas as expectativas no trabalho e na vida

1ª reimpressão

Tradução:
Thereza Christina Motta

© Ivanka Trump, 2009
Todos os direitos reservados.
Tradução para a língua portuguesa: copyright © 2010, Texto Editores Ltda.

Título original: *The Trump card: playing to win in work and life*

Preparação de texto: Alessandra Miranda de Sá
Revisão: Margô Negro
Diagramação: S4 Editorial
Capa: Osmane Garcia Filho

DADOS INTERNACIONAIS DE CATALOGAÇÃO NA PUBLICAÇÃO (CIP)
(Câmara Brasileira do Livro, SP, Brasil)

Trump, Ivanka
Mulheres inteligentes jogam para ganhar : Não importa de onde você comece : supere todas as expectativas no trabalho e na vida / Ivanka Trump [tradução Thereza Christina Motta]. – São Paulo : Lua de Papel, 2010.

Título original: *The Trump card*.
ISBN 978-85-63066-06-0

1. Significância pessoal 2. Sucesso – Aspectos psicológicos 3. Sucesso em negócios 4. Trump, Ivanka, 1981- I. Título.

| 10-00715 | CDD-650.1 |

ÍNDICE PARA CATÁLOGO SISTEMÁTICO
1. Receitas para o sucesso : Administração   650.1
2. Sucesso : Desenvolvimento profissional : Administração   650.1

TEXTO EDITORES LTDA.
[Uma editora do grupo Leya]
Av. Angélica, 2163 – Conj. 175/178
01227-200 – Santa Cecília – São Paulo – SP
www.leya.com

Para meus pais:
o apoio de vocês foi infinito. Obrigada por sedimentarem o caminho
e servirem de exemplo para mim e meus irmãos, tanto no trabalho
quanto na vida.

Para Mel Berger, Dan Paisner, Zachary Schisgal,
Trish Todd e Chris Morrow:
agradeço por me ajudarem a realizar este livro.

Em memória de Bridget Carroll, Dedo,
vovô Fred e vovó Mary:
Saudades de vocês.

Se trabalhar naquilo que gosta e o trabalho lhe trouxer realização, o resto virá naturalmente.

— Oprah Winfrey

SUMÁRIO

INTRODUÇÃO: SUPERE ISSO   13
Pense nas dificuldades • Jogando sua "carta Trump" • Por que um livro?

   Russell Simmons – O altruísmo

1 – ASSUNTOS FAMILIARES   27
Lembre-se dos Legos • Crescendo na família Trump • Construindo do zero

   Arianna Huffington – A capacidade pessoal

2 – PROCURANDO AS BRECHAS DE UMA OPORTUNIDADE   39
Estabelecendo o tom • Criando tempo • Questões de mercado • Valorize o cliente

   Roger Ailes – Ser positivo

3 – APRENDENDO PELO EXEMPLO   55
Conhecimento é poder • Saia da cidade • Um mundo de oportunidades • Quando chega o fim

   Jonathan Tish – A perspectiva

4 – CRIANDO VALORES 71
Viva para trabalhar e trabalhe para viver • Dar e receber • Grandes expectativas

Cathie Black – Cause boa impressão

5 – MOLDANDO A CARREIRA 85
Dona do próprio estilo • Pulando fora • Combatendo a mediocridade • A primeira (e última) impressão

Tony Hsieh – Como (não) cair na rede de trabalho

6 – RECEITAS PARA O SUCESSO 103
Reconheça sua paixão • Destaque-se na multidão • Fundamentos para uma boa entrevista • Procure encaixar-se

Chris Dewolfe – Inovação e trabalho em equipe

7 – CAUSANDO IMPACTO 125
Sonhe alto • Mantenha-se aberto • Adapte-se, mude, cresça • Dê o melhor de si

Dany Levy – Gerenciando a equipe de trabalho

8 – NAVEGANDO NO LOCAL DE TRABALHO 147
Dicas tecnológicas para manter a sanidade • Você recebeu e-mail! • Pit bulls e chiuauas • Negocie tudo

Mark Burnett – Mantendo a palavra

9 – NEGÓCIOS INCOMUNS 171
Amplie o alcance • O impulso da confiança pessoal • Intensidade e conteúdo

TORY BURCH – Siga seus instintos

10 – ALCANÇAR E CONECTAR-SE 195
Coloque no papel • Chegue ao topo • Encontre o equilíbrio

> Barry Sternlicht – Diferencie o produto

11 – INDO SOZINHO 213
Siga sua curiosidade • Construa uma marca • Desenvolva uma assinatura

EPÍLOGO: JUNTANDO TUDO 229

INTRODUÇÃO
SUPERE ISSO

Não se constrói uma reputação com aquilo que ainda se está por fazer.
— Henry Ford

Nos negócios, assim como na vida, não se recebe nada de graça.

Pode soar como algo que alguém que tenha a minha história – e peso – possa dizer, mas, se conhecer a mim e à minha família, saberá que digo isso do fundo do coração. Sim, tive a grande sorte de ter nascido numa família abastada e privilegiada, e com nome reconhecido. Sim, tive todas as oportunidades, todas as vantagens possíveis e imagináveis. E, sim, escolhi construir minha carreira sobre uma base assentada por meu pai e meu avô, portanto, compreendo por que um estranho poderá considerar meu sucesso nas empresas da família como mais um exemplo de nepotismo.

Mas meus pais estabeleceram parâmetros bastante desafiadores para mim e meus irmãos. Deram-nos muito, é verdade, mas esperavam muito de volta. E pode ter certeza de que não subimos na empresa por pertencer à família do dono nem lançamos mão de nenhum outro artifício do gênero. Meu pai não é o tipo de pessoa que colocaria os filhos nos postos-chave dentro da empresa se não achasse que iriam superar suas expectativas. Como se sabe, na casa da família Trump não era suficiente corresponder às expectativas de ninguém. Tínhamos de superá-las. Deveríamos surpreendê-los. E sermos os melhores. Ser qualquer outra coisa era ser menor, de segunda classe, o que provavelmente explica uma de minhas maiores preocupações ao começar: temia ser apenas competente em meu emprego na Organização Trump. Apenas boa, e nada mais.

Ainda me lembro como me senti ansiosa, tão completamente deslocada, ao ser indicada para a diretoria da Trump Entertainment Resorts, empresa principal dos nossos cassinos em Atlantic City. Não se tratava de um negócio exclusivamente administrado pela família. Era uma empresa pública, portanto havia uma pressão enorme para provar que aquele era meu lugar. Parte dessa pressão era real, e parte, imaginária – mas isso não diminuía meu terror. Ainda me lembro de caminhar para a primeira reunião de diretoria no escritório de advocacia de Weil, Gotshal & Manges sentindo-me muito nervosa até chegar lá. A caminhada durou apenas cinco minutos, mas foi tempo mais que suficiente para pensar nas piores coisas possíveis. Não ajudou em nada alguém dizer pouco antes de sair do meu escritório que estava para me tornar a mais nova diretora de uma empresa pública nos Estados Unidos; já havia bastante com que me preocupar. Tinha 25 anos, trabalhava há pouco mais de um ano nas empresas Trump e estava prestes a me sentar a uma mesa de reuniões com um grupo de homens de meia-idade – alguns dos quais, tenho certeza, estariam se perguntando o que eu fazia ali. Por um lado, sabia que havia sido chamada para representar uma geração mais nova e os interesses da minha família dentro da empresa que levava nossa marca. Mas, por outro, preocupava-me em me expor como uma garota que ocupava um cargo além da própria capacidade. A formalização da minha indicação ainda dependia da aprovação da diretoria, e eu deveria obter uma licença de jogo e conseguir outras autorizações. Jurei a mim mesma, enquanto ia para a reunião, que jamais daria a essas pessoas um motivo sequer para questionar o valor do que apresentaria naquele encontro.

Ao longo do caminho, pensava que minha indicação para o cargo na diretoria daria com os burros n'água: era muito jovem e sem experiência; era mulher; e era a filha de Donald Trump. (Pode parecer, a princípio, que esse último fator fosse uma vantagem, mas não o via como um ponto a meu favor; quando muito, poderia dar a impressão de que havia sido chamada apenas por ser parente.) Ao crescer com dois irmãos, assisti a muito beisebol para saber que você só tem três lances, portanto poderia queimar minhas chances

Introdução 15

antes mesmo de me posicionar na base. Porém percebi que aquilo que algumas pessoas consideram negativo outras podem ver como positivo. Talvez minha relativa pouca idade e inexperiência pudessem me ajudar a começar de modo novo. Talvez a diretoria precisasse do olhar de alguém jovem como eu. Talvez o fato de servir como olhos e ouvidos de Donald Trump dentro da diretoria, trabalhar na Organização Trump e participar de seu programa de televisão me qualificassem de maneira única para oferecer uma visão e estratégia melhores que favorecessem os três cassinos que levavam a marca Trump, os principais bens da empresa.

De qualquer forma, foi demais. Intimidador. Então, como me virei? Concentrei-me, respirei fundo e jurei fazer tudo o que fosse necessário para mostrar aos novos colegas de diretoria e à equipe de administração da empresa que seria um acréscimo ao valor da empresa. Estava determinada a representar meu papel por inteiro. Poderia estar nervosa, mas não deixaria o nervosismo transparecer. Poderia estar me sentindo intimidada, mas não demonstraria. Poderia até ter um desempenho aquém das expectativas nas primeiras reuniões, mas logo conseguiria acompanhá-los. E, com certeza, foi o que aconteceu. No final da primeira reunião, grande parte da ansiedade havia desaparecido e voltei ao escritório na Trump Tower sentindo que havia contribuído de algum modo. E que conseguiria contribuir mais depois de algum tempo.

Na verdade, quando aprendemos que apenas ser bom não é o suficiente, temos a tendência de nos esforçar mais. Acabamos não aceitando tudo de bandeja e não desistimos só porque alguém possa pensar que começamos com alguma vantagem. Quando acontece de alguém tirar conclusões precipitadas sobre minhas qualificações, não deixo que isso me incomode. Sou dura na queda e confiante ao extremo para não me preocupar quando me subestimam por causa do sobrenome, da pouca idade ou por ter trabalhado como modelo. É algo que você aprende sendo. Cheguei a um ponto em que compreendi que não sou pouca coisa. Sou perfeitamente capaz de separar meus colegas e sócios desse tipo de julgamento rápido quando ele vem à tona, o que, atualmente, tem acontecido cada vez menos, fico feliz em constatar.

A mensagem que passo às pessoas que estão prontas para me descartar antes mesmo de me conhecer pessoalmente é: *supere isso*. É o mesmo tipo de mensagem que dei a mim mesma toda vez que passava tempo demais me preocupando com o que as pessoas pensariam sobre mim e como assumi o cargo dentro da empresa, ou que tipo de vantagens apresentei a meu favor. Ficava me torturando com essas ideias, e pensava: "Ivanka, supere isso". Ou: "Não é problema seu; é deles". No fim, acabei descobrindo que cada um traz a própria bagagem. Não importa o que façamos, não importa de onde viemos, todos tivemos algum tipo de vantagem em algum momento da vida; algo que poderia ter sido de outra pessoa e com o qual, talvez, pudéssemos não contar.

PENSE NAS DIFICULDADES

Ainda nessa linha de raciocínio, posso aproveitar a metáfora um pouco mais para explicar meu ponto de vista. Isso teria me ajudado a começar? É como o vislumbre à meia distância numa corrida de obstáculos, quando os corredores se alinham, cada um em sua pista, o corredor da pista externa posicionado mais à frente antes de a pistola disparar, e o corredor da pista interna posicionado bem atrás. Eles se posicionam dessa forma para que cada corredor percorra a mesma distância antes de chegar à primeira reta, mas, aparentemente, um deles pareceria estar saindo com alguma vantagem. Na verdade, a única vantagem é psicológica; cada corredor acaba percorrendo a mesma distância até o final da corrida. Em relação a mim, é provável que parecesse estar na pista de fora, bem à frente do restante do grupo, antes mesmo de a corrida começar. Mas, ainda assim, tive de percorrer o mesmo percurso que eles. E, além, tive de estudar, de aprender o básico, de desenvolver meu estilo, de tomar e manter minhas decisões, e assim por diante.

O que a maioria das pessoas não se dá conta é de que esse engano muito comum costuma vir acompanhado de outro. Levei algum tempo para perceber, mas, com certeza, o modo como os outros veem alguém correndo na parte externa da pista da vida, com uma aparente vantagem em relação a todo mundo, tem dois lados. Por um lado, podem imaginar que meu sucesso seja puramente um subproduto do meu privilégio, proximidade ou favoritismo – ou, de certa maneira, que a filha de Donald Trump não teria outro motivo para ser promovida ao papel de vice-presidente da empresa imobiliária do pai senão o parentesco filial. As pessoas presumem que eu não seja inteligente, destemida

Introdução

ou experiente o bastante para obter essa promoção por mim mesma. Por outro lado, e justamente ao contrário, as pessoas podem conceber que, apenas porque sou filha de Donald Trump, herdei uma compreensão natural sobre tudo o que se relacione a mercado imobiliário e finanças.

(Creio que teria sido pior!)

Eu me habituei a ouvir isso o tempo todo enquanto estudava em Wharton, como aluna da Universidade da Pensilvânia, quando meus colegas me encaravam toda vez que um professor fazia uma pergunta desafiadora. Na mente deles, por ter vivido tanto tempo com meu pai e ter os mesmos genes e constituição mental que ele, deveria, de modo automático, saber a resposta. E, para dizer a verdade, ainda recebo esse tipo de tratamento diferenciado. As pessoas por vezes se aproximam de mim de forma cautelosa, devido à reputação do meu pai como negociador de fama mundial, pensando que essa seja uma vantagem para mim. Como se eu conhecesse algo que não conhecem. Pode ser uma grande desvantagem, isso sim, em particular ao entrar numa negociação, quando preferiria ser subestimada. Meus irmãos me dizem que o mesmo costumava acontecer com eles o tempo todo, então aprendemos a lidar com isso e tocamos em frente.

Essa reação ocorre no bom e no mau sentido. No lado positivo e negativo também. Mas aprendi a ignorá-la. A me colocar acima disso. Recuso-me a permitir que a opinião dos outros defina como me vejo, como me comporto, como vivo. Ela é irrelevante para mim. Se me aborrecesse toda vez que alguém sugere que me aproveito do meu sobrenome, da minha aparência ou do meu berço de ouro, seria um lixo. E, se me deixasse levar ou envaidecer com cada elogio exagerado que recebi, meu ego não conseguiria passar pela porta da minha sala no escritório.

Portanto, supere isso. Siga em frente se acha que deve. Reconheça os excessos, mas depois siga em frente. Siga em frente, porque eu já segui. Siga em frente, porque, mesmo que aqueles que acreditam que meu sucesso resulte do nepotismo estejam corretos, também podem estar errados. Veja como eu e como quem me critica vê – não há modo de auferir a vantagem que recebi por pertencer à família Trump, como não há modo de saber se a pessoa sentada à sua frente numa entrevista de emprego ou numa negociação está lá por mérito próprio ou por indicação de alguém.

O que sei é o seguinte: tenho bastante orgulho do que minha família conquistou. Começando pelo meu pai, suponho – mas é quase certo que ele diga que tudo começou com o pai dele, meu avô. E também tem a influência da minha mãe. Ela teve um papel muito importante no meu desenvolvimento como mulher de negócios, com sua força, disciplina e personalidade. (É provável que ela também reputasse parte dessas características à influência dos pais dela.) Meus irmãos, do mesmo modo, colaboraram para meu sucesso da mesma maneira que espero ter colaborado para o deles. Descobri que todos colaboram mutuamente, de modo que o todo é maior do que a soma de cada parte. Somos uma fonte de talentos e perspectivas individuais, e bebo de todas elas. Todos bebem de todas elas. Portanto, em vez de me preocupar com o que as outras pessoas pensam, como medem ou a quem creditam nossas qualidades e conquistas, meu foco é garantir que o sucesso continue na próxima geração da família Trump. Afinal, os Trump não jogam só para manter aparências. Nós jogamos para ganhar.

Meu Deus, pareço meu pai falando, não é? Mas não poderia ser diferente sendo filha de quem sou.

JOGANDO SUA "CARTA TRUMP"

A percepção, as dificuldades, os elogios excessivos, o tratamento diferenciado gratuito – tudo leva de volta ao livro que você agora tem em mãos, um livro de memórias de negócios, recheado de lições de vida e descobertas feitas do modo mais difícil para mulheres jovens que querem propulsionar a própria carreira. Sim, escrito pelas mãos de uma ex-modelo. Sim, de uma empreendedora que construiu sua reputação com base no sobrenome, dentro da empresa da família – nem mais, nem menos. Mas não se pode julgar um livro pela capa, não é? Há uma razão para que a frase tenha se tornado um clichê: é totalmente verdadeira. Está certo, tive uma mãozinha para entrar na sala, mas não significa que não tenha assentado meu próprio caminho depois de ter entrado no escritório.

Falemos, antes de tudo, sobre uma expressão que está no título: a carta Trump.[1] Significa que todos recebemos uma carta vencedora e depende de

---

[1] Referência ao título original da obra: *Trump card*.

Introdução

nós jogá-la de modo adequado. No jogo de *bridge*, claro, a carta Trump é a que prevalece, não importa o que aconteça, e, como estratégia, em geral, é reservada para quando de fato precisarmos dela. Lancei mão dela aqui, porque gosto da metáfora e da maneira como demonstra o modo como joguei as cartas vencedoras que tinha nas mãos.

Ultimamente, tenho jogado minhas cartas na empresa da família, algo que seria impensável para meu avô, que começou construindo e administrando a locação de imóveis populares na cidade de Nova York, nos distritos de Brooklyn, Queens e Staten Island na década de 1930. Hoje, como vice-presidente executiva da Organização Trump, estou na linha de frente dessa mudança sísmica dentro da empresa cujos escritórios, que costumava visitar todos os dias após a escola, nem eu mesma reconheço. Já desempenhei um papel fundamental no desenvolvimento de mais de setenta projetos imobiliários em todo o mundo, entre eles edifícios em Nova York, Chicago e Dubai. Esse papel tem muito pouco a ver com o trabalho realizado pelo meu avô e por meu pai, mas muito a ver com o que aprendi a fazer ao longo do caminho. Em determinado ponto, posso ter exagerado um pouco e forçado a barra antes de estar pronta, mas hoje meus dias são repletos de reuniões, tomadas de decisão e planos futuros. Posso conversar sobre um potencial negócio a respeito de uma marca com um incorporador da Indonésia pela manhã e, algumas horas mais tarde, visitar um canteiro de obras para negociar o preço com um fabricante de concreto do Bronx. Sento-me a uma mesa de reuniões com um grupo de banqueiros e advogados para estudar o financiamento de um novo hotel e retorno à mesma sala de reunião seis meses depois com um grupo de arquitetos e decoradores para definir a aparência desse mesmo hotel. Certa vez, fui à América do Sul encontrar um incorporador e em seguida passei vários dias de muita tensão negociando os termos de uma sociedade relativa a uma propriedade de mais de 240 mil metros quadrados, voltando para casa com um acordo que meu pai considerou ser um dos melhores que já viu na vida. Ou posso trabalhar com a minha equipe de joalheiros para dar os últimos arremates de uma nova e magnífica coleção de joias.

Os dias não se repetem, e todos contribuíram muito para aumentar minha experiência. A *minha* experiência. Assumi um nível de responsabilidade que é bastante incomum para alguém de minha idade. A *minha* responsabilidade. Enquanto a maioria dos jovens em empresas passa entre os vinte e trinta anos de idade aguentando trabalhos burocráticos tediosos irrelevantes até ganharem algum *status*, pude passar à frente (na maior parte das vezes) desse tipo de trabalho e participei da alta administração desde cedo em minha carreira.

    Foi uma vantagem? Claro que foi. Guardei a carta Trump que recebi na minha mão de cartas para usá-la quando mais precisasse? De novo, a resposta é sim. Significa que não posso jogar essa carta, lucrar com suas respectivas vantagens, e que devo ocultar *insights* e estratégias que possam ajudar outros pretensos empreendedores a dar um passo à frente por si mesmos? De jeito nenhum. De fato, uma das maiores vantagens veio do modo mais imponderável, e espero passá-la adiante neste livro. Tive acesso a algumas das mentes mais criativas e liberais dentro do mundo profissional – em grande parte graças aos amigos e sócios dos meus pais. Mas eles eram meros contatos. Um ponto de conexão. Um começo. O que consegui fazer com esses contatos é o que importa, e tentei guardar o que essas pessoas experientes me deram – algumas vezes, de modo espontâneo; outras, de má vontade – e depois lhes pedir um pouco mais de informação. Aprendi, em primeira mão, com algumas das pessoas mais bem-sucedidas do planeta e com todo o tipo de gente.

    Ao longo dos anos, todas essas pessoas notáveis dedicaram tempo para responder às minhas perguntas e compartilhar filosofias comigo, e não apenas os executivos de primeira linha. Aprendi também com pessoas igualmente impressionantes e influentes, que trabalham nos bastidores. Aproveito todas as oportunidades possíveis para conversar com esses líderes de mercado, aqueles que trabalham muito e cobram caro, que trafegaram pelas mesmas estradas que pretendo trafegar, para compreender como a mente deles funciona e descobrir os traços que temos em comum, e também os que não temos. No final, é o que deduzimos dos mentores que tivemos, dos principais modelos e conhecidos que encontramos ao acaso o que nos distingue.

    Incluirei algumas dessas estratégias nas páginas deste livro, para reforçar o ponto crítico de que aprendemos não apenas fazendo, mas ouvindo as pessoas bem-sucedidas que conhecemos, no intuito de aprender com a luta e o triunfo delas. Você verá que me refiro a alguns dos meus amigos mais influentes e inovadores entre um e outro capítulo, em trechos que chamei de "Informes do meu BlackBerry", pelo modo como nos lembra como esses pontos de conexão estão disponíveis a qualquer um. Felizmente, compartilhar tais visões lhe dará uma noção de como é receber lições importantes de pessoas tão inspiradoras – e a coragem e a motivação para entrar em contato com pontos de vista tão relevantes e disponíveis em nossa vida.

A lição que aprendo com esses que me inspiram é que o sucesso não é algo que nos acontece; acontecemos para o sucesso. A confiança é a chave, e sempre tivemos muita confiança em casa. Esqueçam o berço de ouro e a educação de contos de fada. Este foi o bem mais precioso que herdei dos meus pais: confiança. (A perseverança vem em segundo lugar.) Sem ela, não poderia ter trabalhado como incorporadora numa área dominada por homens mais velhos. E, sem ela, não teria investido em uma joalheria num ambiente econômico tão incerto.

Cresci com todas as vantagens? Bem, talvez não com todas, mas algumas. Tinha algum dom para começar nos negócios? Sem dúvida. Mas não entre nessa. Continue lendo o livro. Juntos, descobriremos um modo de manter as cartas Trump que recebemos até chegar o momento certo de usá-las.

POR QUE UM LIVRO?

Estou plenamente consciente das boas cartas que recebi na vida. E sou muito grata por elas. Também entendo que há algo inerente e condescendente sobre qualquer jovem de 27 anos que tente aconselhar as pessoas – em particular quando se trata de mim, nos meus 27 anos, que ainda tenho muito a aprender. Não importa quantos acordos já tenha fechado ou quantos empresários retornem às minhas ligações. Ainda sou uma recém-formada dando os primeiros passos na carreira. Mas essa é exatamente a questão. Os jovens têm muito a oferecer em comparação uns aos outros. Quando procuro um livro para me ajudar a resolver um problema nos negócios, não procuro um manual empedernido escrito por um homem de sessenta anos com base em sua longa carreira. Quero consultar alguém que ainda sabe como era virar a noite com a cara metida nos livros às vésperas de uma prova. Alguém que ainda sente a ansiedade de falar em público pela primeira vez numa grande reunião. Que ainda se arrepia ao abrir a caixinha de cartões de visita após ter sido promovido pela primeira vez. Que vai trabalhar num domingo de manhã depois de ter passado a noite dançando com os amigos.

Queira ou não, esta sou eu. Acredite ou não, esta sou eu. Apesar do meu título, do meu *"pedigree"* e das minhas responsabilidades, sou apenas uma jovem como outra qualquer. Questiono meu papel na vida. Luto para encontrar o equilíbrio entre o trabalho e a diversão. Vou ao cinema ou saio com os amigos, mas também priorizo o trabalho. E, mesmo acreditando que esteja quase certa, procuro um estilo de vida que se harmonize com alguém na minha posição profissional, um estilo que expresse meu espírito, diligência e seriedade, tudo ao mesmo tempo. Basicamente, procuro as mesmas coisas que tantas outras jovens em início de carreira. E, acredite, não estamos apenas seguindo os sábios e velhos mestres veteranos quanto ao que vestir no trabalho, como se preparar para uma reunião importante ou quando agarrar uma oportunidade. Seguimos os mais jovens da mesma maneira que teríamos procurado uma amiga que estivesse cursando um ano à frente ou uma irmã mais velha.

Por que escrever um livro a essa altura de minha carreira? Em uma palavra: televisão. Se não tivesse entrado no grupo do programa de *reality show* do meu pai, *O aprendiz*, nem estaríamos conversando agora. O programa é um grande sucesso de audiência, que chegou a atrair mais de cinquenta milhões de telespectadores por semana. E mudou tudo para mim. Apesar de ser uma pessoa pública, sempre fui reservada e, até entrar no programa, era capaz de administrar minha vida e tomar conta de mim mesma. Gostava disso. Ninguém prestava muita atenção em mim além do necessário. Era capaz de ser notada numa mesa de reuniões ou num canteiro de obras, mas, se não estivéssemos tratando de algum assunto de modo direto, nem sequer seria reconhecida. Era bastante fechada, alguém fora do círculo de atenção pública. A televisão mudou tudo isso, de imediato. Não sou sequer a estrela do programa, apenas uma coadjuvante, mas comecei a receber uma enorme quantidade de correspondência dos espectadores, desde a primeira vez que apareci. Os *reality shows* da televisão são um gênero tão íntimo, que as pessoas nos veem como somos – e se identificaram comigo. Agora que havia me transformado num tipo de celebridade, pareciam gostar que eu fosse um pouco diferente das outras jovens bem-sucedidas de minha geração – alguém que parecia mais focada em construir uma carreira e fazer com que minha família se orgulhasse do que em querer aparecer na frente das câmeras. Ouvi as mães me agradecerem por dar bom exemplo às suas filhas. E ouvi essas filhas pedirem conselhos sobre como vencer no mundo profissional.

Introdução

Achei isso bem legal. Inesperado, porém legal. E, quanto mais pensava no assunto, mais fazia sentido. Afinal, meus irmãos e eu éramos os "aprendizes" originais. Passamos grande parte da vida aprendendo as manhas dos negócios tendo como exemplo nossos pais. Não, Donald Trump não podia nos demitir – pelo menos não até começarmos a trabalhar para ele –, mas, em todos os outros aspectos, foi um aprendizado e tanto. Milhões de pessoas o procuraram para ouvir seus conselhos ao longo dos anos, portanto era inevitável que uma nova geração de novos empreendedores nos procurasse para conhecer nossa versão da fórmula Trump. No início, tentei responder à maioria das cartas e *e-mails* que recebi, mas, no fim, tornou-se impossível. Então, encarei a questão do mesmo modo que teria feito para resolver qualquer outro problema: olhei-o sob uma nova perspectiva. Pensei: "Como atingir todas essas jovens de modo mais eficaz?"

Só mais uma explicação sobre a ideia de escrever um livro. Para dizer a verdade, um nome: Oprah. Fui convidada para o programa dela a fim de promover minha nova coleção de joias – meu primeiro empreendimento solo fora dos negócios da família. Estava absolutamente eufórica, porque sempre fui uma grande fã de Oprah Winfrey. Durante a entrevista, ela me elogiou por conseguir evitar as armadilhas que paralisam outros filhos privilegiados e por me dedicar a abrir meu próprio caminho. Foi uma honra ouvi-la dizer isso. Mas houve uma emoção ainda maior. Oprah usava um par lindíssimo de brincos – em forma de O, claro – da Coleção Ivanka Trump. Eu os havia dado a ela como presente de agradecimento por ter me convidado para o programa, mas não esperava que os usasse durante a entrevista. Foi um gesto muito gentil da parte dela.

Poucos dias depois da gravação, recebi uma adorável carta manuscrita de Oprah, agradecendo-me pelos brincos e cumprimentando-me pelas várias conquistas. Ela ainda me considerou um modelo de mulher do século XXI. Foi outro gesto gracioso de Oprah, embora o que me tocou foi algo além da carta propriamente dita. Foi o que Oprah havia dito. Aquelas palavras foram tão importantes que emoldurei a carta e a coloquei em cima de minha mesa de trabalho.

Espero que Oprah não se importe com essa revelação, porque ela é um dos principais modelos de minha vida. Acho que ela é a empreendedora mais influente do mundo, então tomei suas palavras como um tipo de cobrança

– deveria compartilhar visões e experiências com todos os que quisessem trilhar o mesmo caminho. Daí a ideia do livro, que, espero, sirva de fonte para jovens mulheres que estejam começando a carreira, ou talvez procurando dar-lhe novo fôlego no meio econômico incrivelmente desafiador de hoje. E não é apenas o cenário profissional que é tão desafiador para as mulheres. O caminho pessoal também é. Há tantas escolhas a serem feitas, tantas oportunidades, tantas mudanças, que mal conseguimos prevê-las. É muito fácil perder o compasso e errar a direção, e acabar numa estrada completamente equivocada.

Foi por isso que comecei a escrever este livro.

INFORMES DO MEU BLACKBERRY

RUSSELL SIMMONS – Produtor de discos, papa do *hip-hop*

O ALTRUÍSMO

Falo com muitas pessoas que estão lutando, com diversos jovens sem esperança, e tento fazê-los entender que já têm tudo de que precisam. Todos recebem o que necessitam, o tempo todo. Sabemos disso, porque está nas escrituras. E, na verdade, quando nos conformamos com o que temos, atraímos outras coisas. Pense nas pessoas de maior sucesso que conhecemos. Elas trabalham, dizem que precisam trabalhar, mas não precisam de nada, na verdade. É por isso que as coisas gostam delas. Elas atraem o sucesso. Isso é básico: quando vamos trabalhar com base na abundância, e trabalhamos num lugar que nos dá tudo de que precisamos, trabalhamos mais e mais diligentemente, porque nossa mente está clara e os objetivos são definidos.

Sempre digo aos jovens que agradeçam as bênçãos que recebem. Que comecem de um ponto de força. Que levantem de manhã e decidam o que vão dar. Tudo que se recebe é secundário. A questão é dar. Quer dizer, é preciso dar para receber, certo? Os que doam recebem mais. Essa é a razão de estarmos aqui. Precisamos servir, a princípio. Tudo o mais virá por acréscimo. E não quer dizer que temos de mudar nossa forma de ser. A maioria dos jovens com quem trabalho levantam pela manhã e querem servir. É algo inerente a nós. Queremos dar o que temos, devolver o que recebemos. Um produtor musical, ao descobrir um bom disco, começa a pensar: "Quero que todo mundo ouça isto!" Não pensamos no dinheiro que vamos ganhar, embora o dinheiro vá entrar. Pensamos: "Quero que todos ouçam este disco!" Ficamos eufóricos. Queremos compartilhar com todo mundo. Se fazemos roupas, pensamos: "Quero que todo mundo experimente esta camiseta! Ela é o máximo!" Qualquer coisa que envolva a criação funciona assim. Qualquer coisa que façamos.

No trabalho, devemos sempre procurar dar algo que leve felicidade para as pessoas. Algo em que acreditemos. Temos de nos orgulhar de nossos produtos, daquilo que damos aos clientes. É isso que fará o produto ou serviço se destacar, porque as pessoas sentirão o que sentimos. O compromisso com a excelência, com a força, com o objetivo, tudo transparece. É então que encontramos o sucesso.

Não tente enganar o mundo: alimente-o.

CAPÍTULO 1
ASSUNTOS FAMILIARES

Mesmo quando se trata de um grande erro, ocorre uma interrupção, uma fração de segundo em que ele pode ser desfeito e, talvez, remediado.
— Pearl S. Buck

As oportunidades que recebi estão repletas de coisas que devo agradecer. Sinto isso hoje como mulher adulta – em certos momentos, talvez até em exagero –, mas, não faz muito tempo, era uma típica adolescente rebelde, que não parava muito para pensar a respeito de como minhas atitudes refletiriam sobre meus pais ou a reputação do nome da família. Tenho um exemplo que se destaca: aos quinze anos, estava em Choate, rodando com minhas colegas de colégio. Uma de nós teve a grande ideia de colocar um *piercing* no umbigo e, em seguida, entramos numa pequena joalheria barata. Fizemos uma vaquinha para ter certeza de que tínhamos dinheiro suficiente para pagar pelo serviço.

Hoje me arrepio um pouco toda vez que vejo uma jovem passeando com um *piercing* no umbigo – mas ela é o que eu era naquela época: uma garota. Muitas das minhas amigas exibem *piercings* por todo o corpo e ficam ótimos nelas, mas não em mim – embora quase tenha feito o mesmo que minhas colegas aos quinze anos de idade. É um típico gesto ingênuo de rebeldia adolescente, não é? Não me lembro sequer de ter pensado em colocar um *piercing* no umbigo antes desse dia, mas lá estava eu, no calor da hora, vivendo a situação com minhas amigas.

Por sorte, não fui a primeira a fazê-lo. Estava na sala dos fundos da pequena joalheria com uma das amigas, deitada numa mesa. Seria a próxima e já estava preparada psicologicamente. Não havia dúvidas pairando em minha mente. Estava totalmente sem medo (bem, talvez com um pouco, levando em conta os gritos de nervosismo de minha amiga). Então, naquele momento, meu celular tocou. Era meu pai, ligando para perguntar sobre mim e saber o que estava fazendo.

Meus pais sempre foram extremamente antenados. De algum modo, ao longo de toda a minha infância, haviam conseguido melar a maioria das minhas péssimas decisões, ou as mais impulsivas, antes que eu desse o bote. Não quer dizer que fosse uma criança má. Muito pelo contrário, era bem boazinha. Tirava notas boas, era estudiosa, estava sempre do lado certo. Mas, como qualquer adolescente, era de lua – e, toda vez que aprontava, um dos meus pais, em geral, aparecia do nada. É como se tivessem uma antena virada em nossa direção. E, exatamente naquele momento, meu pai ligou e me fez lembrar de que ficaria muito zangado se eu furasse o umbigo. Minha mãe também. Diriam que aquilo era algo extremamente grosseiro. Muito pouco digno. E tão desnecessário! E estariam cobertos de razão. De fato, nada contra minhas amigas ou qualquer pessoa que tenha decidido colocar um *piercing* em qualquer lugar do corpo. Respeito essa decisão. Só que não tinha nada a ver comigo. E bastou ouvir a voz do meu pai naquele momento para que me lembrasse disso.

Não foi apenas a desaprovação dos meus pais que me fez perceber que estava a ponto de cometer um grande equívoco. Não temia, de fato, as consequências. Quero dizer, o que é um mês de castigo diante de um belo pingente no umbigo? Mas falar com meu pai exatamente naquela hora me fez pensar na responsabilidade que eu carregava nas costas. Mesmo como uma aluna de colégio interno passeando sem rumo pela cidade, reconhecia isso. Ou pelo menos passei a reconhecer, ali, na saleta dos fundos daquela joalheria. E não era a responsabilidade em relação a meus pais, embora ela também fizesse parte daquilo. Era a responsabilidade em relação a mim mesma, acima de tudo. De fazer o que era certo. De comportar-me com orgulho, confiança e dignidade. De preservar e proteger o nome e a reputação da família – que, no final das contas, era meu nome e minha reputação, também. De abrir-me a todas as possibilidades, a todas as oportunidades e vantagens.

Meu pai não sabia onde eu estava, era óbvio. Não conhecia o que eu tinha em mente. Mas sempre me lembro desse momento naquela joalheria como emblemático. Não se tratava apenas de meus pais terem um bom tino que garantisse a mim e a meus irmãos fazer o que era certo, mantendo-nos sempre focados e no bom caminho. Não se tratava apenas de terem uma intuição afiada. É que estavam *sempre* presentes. Mesmo quando não estavam no mesmo lugar que eu, ou na mesma cidade, estavam presentes. Eles ligavam. Mantinham-se constantemente em contato. E, quando se está sempre em contato, não é preciso se preocupar em adivinhar nada. Sempre acertavam ao estar presentes o tempo todo. Sei que posso estar supervalorizando aquele momento. Ou seja, meu pai apenas ligou. Foi apenas uma coincidência, certo? Mas, por outro lado, sei que ligou porque *sempre* ligava. Porque, mesmo sem saber, tinha trazido à tona outra lição de vida – algo que poderia me dar para ajudar a enriquecer meu jogo.

LEMBRE-SE DOS LEGOS

Claro que meus pais nem sempre podiam estar presentes, assim como eu não poderia me dar bem em todos os momentos. Vejam esta tenra lembrança de infância e entenderão o que quero dizer: por muito tempo, recordei-me de um Natal distante, quando era bem pequena e me dei mal por ter colado vários cubos de Lego que ganhara de presente naquele ano. Lembrava desse fato como um dos episódios de formação do meu crescimento – e, de certo modo, acredito que tenha sido. Podia fechar os olhos e assistiria à cena. A minha ideia, segundo me lembro, era construir um arranha-céu colorido (meu primeiro projeto de construção!) e, depois, por ter tido muito trabalho na construção, queria guardá-lo para a posteridade. Por isso, colei os pedaços. Peguei um presente novinho e transformei-o num projeto de arte, o que significava que meus irmãos e eu nunca mais poderíamos brincar com ele. Isso justificou o castigo.

Por muitos anos, guardei a lembrança vívida na memória. Cresci com ela; contava-a para meus amigos. Adorava como aquele episódio havia me mostrado o caminho que seguiria no mercado imobiliário desde muito cedo em minha vida, o modo como desafiei as convenções usando os blocos de Lego de forma tão original, a maneira como meu pai parecia se orgulhar de meu comportamento precoce, ainda que ele e minha mãe tivessem me aplicado um castigo, e por aí vai.

Mencionei a história há pouco tempo para meus irmãos, e eles me olharam totalmente surpresos. Não acreditaram que estivesse dizendo que o "incidente dos Legos" havia sido provocado por mim. De acordo com meus irmãos, *eles* haviam construído o arranha-céu e colado as peças. *Eles* tinham sido castigados. *Eles* haviam considerado aquele momento como uma das primeiras manifestações da influência de meu pai. *Eles* também tinham contado o incidente aos amigos ao longo dos anos.

Pensei: "Humm, que interessante...". Não era nem um pouco do jeito que me lembrava, mas não queria admitir ainda a versão de meus irmãos. Na minha família, por vezes, é necessário brigar para defender um ponto de vista ou alegar primazia em relação a uma ideia, portanto, dirigi-me ao árbitro mais confiável que conhecia para julgar a questão: meu pai. Quando nos reunimos todos de novo, um deles mencionou o assunto. Tinha tanta certeza do que lembrava, que a história era *minha*, *meu* prenúncio de sucesso, que eu, na verdade, não precisaria do aval de meu pai para confirmar a história. Só precisava que calasse a boca de meus irmãos. Conhecia a versão verdadeira. Afinal, tinha estado lá. Eram Don e Eric que a reivindicavam para si.

Mas, então, meu pai ponderou à maneira dele e acabou com a nossa lembrança.

— Desculpem, meus filhos — disse —, mas vocês estão todos equivocados. Essa história é minha. Aconteceu comigo e com seu tio Robert. Só que não eram Legos. Eram apenas velhos tijolinhos de madeira. Não creio que houvesse Legos quando eu era criança. Pegamos os tijolinhos de madeira e construímos um lindo edifício e colamos todas as peças para que não caíssem.

Continuou explicando e chegou a mencionar o fato em seu primeiro livro, *A arte da negociação*, que é onde devo ter lido a história. Meus irmãos também. Todos nós lemos os livros de papai assim que tivemos idade para isso, e cada um deve ter se identificado com a história a seu modo e a guardado na memória como se fosse sua. De modo inconsciente. Instintivo. Portanto, não é a história em si mesma que vale ser lembrada; não é colar os blocos para preservar e proteger um dos primeiros edifícios Trump. Não é nem mesmo a discussão do legado familiar que acho tão interessante. É o modo como meus irmãos e eu nos agarramos a essa lembrança de forma emblemática. O modo como cada um se apoderou dela, ao longo da infância, até começarmos a vida profissional, trabalhando ao lado de nosso pai e, de fato, construindo arranha-céus; o modo como uma lembrança difusa e incerta pode, por vezes, nos levar a uma compreensão mais profunda e fundamental sobre as coisas do que a verdade pura e simples nos revela à primeira vista.

De qualquer maneira, a história permanece como um dos primeiros e melhores exemplos de como funcionamos em família. É como um esforço de colaboração, de tal forma que nenhum de nós pode reivindicar privilégio em relação a nenhuma ideia ou iniciativa. Passamos a bola de um para o outro de modo que cada um seja capaz de gerir os projetos em que está trabalhando. No livro de meu pai, a história do Lego foi apenas uma lembrança bonitinha de infância, possivelmente reveladora, mas, nas minhas memórias, destaquei-a esperando que revelasse algo mais: como formávamos uma família, como os filhos queriam ser iguais ao pai, e, por último, como confiávamos uns nos outros.

Para construir, precisamos de uma boa fundação se quisermos uma estrutura sólida. Não se trata de uma metáfora; é uma das regras da construção civil. O mesmo vale se quisermos construir uma sólida carreira profissional. Ela tem de estar fundada em bases sólidas. De novo, não é uma metáfora; é uma regra profissional. E básica. Para mim, esta é a conclusão mais reveladora dessa memória coletiva. A personalidade começa em casa. Copiamos o exemplo, desde muito cedo na vida, e ele vai sempre prevalecer. Ainda que, como adultos, aprendamos com mentores e modelos, que nos ajudam a ter objetivos e perspectiva na vida e no trabalho, são as lembranças de infância que mais evocamos, mesmo que sejam lembranças "emprestadas" que meus irmãos e eu retiramos da autobiografia de meu pai e consideramos como nossa.

CRESCENDO NA FAMÍLIA TRUMP

Tive uma infância interessante, é tudo que posso dizer. Cresci numa espécie de aquário com uma placa com o nome de meu pai. Recebi de graça o sobrenome, e sempre o via escrito em letras garrafais, no alto, na lateral de nossos edifícios. Todos eles eram nossa casa.

Dito isso, nunca me importei muito com o fato de ver nosso nome nas laterais dos edifícios, até entrar no colégio interno. Os dormitórios em Choate eram os primeiros prédios onde morei que não tinham "Trump" escrito na fachada, e me lembro de pensar que aquele era um fato relevante (apenas para mim, claro – até aquele momento). Olhei para todos os alunos brilhantes e inteligentes – filhos privilegiados, na maioria, mas também filhos de todo tipo de origem que se sentiam afortunados em poder estudar num dos colégios internos mais famosos do planeta – e percebi que aquele não era um problema tão comum. Não tinha nada de mais também, mas me ocorreu que fosse simbólico, considerando o caminho que abriria para mim a partir de então. Mesmo aos catorze, quinze anos de idade, já apresentava uma personalidade muito independente, creio eu. Amava meus pais, amava minha família, amava as oportunidades que o trabalho persistente e o sucesso deram a mim e a meus irmãos, mas estava decidida a crescer do meu jeito. A ver o mundo de uma perspectiva totalmente nova.

Mesmo que significasse viver num edifício com o nome de outra pessoa!

Voltemos ao aquário que mencionei antes por um momento – porque, de algum modo, para algumas pessoas, é como se eu nunca tivesse saído dele. Entendo o que querem dizer. Quando se cresce com a atenção da mídia, como aconteceu comigo, as pessoas tendem a nos ver de determinada maneira – por muito, muito tempo. Entendo isso também. Meu pai experimentou um dos primeiros sucessos durante a década de 1980, e ele e minha mãe geraram bastante publicidade como casal. Além das conquistas de meu pai, imobiliárias e em outros negócios, eles estavam muito envolvidos com o círculo social da cidade de Nova York, em particular no circuito benemerente. Esse era o papel principal de minha mãe, mas meu pai comparecia aos jantares de negócios e aos eventos relacionados à sua área. Estavam sempre em movimento, indo de um evento a outro, a ponto de a movimentação ser, de modo inevitável, alvo da atenção da mídia. Tudo isso me parecia perfeitamente normal naquela época, mas significava, desde o início, que as pessoas me conheceriam como um tipo de princesa, cercada de brinquedos, viagens e coisinhas com que a maioria das meninas apenas sonhava.

Apesar de os aspectos materiais da minha infância parecerem se destacar, os presentes mais valiosos e permanentes que recebi de meus pais foram os valores: autossuficiência, trabalho árduo e respeito. Para os outros que nos viam do lado de fora poderia parecer que nossa família simbolizava um conjunto muito diferente de valores ou que nosso estilo de vida equivalesse à ostentação, *glamour* e ganância que prevaleceu na década de 1980. Mas não foi essa minha experiência. Nem um pouco. Vivíamos cercados do bom e do melhor. Viajávamos a todo momento e tínhamos o privilégio de sentar na primeira fila diante do palco do mundo. O nome Trump marcou o estilo de meu pai: grande, corajoso, luxuoso e ousado. Mas meus pais se preocuparam com que os filhos fossem disciplinados e corretos e que soubessem que tais privilégios e as grandes e vultosas vantagens eram o resultado da dedicação e determinação deles, e que nunca deveriam ser considerados de modo fútil.

Esse ponto de vista tinha a ver com a maneira como foram criados.

Minha mãe, Ivana Zelnicek, nasceu na pequena cidade tcheca de Gottwaldov, ao sul de Praga, numa região hoje conhecida como República Tcheca. Meu avô Milós – "Dedo" para a família e os amigos – era um engenheiro eletricista que ajudou a projetar vários estádios de esporte na Tchecoslováquia. Minha avó Maria – "Babi" – era uma dona de casa que amava ler e cozinhar.

Além das várias e múltiplas conquistas na engenharia, meu avô materno era um excelente esquiador que ensinou minha mãe a esquiar quando ela tinha apenas dois anos. Mamãe demonstrou ser boa esquiadora e conseguiu ganhar a primeira corrida aos seis anos. Ganhou muitas outras competições e conquistou um lugar no time tcheco de esqui nas Olimpíadas de 1968. O sucesso de minha mãe como esquiadora provocou um enorme impacto em sua vida – e na minha também, como se viu depois. Como atleta mundial, conseguira comer melhor, vestir-se melhor e morar numa casa melhor que outros cidadãos tchecos, portanto, mesmo tendo crescido num país comunista, recebera todo tipo de vantagem material disponível naquele contexto espartano – e mereceu tudo o que recebeu. No âmbito pessoal, o treinamento rigoroso a ajudou a desenvolver e fortalecer a ética de trabalho incansável que levaria para a idade adulta e a nova vida nos Estados Unidos. Além de alimentar um traço competitivo acirrado que se tornaria uma de suas características fundamentais.

Um dos benefícios adicionais mais importantes da capacidade atlética de minha mãe foi a liberdade que teve para viajar ao exterior – algo que ela aproveitou como ninguém. Sem os privilégios especiais dados aos atletas, nunca teria chegado à América do Norte, nem aos Estados Unidos. Após se formar na Universidade Charles, em Praga, em 1972, viajou ao Canadá para seguir a carreira de modelo que havia começado na Tchecoslováquia. Muitas pessoas pensam que meu pai era quem tinha a determinação e a disciplina ferrenhas para atingir o sucesso — mas minha mãe esquiava, era modelo e estudava, e fazia tudo isso de forma exemplar. Uma vez vivendo no Canadá, apaixonou-se por um imigrante tcheco chamado George Syrovatka, que trabalhava como instrutor de esqui. O relacionamento durou apenas alguns anos, mas, quando acabou, minha mãe não teve pressa em voltar à vida atrás da Cortina de Ferro. Continuou vivendo no Canadá e, quando deixou de competir como esquiadora, voltou-se apenas para a carreira de modelo, outra decisão importante em sua vida.

Mesmo ainda jovem, minha mãe sabia bem o que queria. Quando decidia que queria algo, em geral conseguia. Ela entrou para uma agência de modelos famosa e, em 1976, foi escolhida com várias modelos canadenses para viajar a Nova York numa turnê e promover os Jogos Olímpicos que aconteceriam em Montreal. Certa noite em Nova York, durante a visita, minha mãe e algumas modelos foram jantar num restaurante chamado Maxwell's Plum, um lugar conhecido na época. De fato, era tão conhecido que não havia nenhuma mesa para elas. A princípio.

Antes de se retirarem do restaurante, frustradas, meu pai as viu. Donald Trump era um jovem incorporador imobiliário bem-sucedido com um velho senso de cavalheirismo. Estava sentado com um grupo de amigos numa grande mesa e perguntou à minha mãe e às amigas se não gostariam de se sentar com eles. Havia lugar para todas, ele explicou.

Ouvia essa história o tempo todo quando era menina. Meus pais contaram-na várias vezes, e sempre julguei que havia algo romântico nela com relação ao modo como meu pai e os amigos rapidamente abriram espaço para minha mãe e as amigas se sentarem. Era o tipo de oportunidade, de encontro, que parecia fazer parte de um conto de fadas — e, ainda que a história não tivesse terminado tão lindamente (afinal, meus pais se divorciaram depois), acabou tendo um final feliz. Ou três: meus dois irmãos e eu.

CONSTRUINDO DO ZERO

Meu pai nasceu no bairro de Queens, em Nova York, filho de Fred e Mary Trump. Meu avô paterno era filho de imigrantes alemães. Conheceu minha avó, que era escocesa, durante uma viagem de férias aos Estados Unidos. Casaram-se em 1936 e se estabeleceram no Queens, onde meu avô iniciara uma empresa de construção de casas familiares. Na verdade, começara construindo garagens como anexos às casas de família à medida que foram precisando de um lugar para guardar os carros novos. Após a Segunda Guerra Mundial, quando milhares de soldados retornaram a Nova York procurando um lugar para morar, a empresa de meu avô decolou, e logo se tornou um dos maiores construtores de casas de família de classe média no Brooklyn, Queens e Staten Island. Ele viu a oportunidade e se preparou para atendê-la – um traço comum que molda a personalidade de todos na família.

Meu pai era o braço direito dele quando jovem. Nunca nos explicou isso muito bem, exceto ao dizer que nem sempre fez as melhores escolhas nem conseguia se manter longe dos problemas. Aos treze anos, meus avós o mandaram para um colégio militar ao norte da cidade de Nova York, esperando que as regras rígidas o ajudassem a concentrar de alguma forma sua energia e impulsividade. O plano deu certo: meu pai tornou-se um cadete, foi capitão do time de beisebol, recebeu honras acadêmicas e chegou a conduzir os alunos da escola pela Quinta Avenida na Parada do Dia de Colombo, em 12 de outubro de 1963 – passando exatamente em frente do local da futura Trump Tower. Depois de se formar no colégio militar, meu pai se inscreveu na Universidade Fordham, no Bronx, pensando em ajudar na empresa imobiliária da família enquanto se formava. Passados dois anos, transferiu-se para a Faculdade de Economia Wharton, na Universidade da Pensilvânia, acreditando que se beneficiaria com a convivência num meio acadêmico mais desafiador – um caminho que meu irmão Don e eu seguiríamos mais tarde.

Um dos grandes temas da vida e da carreira de meu pai foi a capacidade de "pensar grande". Se algo era feito de maneira modesta, ele fazia com que funcionasse em escala maior. "Modesto" não fazia parte de seu vocabulário. Quando se formou em Wharton e começou a trabalhar com meu avô, que na época era um grande incorporador em outros bairros de Nova York, o primeiro pensamento de meu pai foi levar tudo para uma escala maior. Em sua mente, a mágica e o dinheiro da cidade de Nova York estavam em Manhattan, portanto abriu seus canais ali. Comprou um apartamento na Upper East Side e passou a gastar a maior parte do tempo livre escrutinando a cidade, normalmente a pé, procurando a propriedade certa para que a família Trump entrasse no mercado de Manhattan.

A primeira grande ideia para a empresa imobiliária da família nasceu no final da década de 1970, quando Nova York passava por uma profunda crise financeira. A cidade estava endividada, o desemprego era alto, a onda de crimes crescia, as taxas de juros subiam, e muitas empresas estavam deixando a cidade. Mas, onde outros viram incerteza, meu pai enxergou oportunidade, sinalizando outro grande tema de sua carreira: a capacidade de virar para um lado quando todos viravam para o outro. Uma das estratégias que aprendeu com o pai dele foi desafiar o lugar-comum – ou pelo menos pensar em alternativas. É uma visão que tento aplicar a cada negócio em potencial, a cada novo mercado, porque, se o instinto lhe diz que olhe à direita enquanto todos estão olhando para a esquerda, você acabará descobrindo um novo ponto de vista. Um ponto de vista que será uma oportunidade. Meu pai estava convencido de que a cidade de Nova York superaria a crise financeira e que Manhattan emergiria mais uma vez como o melhor lugar do mundo para se viver. Em vez de abandonar a cidade, meu pai estava decidido a investir – pesado! – nela enquanto as condições fossem favoráveis.

Por fim, encontrou o imóvel que procurava: o velho Hotel Commodore logo acima da Grand Central Station. Olhando bem, não foi uma surpresa que meu pai tivesse apostado nesse imóvel em especial. Ao longo dos anos, havia construído grandes edifícios em grandes localizações. Sempre tinha pensado que, se bem localizados, havia elementos de valor que se adicionavam a esses lugares emblemáticos. Com esse acordo, teria a primeira chance de provar o que pensava. O negócio tinha vários pontos positivos, ele nos contou mais tarde, quando tínhamos idade suficiente para compreender sua linha de raciocínio: a Grand Central Station era um dos pontos de transporte nevrálgicos da cidade, mas, em meados da década de 1970, também havia decaído. A estação precisava seriamente de reformas, e o antigo e orgulhoso Hotel Commodore também lucraria com uma modernização. A vizinhança, do mesmo modo, não estava em melhores condições. Meu pai sabia muito bem que, sem uma restauração completa para atrair novos clientes, o hotel afundaria cada vez mais e logo fecharia as portas, mas também sabia que não havia muitos incorporadores com coragem, temperamento ou bolsos cheios para fechar um negócio que revitalizasse o imóvel em meio ao desânimo econômico.

Pela primeira vez na carreira, meu pai usou a incerteza como um ponto de vantagem. Tinha a coragem e o temperamento para fazer com que o negócio funcionasse, mas não tinha o dinheiro para tanto. Sabia que poderia comprar o hotel a um preço muito baixo, mas precisava de uma isca para poder fechar o negócio. Supôs corretamente que a prefeitura não queria ter sua imagem ainda mais manchada ao manter um hotel decadente ao lado de um dos principais pontos de entrada de Manhattan, por isso usou a sombra dessa imagem negativa como alavanca e negociou um abatimento tributário de quarenta anos com a prefeitura. Os termos eram tão favoráveis que os concorrentes e críticos ficaram boquiabertos – e é provável que tenham sentido um pouco de inveja. Foi um negócio tão inédito que a maioria dos incorporadores nem sequer pensaria em propô-lo, mas meu pai pediu o abatimento, porque não teria nada a perder se o fizesse. O pior que poderia acontecer, disse-me mais tarde, era a prefeitura rejeitar o pedido e ele ter de procurar outro imóvel para comprar. Ou negociariam os termos.

Como resultado direto da aquisição do Commodore, que ele reabriu como Grand Hyatt, meu pai tornou-se o modelo de uma nova geração de incorporadores imobiliários em Manhattan. Colocou-o no mapa e lançou as bases para a fase seguinte de sua carreira, permitindo-lhe abrir a própria empresa.

As lições aprendidas com esse negócio continuam a repercutir. Enquanto escrevo, a cidade está de novo passando por um mau momento. O desemprego está aumentando, os serviços da prefeitura estão sendo cortados, os mercados de crédito estão apertados e as empresas fecham em números alarmantes. Parece que os dias negros da década de 1970 voltaram, mas, da mesma maneira como meu pai foi capaz de ver além do desânimo geral e desenterrar o negócio de sua vida, que o catapultaria ao sucesso, sei que há oportunidades à espera – mesmo agora (em especial agora), nesse mercado recessivo. Sei que, se for tão diligente e persistente quanto meu pai foi quando estava apenas começando; se for criativa e pensar na contramão da história, posso arrebentar a boca do balão.

INFORMES DO MEU BLACKBERRY

ARIANNA HUFFINGTON – Cofundadora e editora-chefe do *The Huffington Post*

A CAPACIDADE PESSOAL

Para conquistar o lugar de trabalho como mulheres, precisamos vê-lo do nosso jeito, não como cópias dos homens – carregando pastas, máquinas de trabalhar engravatadas que por acaso têm vaginas. Deparamos com um duplo desafio, porque, além do escritório e das ansiedades da carreira profissional que todos enfrentam, as mulheres possuem medos específicos relacionados ao trabalho, centrados no paradoxo de manter relacionamentos e continuar a ser "femininas" enquanto trabalham de forma diligente. É o medo da ambição e da vontade de acertar.

Temos de abandonar a ideia de que devemos ser doces o tempo todo se quisermos ser "mulheres de verdade". E devemos aprender a não internalizar ataques pessoais. Vamos encarar a situação: nossa cultura ainda não se conforma em ter mulheres que falam por si mesmas. Como Marlo Thomas disse: "Um homem tem de se parecer com Joe McCarthy para ser considerado destemido. Tudo o que uma mulher precisa fazer é deixá-lo na mão". A melhor maneira de neutralizar esse tipo de atitude é rir dela. A chave é não dar poder aos outros – o que inclui o "companheiro insuportável" que vive em nossa mente, constantemente julgando nossa aparência, o que fazemos e o que dizemos. Porque, no fim, não há nada mais importante do que não ceder ao medo e aos julgamentos com que inundamos o espírito.

Também é crucial para as mulheres apoiar outras mulheres. Devemos construir "tribos destemidas", cercando-nos de mulheres – e de homens, claro – que sempre estarão na esquina, sempre perto de nós, tenhamos ou não sucesso. É muito importante que mulheres mais velhas, aquelas que já passaram por ali, deem a mão e auxiliem as colegas mais jovens.

CAPÍTULO 2

PROCURANDO AS BRECHAS DE UMA OPORTUNIDADE

Lembre-se sempre de que sua decisão de ser bem-sucedido
é mais importante do que qualquer outra coisa.
— Abraham Lincoln

MEUS PAIS DERAM INÍCIO a um relacionamento naquela noite no Maxwell's Plum – um encontro casual que teria grandes resultados. Casaram-se no início de 1977. Meu irmão Don nasceu no final do mesmo ano. Eu nasci em 1981, seguida de meu irmão caçula, Eric, dois anos mais tarde. Morávamos num apartamento da Trump Tower, edifício de propriedade do meu pai. Hoje, é um marco da construção civil, não apenas para os nova-iorquinos, mas para os fãs do programa *O aprendiz*, e milhões de turistas o visitam todos os anos. Meu pai terminou o edifício logo depois que nasci, e nos mudamos assim que o apartamento tríplex estava pronto. Meu quarto ficava no 68º andar. De certo modo, era igual aos quartos de qualquer menina de minha idade. Tinha um relógio da Madonna ao lado da cama branca. As paredes eram lilases, que enchi com adesivos e ilustrações do *Melrose Place* (Luke Perry era o meu favorito). E ainda os pôsteres costumeiros de Bon Jovi, Mötley Crüe e Paula Abdul pendurados pelo quarto. Adorava todos esses artistas cabeludos do final da década de 1980 e início dos anos 1990.

De certo modo, também, seria difícil encontrar um quarto de criança como o meu. Nem todas as meninas em Manhattan cresciam olhando para a vista que eu tinha da janela. Quando criança, não sabia quanto valia aquela vista no mercado imobiliário de Nova York. Mas, para mim, ela não tinha preço. Adorava acordar de manhã e olhar para o Central Park e todos aqueles edifícios construídos ao redor dele. Não dava muita importância para aquela vista, mas ela me inspirou desde o princípio a nutrir admiração pela construção e por imóveis e pela grandeza da visão dos arranha-céus por toda a cidade.

ESTABELECENDO O TOM

Como futura incorporadora imobiliária, suponho que também tenha reforçado a noção de que até meus sonhos mais incríveis seriam possíveis. O suficiente para poder tocá-los. Bem diante da minha janela. Dali, o horizonte de prédios não parecia tão imperativo quanto da calçada. Conhecia todos os edifícios pelo nome: San Remo, Majestic, El Dorado, Dakota... Aprendi a história deles, bem como se os prédios estavam sendo reformados ou vendidos, ou modificados de alguma maneira. Sabia quem eram seus moradores, e, quando já tinha um pouco mais de idade, sabia o quanto haviam pago pelo privilégio de morar ali. Conhecer quem morava em cada um daqueles edifícios parecia dar uma personalidade a cada construção. Este era alto e poderoso; aquele era sólido e digno; e aquele outro, um pouco artístico e destacado. Aprendi a reconhecer e a admirar os diferentes estilos arquitetônicos, a qualidade da construção, a riqueza de detalhes e a manutenção dessas estruturas gloriosas. Num dia límpido, conseguia ver além das mansões da Quinta Avenida, "a Linha dos Milionários", até o extremo norte em direção ao Estádio Yankee – e ainda mais adiante! Todos esses prédios magníficos pareciam de brinquedo para mim, objetos que poderia mover de um lado para outro ou desmanchar, ou ainda reinventar, muitos deles habitados por pessoas que conhecia ou que tinham vindo jantar em casa. Morar ali fez com que a grandeza da construção civil se tornasse algo próximo e extremamente real.

Procurando as brechas de uma oportunidade

Como disse antes, totalmente palpável.

Acredito que meu pai via o horizonte de prédios da cidade de Nova York do mesmo modo que eu, olhando pela janela do quarto ou do escritório na Trump Tower, que também tinha vista para o Central Park. Nunca conversamos sobre isso por esse ângulo, mas, quando se cresce olhando uma paisagem dessas, ela passa, de modo inevitável, a fazer parte de nós. Faz com que a cidade propriamente dita pareça menos intimidadora – e nossos objetivos, um pouco mais tangíveis. Em particular, permite que pensemos que qualquer coisa seja possível, e nesse momento dou de cara com uma das lições mais relevantes de minha infância: literalmente, se conseguimos visualizar algo, podemos fazê-lo acontecer. Com Donald e Ivana Trump, fui abençoada com os melhores pais do mundo, e a bênção não se referia apenas ao amor, carinho e zelo como pais, mas por suas incríveis conquistas. Meus irmãos e eu tivemos os melhores modelos em que nos mirar. Nossos pais personificavam todos os símbolos de nosso futuro sucesso, todas as regras básicas, tudo o que queríamos construir. E o principal: pareciam gostar de mirar alto. Como crianças, tudo o que tínhamos a fazer era vê-los viver seus sonhos, preenchendo os dias com objetivos e conquistas, e saber que, quando chegasse a nossa hora, poderíamos fazer o mesmo.

Outra lição básica: trabalhar com afinco é tudo (apenas para esclarecer, a vontade nunca poderá substituir trabalhar com afinco, mas é necessário ter algum brilho). Com certeza, foi ótimo ter crescido em meio a tudo isso, com todos os luxos possíveis, mas houve momentos em que teria trocado tudo para ter meus pais um pouco mais presentes em casa. Muitas crianças sentem algo parecido. Mas, à medida que fui crescendo, percebi o quanto o trabalho era importante para meu pai. Quanto era essencial. Não apenas o produto final, ou o pagamento que recebia como resultado, mas o trabalho em si. Ele gastava horas infindáveis construindo um império e desenvolvendo sua personalidade pública. Lembrem-se, Donald Trump era bem jovem quando arrebentou a boca do balão fechando o negócio com a Grand Central Station e o Hotel Commodore – um trabalho que ainda está em execução. Com o tempo, todos descobrimos e passamos a admirar o quanto meu pai trabalhava de maneira incansável. Quando era pequena, lembro-me de vê-lo passar mais de quinze horas por dia no escritório durante a semana, e gastava um bocado de tempo durante os fins de semana também. Costumava achar que ele sugava muita força e energia do trabalho dele, algo que o tornou rico em muitos aspectos.

Minha mãe trabalhava constantemente também. Não parecia viver para trabalhar como meu pai, mas, com certeza, também amava o que fazia. Por algum tempo, gerenciou o Trump Castle Casino em Atlantic City e logo depois voltou a atenção para o hotel The Plaza, no coração de Manhattan. Com tantos projetos no colo, meus pais andavam de um lado para outro. Mesmo com tantos compromissos, sempre davam atenção a mim e a meus irmãos. Talvez não do modo tradicional, mas do jeito deles.

Eis um exemplo: costumava acompanhar minha mãe enquanto ela trabalhava, e este se tornou nosso modo de estarmos juntas. Após meu pai ter comprado o Plaza, ele encarregou minha mãe da restauração e, por fim, da gerência do hotel. Invariavelmente, pela manhã, ela me levava junto, o que, para mim, era como entrar no parque de diversões mais mágico do mundo. Ficava observando enquanto ela supervisionava a limpeza dos corredores com aspirador de pó, se os corrimões de cobre da grande escadaria tinham sido bem polidos, se as flores da recepção tinham sido trocadas – até se os uniformes dos mensageiros estavam bem passados.

Sua atenção aos detalhes era lendária. Quando tinha cerca de oito anos, lembro de caminhar pelo saguão do Trump Castle Casino com minha mãe e o gerente-geral. O saguão tinha um imenso candelabro, que parecia tomar todo o teto. Deveria ter dezenas de milhares de lâmpadas. Enquanto andávamos, o gerente-geral atualizava minha mãe em relação a uma série de itens, mas, de repente, ela o interrompeu e apontou para o teto.

– Ali tem uma lâmpada queimada – anunciou.

Foi surpreendente. Nem sequer a vi olhar para cima, mas ela devia ter um alerta embutido na cabeça, que disparou, e então apontou para a lâmpada queimada e certificou-se de que seria prontamente trocada.

Minha mãe cuidava das propriedades Trump com total esmero. Há pouco tempo, passava pelo canteiro de obras do nosso Trump SoHo quando comecei a conversar com um dos operários. Ele me contou uma história sobre minha mãe que ouvira do pai dele, que trabalhara na restauração do Hotel Commodore há vários anos (como se pode ver, a Organização Trump é de fato uma empresa familiar – ao longo dos anos, contratamos gerações de várias famílias). Antes de reabrir o Commodore como o Grand Hyatt, meu pai encarregou minha mãe da supervisão do projeto de decoração, mesmo grávida de meu irmão mais velho na época.

Minha mãe trabalhou de modo incansável, cuidando dos mínimos detalhes. De acordo com minha fonte da segunda geração de operários, ela começava "atirando" desde o momento em que punha o pé no hotel pela manhã (o operário fez esse comentário com enorme respeito e admiração pela minha mãe, aliás – e não apenas porque eu era a filha dela! De fato, mamãe o deixara impressionado!). Nada lhe escapava: ela instruía um operário a deslocar um enfeite de parede em um quarto de polegada, a outro pedia que substituísse um interruptor de luz porque estava ligeiramente torto. Não tinha a menor vontade de deixar passar pequenas imperfeições que a maioria das pessoas nem sequer nota. Como resultado, os operários tremiam nas calças ao verem minha mãe, sabendo que ela pegaria no pé deles por causa de ínfimos detalhes. Quando por fim chegou nas últimas semanas de gravidez, todos eles ficaram ansiosos – por meus pais, claro, mas também pela folga que a licença-maternidade de minha mãe significava para os operários da equipe.

Na véspera do Ano-Novo de 1977, minha mãe fez uma inspeção final na obra, em seguida foi para casa e deu à luz Donny, mais tarde naquela mesma noite. Dois dias depois, em 2 de janeiro, os operários voltaram para a obra, esperando ter ao menos algumas semanas longe do olhar exigente de minha mãe. Mal tinham começado a trabalhar no primeiro turno quando minha mãe apareceu – de volta ao trabalho, pegando no pesado, após uma licença-maternidade de menos de 48 horas!

Foi tudo o que conseguiram de folga.

Aquela dedicação inabalável pela perfeição, cuidando dos menores detalhes, deixou-me de fato impressionada. Até hoje, quando visito nossos hotéis mundo afora, sinto como se carregasse o comportamento de minha mãe desde os dias em que cuidava do Plaza. De fato, quando meus irmãos e eu escrevemos o primeiro "Manual de Padrão de Qualidade" da Organização Trump, um dos objetivos era garantir que continuaríamos a ter e a ultrapassar os padrões de qualidade que minha mãe havia adotado no Plaza e nos outros imóveis e propriedades que supervisionou – todos impecáveis nos mínimos detalhes.

CRIANDO TEMPO

Ah, como adorava ir ao Plaza com minha mãe quando era uma menininha! Depois de fazer a ronda, tinha permissão para sair e brincar, e gastava horas correndo pelos longos corredores, subindo e descendo os elevadores, xeretando o subsolo e explorando todos os cantos desse histórico hotel. Os operários de lá costumavam brincar dizendo que eu era uma "Eloísa" de carne e osso – e acredito que fosse mesmo. A Eloísa do clássico livro infantil de Kay Thompson vivia na cobertura do Plaza com a babá, o cachorro e a tartaruga de estimação. Tinha de voltar para casa à noite, e minhas tartarugas de estimação nunca sobreviviam a mais de um mês ou dois, mas, em todos os outros aspectos, de fato sentia-me como essa personagem, e passei a adorar aquelas visitas ao hotel, não apenas pelo sentido de aventura que havia em todas elas, mas também pela oportunidade de estar com minha mãe e de observá-la trabalhando.

Meu pai abria espaço no trabalho para mim também. Parava o que estivesse fazendo, pelo menos por alguns preciosos momentos, toda vez que eu ligava ou ia visitá-lo. Mesmo que estivesse em uma reunião ou ligação importante, fazia-me sentir como se tivesse todo o tempo do mundo para mim. E não se tratava apenas de encenar; ele realmente me dava atenção. Anos mais tarde, descobri que colocava a ligação no viva voz se houvesse alguém no escritório com ele. Políticos, atletas, sindicalistas, banqueiros, autoridades de passagem, de um tipo ou de outro – não importava para meu pai. Essas personalidades tinham de esperar enquanto ele ajudava a filhinha a resolver qualquer que fosse o problema ou enquanto aproveitava para perguntar sobre o que havia feito na escola ou como me saíra em alguma prova em especial. Não consigo imaginar que fosse agradável aos VIPs essa espera, mas meu pai não parecia se importar. Sempre achei o máximo o modo como colocava de lado qualquer coisa que estivesse fazendo apenas para me dar atenção. Nada era mais importante para ele.

Pelo menos, era como me fazia sentir, e assim também era quando estava com minha mãe, que sempre estava ocupada com alguma coisa. Minha mãe é uma mulher exuberante, cheia de paixão pela vida e por aventuras, o que lhe tornava impossível ficar parada no mesmo lugar por muito tempo. Mesmo hoje, quando pode desacelerar e diminuir o ritmo, adora meter a cara

Procurando as brechas de uma oportunidade

no mundo e enfrentar um novo desafio. Meus pais são muito parecidos nesse aspecto. Embora tenham se afastado, e enquanto estivessem juntos tivessem características diferentes, possuíam um enfoque semelhante de vida: sempre o novo, o tempo todo. Ambos são incrivelmente ambiciosos, despachados, competitivos, confiantes, diretos, leais. Ambos têm um imenso apetite pela vida. Nenhum deles se enquadrou no papel de pais tradicionais quando eu era pequena, e não consigo imaginar nenhum dos dois se contentando em chegar em casa cedo para jantar ou passar os fins de semana assistindo a jogos de futebol ou concertos de balé. Simplesmente não se encaixavam nesse papel – algo que compreendi e aceitei desde muito cedo na vida.

Não que meus irmãos e eu nos afetássemos com as eventuais ausências de nossos pais. Eles se certificavam de ter um sistema de apoio completo em casa, para que recebêssemos o amor e a atenção de que precisávamos, ainda que não viessem diretamente deles. De fato, fora meus pais, minha maior influência durante a infância veio de Bridget e Dorothy, duas maravilhosas babás irlandesas que tomavam conta de nós. E meus avós maternos, Babi e Dedo, estavam sempre por perto para preencher as lacunas. Meus avós possuíam um arranjo: vinham para Nova York e moravam conosco por dois meses, depois voltavam para a República Tcheca por mais dois meses. Adorava quando vinham nos visitar. Babi era uma avó e tanto. Ela me ajudou a cultivar o interesse pela leitura e pela culinária. Era comum a forte fragrância de comida do Leste Europeu saindo da cozinha toda vez que estava em casa.

Dedo adorava a vida ao ar livre e, por causa dele, meus irmãos aprenderam a caçar, pescar e fazer trilha. Se dependesse de meu pai, jogariam golfe ou tênis, mas acabaram seguindo a tendência de nosso avô.

Eu me contentava em ficar na cozinha com minha avó (não aprendi a cozinhar senão muito mais tarde, mas naquela época com certeza já comia de tudo). Ou então seguia minha mãe nas inspeções do Plaza. Todos amávamos aquele imenso hotel, meu pai em particular. Quando comprou o Plaza em 1988, chamava-o "a *Mona Lisa* da arquitetura de Manhattan". Ele mesmo declarou em público que foi o único prédio que comprou apenas por ser uma obra de arte arquitetônica e um verdadeiro marco na cidade de Nova York. Claro, não mudava o fato de ter sido também um bom investimento, mas ele não se envergonhava de admitir que sentia uma ligação visceral com aquele prédio.

Nesse caso, uma vez mais, observei meu pai aproveitar uma oportunidade por outro ângulo – o do coração. Ele nutriu uma ligação emocional com um imóvel e encontrou um modo de torná-lo rentável no âmbito profissional também.

QUESTÕES DE MERCADO

O espírito empresarial sempre esteve muito vivo entre os filhos da família Trump, mas o tempo e as circunstâncias invariavelmente conspiraram contra nós. Durante a primeira temporada de *O aprendiz*, meu pai sugeriu ao produtor do programa, Mark Burnett, que desenvolvessem um projeto que ajudasse a determinar os instintos comerciais mais básicos dos participantes, por exemplo, montar uma banca para vender limonada nas ruas de Nova York e ver quem vendia mais. O que poderia ser mais básico? Era um teste clássico de venda de rua, de negócio direto e capacidade imediata, e acabou se tornando um dos segmentos mais populares e admiráveis do programa. Meus irmãos e eu costumávamos nos reunir para assistir juntos a alguns dos programas da primeira temporada, e me lembro de ter pensado que nunca tivemos a mesma oportunidade quando crianças de mostrar aos nossos pais o que seríamos capazes de fazer.

Limonada Trump? Com um nome desses, iríamos arrasar, não é mesmo? Mas nunca tivemos essa chance.

A melhor coisa que se pode dizer sobre uma banca para vender limonada, do ponto de vista infantil, é que se trata de uma proposta ideal. A maioria dos pais das crianças que conheci fornecia a limonada, os copos e o gelo. Não havia restrições. Alguns pais até ajudavam a encontrar o lugar para montar a banca. Contudo, nós não desfrutávamos dessas vantagens. Antes de mais nada, minha mãe não estava propensa a nos deixar montar uma banca para vender limonada na Quinta Avenida com a rua 57. E fazê-lo no saguão de entrada da Trump Tower teria sido um pouco demais, não é mesmo? Com certeza também não poderíamos vender o produto de porta em porta para os vizinhos ricaços. Esta foi uma das poucas vezes – tinha cerca de seis anos de idade – em que os aspectos incomuns da nossa infância pareciam colidir com os rituais de passagem mais mundanos de que outras crianças podiam desfrutar. Ainda assim, insistimos, e por fim conseguimos montar a primeira banca de limonada num verão que passamos em nossa casa em Greenwich, Connecticut – com a sutil diferença de ter de suprir o estoque, ou algo parecido. Não tivemos de sair para comprar o material para a banca de limonada, mas tivemos de controlar os custos e concordar em reembolsar "a casa" com a primeira entrada de dinheiro.

O único problema com esse acordo foi a localização – um problema não muito típico da família Trump. Estávamos no fundo de uma rua sem saída em uma comunidade sofisticada com casas espaçosas em imensos terrenos. Era um lugar privilegiado, mas uma zona morta para aspirantes a magnatas da limonada. Havia apenas uma ou outra casa à vista, o que significava que, de modo geral, não existia trânsito. Nem carros. Nem pedestres. Nem mesmo cães vagavam pela rua. Estávamos numa bela enrascada, até que nosso charme e capacidade persuasiva de *marketing* de algum modo fizeram a diferença, ao menos o suficiente para cobrir as despesas. Como sinal de boa sorte, tínhamos um guarda-costas naquele verão que ficou com a responsabilidade de ficar de olho em nós toda vez que saíssemos da frente da casa. Bem, esse fato fez dele nosso público-alvo e, no final da tarde, havia bebido tanta limonada que é uma surpresa não ter corrido direto para o banheiro. Apenas para nos manter nos negócios. Acho que também vendemos uma boa quantidade de limonada para o motorista, toda vez que entrava e saía, e para alguns dos empregados da casa, que ficaram com peninha de nós e gastaram conosco todos os trocados que tinham.

Saímo-nos bem, acredito, apesar dos reveses – uma lição que carregamos para a vida profissional.

Nossa atividade comercial seguinte foi um pouco mais bem-sucedida, embora tenha sido fundada em base duvidosa. Primeiro, preciso dar uma explicação. Eu era um pouco dissimulada, o que ajudava nos esquemas para ganhar algum dinheiro; ninguém diria isso olhando para mim, porque minha mãe costumava me emperiquitar segundo a última moda, mas por baixo daquela roupa existia um espírito bastante moleque. Havia, com certeza, certa dualidade em minha personalidade, apesar de parecer uma pequena dama. Por muito tempo, fui obcecada por "brinquedos de menino", como caminhões, guindastes e Legos.

Basicamente, se tivesse alguma coisa a ver com cavar e construir, estava dentro. Adorava me arrastar no chão, mover toda aquela terra com retroescavadeiras em miniatura e fazer de conta que preparava um imenso terreno para meu pai. Só aos oito ou nove anos de idade percebi que todas as minhas amiguinhas estavam ocupadas brincando com bonecas Barbie, então me esforcei para mudar as coisas e entrar na linha. O que durou apenas uma semana. Mudei a roupa da minha Barbie umas duas vezes e brinquei com os acessórios, mas logo me cansei daquilo. Era um tédio para mim. Não via nenhum propósito naquela brincadeira. Não me importava se tivesse de me vestir bem, usar as joias da minha mãe ou fingir ser uma modelo fugitiva, mas não compreendia por que gastar tanto tempo e energia com um bando de bonecas de plástico. Resolvi colocar todas as minhas Barbies dentro do armário e as esqueci lá dentro. Que eu saiba, ainda estão lá.

Foi um tempo bem gasto, apesar de tudo, porque me ensinou uma lição valiosa: só porque outras meninas gostavam de alguma coisa não queria dizer que também tivesse de gostar. Poderia continuar me vestindo como uma menina, comportar-me como uma mocinha e certamente ter a aparência de uma garota, mas deveria ser verdadeira em relação àquilo que de fato me interessava, não àquilo que *supostamente* deveria me interessar. Nunca seria feliz se tivesse feito o que esperavam de mim. Eu seria isto *e* aquilo, ao mesmo tempo.

Então decidi entrar na linha ao lado dos meus irmãos, com caminhões e carrinhos Matchbox, e pás e enxadas. Estávamos sempre correndo um atrás do outro na floresta no fundo da nossa casa, brincando de caubói e índio, e atirando arco e flecha de mentirinha. As aventuras nos levaram diretamente ao primeiro esquema para ganhar dinheiro de verdade, e temo dizer que a ênfase tenha sido em "esquema", porque não havia um negócio de fato – apenas a aparência de um negócio. Um de nós teve a grande ideia de esculpir falsos artefatos de índios americanos com as pedras que encontrávamos na mata. Lascávamos as pedras até que parecessem autênticas, como se fossem pontas de flecha antigas, e em seguida as enterrávamos em pontos estratégicos, para que pudéssemos encontrá-las quando estivéssemos correndo com os amigos. Nesse ponto, poderíamos vendê-las a um bom preço – em torno de cinco dólares, dependendo da peça e do que julgávamos ser o valor de mercado. Após termos "encontrado" essas peças uma vez ou duas, pusemos de lado a farsa de escavá-las e nos centramos na manufatura.

VALORIZE O CLIENTE

Tenho vergonha de admitir, mas nos demos bem. Até hoje visito um antigo amigo e percebo que ainda tem uma de nossas falsas pontas de flecha entre os bens guardados da infância. Nossos amigos ainda acreditam que algum índio americano atirou aquela flecha na mata de Greenwich, Connecticut, há centenas de anos. Não acredito que meu pai se orgulhasse de nós por termos nos aproveitado dos amigos e vizinhos dessa maneira. O grande lance de papai era, em cada negócio, fazer uma venda de tal modo, que ambos os lados pudessem se beneficiar. O conceito de ganha-ganha era muito importante para ele, apesar de preferir ganhar um pouco mais do que quem se sentasse do outro lado da mesa de negociações. Mesmo assim, gostava de colocar o valor real na transação, para dar aos outros o que queriam, em especial ao vender um imóvel, e era isso o que fazia. De fato, continuamente excedia suas promessas, o que colaborou com eficácia para aumentar o valor de nossa marca e tornou-se uma das principais razões de os compradores serem bastante fiéis e procurarem comprar mais de um imóvel da empresa Trump. Amigos e vizinhos de Greenwich, por outro lado, não me procuram para comprar mais pontas de flecha de índios americanos.

Houve uma vez, no entanto, em que meu pai não pôde exceder as promessas como costumava fazer. Na verdade, por motivos que lhe fugiram inteiramente do controle, fracassou em fazê-lo. Os precedentes da história: antes de administrar o Plaza, minha mãe tomava conta do Trump Castle Casino em Atlantic City, outro lugar incrível que adorávamos visitar quando crianças. Era sempre uma festa quando os seguranças do cassino nos levavam ao quarto de brinquedos, repletos de vídeos e jogos antigos. Os seguranças davam a cada um de nós um grande copo cheio de moedas de 25 centavos, o que lhes assegurava que nos entreteríamos por várias horas. Nunca conseguia pegar o brinquedo ou o bichinho de pelúcia com a garra mecânica dentro da caixa de vidro, que era manipulada de um painel de controle. Ainda vejo essas máquinas em redes de restaurantes e sempre sigo adiante, porque nunca consegui pegar nada nelas (hoje em dia, sei que vários desses joguinhos de máquina são viciados – no caso, tinham garras com falhas). Mesmo com um copão repleto de moedas, jamais consegui arrematar um prêmio. Para minha felicidade, essa era uma daquelas situações em que ser filha de Donald e Ivana

Trump vinha bem a calhar, porque, quando meu dinheiro acabava e eu fazia uma expressão de frustração, um segurança vinha, abria a caixa de vidro e me dava o bichinho de pelúcia que eu queria.

Que bom para mim, não?

O que mais gostava de fazer em Atlantic City era ir aos jogos de boxe com meus pais. Era o moleque que havia dentro de mim se expressando. Por algum tempo, no final da década de 1980, parecia ter uma grande luta a cada fim de semana. Adorava entrar na arena com meus irmãos e meus pais, e ver todas as celebridades alinhadas: políticos, estrelas de cinema, campeões esportivos, jogadores e ricaços japoneses e sauditas. Já naquela época, como agora, o boxe atraía uma plateia eclética. Era bastante emocionante para mim quando criança, e lembro de sentir orgulho ao ver meus pais tão à vontade e com tudo sob controle, mesmo naquele ambiente tão agitado. Assistia a meu pai andar pelo recinto, cumprimentando todas aquelas personalidades, enquanto minha mãe se mantinha na retaguarda, junto às nossas cadeiras próximas ao ringue. Então a luta começava e nos sentávamos para ver boxeadores famosos como Mike Tyson, Evander Holyfield e Sugar Ray Leonard acabarem com os desafiantes.

Meus irmãos e eu em geral éramos as únicas crianças sentadas próximas ao ringue – outra vantagem de ter seu nome na marquise do lado de fora –, e ficávamos respingados de sangue e suor quando um dos lutadores levava um murro no queixo. Ficava ali sentada com meu vestidinho, com o arco no cabelo, gritando feito louca.

Em uma das noites, um jovem Mike Tyson enfrentava o não tão jovem Michael Spinks numa disputa pelo título. Spinks havia sido o campeão dos pesos-pesados e jamais havia perdido o título num ringue, mas, devido à inatividade e a outras controvérsias, não era mais considerado pelas autoridades do boxe como o detentor do título mundial. Tyson era a sensação do esporte naquele momento. Tinha apenas sete anos de idade, mas recordo de ter me entusiasmado com a disputa. Meu pai estava particularmente ansioso, porque era um imenso evento esportivo para Atlantic City. As pessoas haviam vindo de todas as partes do mundo assistir à luta, esperando ver uma disputa longa e acirrada. Então Tyson nocauteou Spinks em apenas 91 segundos, e o estádio veio abaixo. Não no bom sentido. Pareceu, por alguns momentos de muita tensão, que fosse irromper uma revolta. Todos aqueles ricaços haviam gasto milhares e milhares de dólares para assistir a uma disputa de campeonato,

Procurando as brechas de uma oportunidade

e tudo o que viram foi apenas um soco. Estavam lívidos. Todos começaram a berrar que a luta tinha sido uma marmelada e exigiam o dinheiro de volta.

De repente, meu pai subiu no ringue para tentar acalmar a multidão. Estava impecavelmente vestido com um terno clássico – um estilo da década de 1980. Recordo-me de ter pensado o quanto era corajoso, confiante e carismático, tentando controlar tudo daquele jeito. Era bem pequena, mas fiquei maravilhada. Imagino que tenha sido um pavor viver aquilo, mas nunca me ocorreu sentir medo porque meu pai estava ali, fazendo o possível para acalmar a situação.

Sempre me lembro desse momento. Meu pai também. Anos mais tarde, confessou-me que havia se sentido muito mal por causa daquela luta, porque as pessoas se sentiram enganadas. Não os ricaços, que podiam encarar o prejuízo, mas os trabalhadores, que tinham vindo de Nova York ou da Filadélfia, e haviam esperado pela luta durante várias semanas. Não havia nada que meu pai pudesse fazer; foi assim que a luta aconteceu no ringue. Mas ele se ressentiu. As pessoas haviam pago para estar ali e assistir a uma luta, e ele gostaria de ter lhes proporcionado uma apresentação melhor. Por algum motivo, relaciono aquele momento a nosso comportamento indigno em relação às falsas pontas de flecha. Ganhamos um punhado de dólares, mas deveríamos saber que aquilo não estava certo. Enganamos nossos amigos e vendemos uma mentira, sem maiores consequências. Mas bastou ver meu pai envergando o terno bem cortado, tentando acalmar a multidão ensandecida que tinha vindo assistir à luta em Atlantic City, para perceber a importância da honestidade e da integridade em cada acordo comercial. De acordo com meu pai, o mesmo se dá com relacionamentos e parcerias. Sempre que possível, precisamos fazer com que o cliente, freguês ou sócio se sinta bem em relação ao acordo assinado. Mas, naquela ocasião, parecia que os convidados ricaços do cassino iriam para casa decepcionados. Ainda que não houvesse nada que meu pai pudesse fazer, lá estava ele tentando melhorar as coisas, do jeito que podia.

Aquela noite em Atlantic City me fez compreender que não basta ganhar em um negócio. É preciso ser capaz de encarar a outra parte e saber que existe um valor para o acordo do outro lado também – a menos, é claro, que se faça isso apenas pelo dinheiro.

Eu era apenas uma menina, e ainda tinha muito a aprender. Se prestasse atenção ao exemplo positivo de meus pais, conseguiria aprender algumas coisas.

INFORMES DO MEU BLACKBERRY

ROGER AILES – Presidente da Fox News Channel

SER POSITIVO

O que é mais importante em termos profissionais é se manter distante de pessoas negativas. Elas sempre criam um campo de areia movediça onde quer que estejam. Esse é um dos traços comuns entre as pessoas bem-sucedidas. Tudo está sempre certo e evoluindo, mesmo quando não está. Esse tipo de visão positiva é relevante, porque, se dermos ouvidos a pessoas negativas, teremos dor de cabeça. Nunca chegaremos a lugar nenhum. Algumas pessoas reclamam da carreira, mas são muito depressivas. Elas nos puxarão para baixo, e jamais conseguiremos fazer o melhor estando por baixo.

Não há lugar em nenhum empreendimento para uma atitude derrotista. Muitos jovens acham que todas as grandes ideias já foram pensadas ou que todos os grandes projetos já foram executados. Isso é bobagem. Há oportunidades em todo lugar. Acho que foi Daryl Zanuck quem previu a falência da televisão. Disse que ninguém iria querer ficar sentado numa sala de estar para assistir a uma caixa de madeira; prefeririam ir ao cinema. Antes disso, alguém disse, em 1925, pouco antes da invenção do cinema falado, que ninguém pagaria para ouvir atores falando num filme. Na virada do século, o diretor do departamento de patentes dos Estados Unidos foi citado num jornal dizendo que tudo o que poderia ter sido inventado já havia sido registrado. Ao longo da história, é comum agir como se não houvesse nada novo; quem pensa assim acaba num beco sem saída. Mas não quer dizer que seja um beco sem saída para nós.

As barreiras para se entrar em qualquer área são as que nós mesmos criamos. Sempre há espaço de sobra no topo. O meio do caminho pode estar lotado. A base pode estar repleta de gente. Mas no alto tem sempre espaço. Tenho cerca de 1.500 empregados na Fox News, e todos os dias procuro um novo produtor. Alguém que seja genial.

Qualquer um dos meus produtores podem se destacar a qualquer momento, e por vezes isso acontece. E, quando ocorre, encontro um lugar para ele num piscar de olhos.

Outra coisa importante que digo às pessoas é que sejam gentis. Parece um conselho muito simples, mas é surpreendente como essa conduta é rara hoje em dia. As pessoas reagem do mesmo modo como falamos com elas. Se somos educados e profissionais. Se não somos arrogantes sobre nossa posição. Se abrimos espaço para falar com os outros e ouvi-los de fato. Em todas as empresas, em todas as áreas, os colegas podem acabar conosco se não forem com a nossa cara. Mas, se gostarem da gente, se estiverem torcendo por nós, tudo acaba dando certo.

CAPÍTULO 3
APRENDENDO PELO EXEMPLO

Grosseria é a simulação de força de um homem fraco.
— Eric Hoffer

Meus pais se esforçavam um bocado para nos manter na linha. Mas não queriam que nos sentíssemos por cima, mesmo que tivessem todo o direito a uma vida de paz e conforto. A diferença é que haviam trabalhado para obtê-la, e nós tínhamos apenas nascido dentro dela. De acordo com eles, isso fazia toda a diferença.

Não creio que gostasse dessa diferença lá atrás. Para dizer a verdade, não gostava nem um pouco, apesar de, desde o começo, meus irmãos e eu entendermos que os luxos de que desfrutávamos eram nossos de maneira muito peculiar. Era uma excelente estratégia de nossos pais, embora não possa afirmar que houvesse de fato uma estratégia. Em grande parte, era o reflexo da personalidade e valores deles, para reforçar a nós, os filhos, que teríamos de trabalhar para conquistar aquele estilo de vida. Deixavam transparecer que todas aquelas coisas boas estavam ali para serem usadas, mas teríamos de chegar até elas; nada nos seria dado de graça.

Com certeza, era uma forma diferente de encarar a riqueza. Fez com que nos destacássemos no círculo social. Muitos de meus amigos falavam de jatinhos particulares, casas ou iates, ou os últimos brinquedos e aparelhos que tinham ganhado. Toda vez que descreviam essas extravagâncias, havia um sentido de propriedade e primazia – diziam "meu jatinho", "minha casa", "meu iate", "minhas coisas". Em casa, não havia lugar para esse tipo de pensamento. Sim, desfrutamos de muitas das melhores coisas da vida, mas sempre ficou claro que só poderíamos aproveitar tudo aquilo graças aos esforços de nossos pais. Eles faziam questão de nos lembrar a respeito a todo momento. Não porque não fossem pessoas generosas; eles eram. Não porque não quisessem compartilhar a própria sorte com os filhos; queriam. Mas sabiam que, se a filha adolescente crescesse pensando ser dona de um cassino ou de um iate, ou de um apartamento de luxo, aquilo poderia estragar a cabecinha dela.

Meus pais eram pessoas básicas, e isso era terminante para eles.

Quando me tornei velha o suficiente para entender tudo sozinha, admirava-os pelo que haviam feito, mas não acho que alguma vez tenham sentado para conversar a respeito. Tínhamos de entender isso por osmose – como na vez em que estávamos indo passar férias no sul da França, quando eu tinha em torno de catorze ou quinze anos, e minha mãe entregou a mim e a meus irmãos as passagens de classe econômica antes de embarcarmos no avião.

– Boa viagem – ela disse.

– Não vai embarcar conosco? – perguntei.

Aquela era uma completa novidade para mim.

– Claro que sim – respondeu ela. – Mas vou estar na primeira classe. Você e seus irmãos vão de classe econômica. Comportem-se bem.

Naquele momento, senti como se aquilo fosse a coisa mais injusta do mundo. Não conseguia entender, e relutei a princípio. Passei a admirar a atitude de meus pais somente bem depois. De acordo com meus irmãos, eu era a mais mimada dos três (o que ainda é verdade, tenho de reconhecer!). Apesar de todo o empenho de meus pais para nos manter sob controle, acabávamos desfrutando de alguns privilégios de vez em quando. E penso que, como membro da família Trump, passei a considerá-los como merecidos. Então reclamei com minha mãe sobre essa decisão a respeito da viagem, ali mesmo, no portão de embarque. Parecia tão injusto, tão arbitrário, e comecei a desfiar um rosário de reclamações.

– Isso é completamente injusto – reclamei. – Por que você vai viajar na primeira classe?

Poderia ter batido o pé no chão em protesto, mas me contive.
Minha mãe tinha uma resposta pronta na ponta da língua:

—Você trabalha como modelo agora, Ivanka. Se quiser gastar um pouco do dinheiro guardado e pagar a diferença de uma passagem de primeira classe, será ótimo. Na verdade, vou adorar ter sua companhia. Senão, vou ficar na primeira classe sozinha, sem ter ninguém com quem conversar.

Ao ouvir essas palavras, fechei a boca e embarquei na parte de trás do avião com meus irmãos (lembro-me de ter ficado no assento do meio, entre os dois, o que fez minha indignação fervilhar). Minha mãe tinha toda a razão, é claro. Eu ganhava dinheiro como modelo. Não muito, mas já era o bastante. Meus pais me encorajavam a administrar meu dinheiro de forma adequada, como abrir a própria conta bancária e controlar os extratos. Veja, eu queria viajar na primeira classe, mas não a ponto de ter de pagar por ela. Não com meu dinheiro.

CONHECIMENTO É PODER

Um setor em que meus pais ficavam felizes de gastar a rodo com os filhos era a educação, mas era um tipo diferente de gasto, de acordo com eles. Não se tratava de nos adular ou mimar de nenhum modo. Era um investimento para o futuro. Tratava-se de procurar o melhor, encorajando-nos a ser os melhores e permitindo-nos estar num ambiente onde poderíamos fazer e ser exatamente isso. Era parte da responsabilidade deles como pais, segundo diziam. Conquanto nossas notas fossem boas, poderíamos frequentar os melhores colégios particulares do mundo.

No meu caso, foi o Chapin, escola preparatória exclusivamente para moças no Upper East Side de Manhattan. Depois, no segundo grau, transferi-me para o Choate Rosemary Hall, colégio interno famoso em Connecticut. Se Chapin e Choate fossem assentos de avião, seriam de primeiríssima classe. A fama deles os precedia. Meus pais não encaravam minha matrícula ali – ou a de meus irmãos em excelentes colégios – como algum tipo de extravagância. Queriam que os filhos aprendessem com os melhores mestres, cercados por alunos brilhantes e motivados, de famílias de alto nível, em que o sucesso era esperado. Entendia-se, em casa, que chegaríamos aos degraus mais altos das escolas particulares e, pensando bem, imagino que meu pai controlava os valores cobrados pela anuidade escolar do mesmo modo como conferia os custos de construção. Sempre usou os melhores materiais, os melhores arquitetos, o melhor de tudo enquanto desenvolvia um projeto novo. Cada edifício era construído em terreno sólido, da mesma forma que uma educação de primeira linha fortificaria nossa fundação como indivíduos. Não que não pudéssemos conseguir uma excelente educação num colégio público. Não que meu pai não pudesse construir um bom edifício usando tijolos em vez de aço ou vidro. Mas ele queria o melhor para os filhos, para que pudéssemos realizar plenamente nosso potencial, o que abrangia também as atividades extracurriculares: aulas de balé, piano, tutores franceses...

De tempos em tempos, meus interesses paralelos colidiam com o desejo de meus pais de dar o máximo aos filhos. E, no meio disso tudo, ficava o restante do desejo de ter uma infância normal. Isso era muito importante para mim quando era pequena: ser igual a todo mundo, como as crianças cujos pais não tinham nomes estampados nos jornais e tabloides da cidade. Mas, infelizmente, o normal nem sempre era possível. Não em nossa casa. Certa vez, quando tinha em torno de oito anos, tive a sorte de ser admitida na Escola Americana de Balé, com sede no Lincoln Center. Considerava-se uma grande realização ser aceito nesse curso, mas, às vezes, fico pensando se minha inscrição não foi favorecida pelo meu sobrenome. Talvez sim, talvez não. Foi bom, mas não muito. Concentrava-me, mas não como algumas das minhas coleguinhas de tutu. E possivelmente era alta demais para me tornar bailarina. De qualquer modo, éramos muito jovens e orgulhosas de nós mesmas. Que prima-donas! E não eram apenas as crianças que encaravam o curso com seriedade. Professores e coreógrafos viam cada aula como se o futuro do balé dos Estados Unidos dependesse de nosso desempenho. O auge da temporada foi uma apresentação de *O quebra-nozes*, de Tchaikovsky. Ensaiamos por meses a fio.

Nessa época, Michael Jackson morava no andar abaixo do nosso na Trump Tower. Foi num período em que era considerado o "rei do pop", provavelmente um dos artistas mais reconhecidos e amados do mundo, no auge do sucesso. Suas músicas tocavam o tempo todo no rádio e os vídeos passavam a toda hora na televisão. Com certeza era incomum ter Michael Jackson como vizinho, mas não era ruim. Na verdade, era um barato, mas mesmo coisas assim têm limite.

De alguma maneira, Michael ouviu falar da apresentação de *O quebra-nozes* e disse que gostaria de assisti-la. É possível que estivesse sendo apenas gentil, mas, conhecendo o gosto de Michael pela dança, imagino que de fato estivesse interessado. Então meu pai conseguiu um ingresso para ele.

No dia da apresentação, parece que todo mundo ficou sabendo que Michael Jackson iria assisti-la. O que também foi um barato, até que começaram a dizer que *eu* teria algo a ver com aquilo. Naturalmente, todas as crianças estavam mais que animadas com a notícia. Eu também estava, mas menos do que eles à medida que o dia da apresentação se aproximava. Pois bem, um dos bailarinos mais velhos teve a ideia de usar uma luva branca na mão esquerda durante o balé, em homenagem a Michael Jackson. Tão bonitinho e inofensivo, não é? Mas não vi desse jeito. De fato, fiquei mortificada. Achava que aquela baboseira poderia comprometer a santidade de *O quebra-nozes*, e que a culpa recairia sobre a minha cabeça.

No final das contas, os professores entenderam do mesmo modo. Por fim, ficaram bravos e queriam saber quem queria sabotar a impecável produção. A bailarina adolescente e as amigas dela que haviam tido a ideia eram covardes demais para confessá-la. Todos os adultos corriam de um lado para outro nos bastidores, frenéticos e enlouquecidos, cada um a seu modo, e eu tinha absoluta certeza de que um deles acabaria achando que eu seria a responsável pela confusão.

Por uma fração de segundo desejei ter nascido em outro lugar completamente diferente do meu – longe dos holofotes que via se voltarem para mim, ainda quando isso não acontecia. Para minha alegria, ninguém me considerou culpada. Minha raiva minguou. Dançamos lindamente. *O quebra-nozes* emergiu incólume. A vida seguiu em frente no nosso querido cantinho da cidade de Nova York. E hoje, ao olhar para trás, é uma lembrança tão doce, tão única e pessoal de um artista tão emblemático, embora, na época, tenha acrescentado um monte de angústia adolescente desnecessária à mistura.

P.S.: Michael adorou o espetáculo!

SAIA DA CIDADE

Meus pais acreditavam que as viagens faziam parte da minha educação e estavam felicíssimos em forjar também esse aspecto da minha formação.

Essa influência veio na maior parte da minha mãe. Meu pai é mais caseiro; se dependesse dele, raramente sairia de Nova York (ele sempre diz que é a melhor cidade do mundo!). Sua concepção de uma noite perfeita era assistir a um jogo de futebol na cobertura da Trump Tower. Mesmo quando viaja, ele gosta de estar num ambiente familiar, por isso sempre preferiu visitar uma de suas propriedades, como o clube Mar-a-Lago, em Palm Beach, ou um de seus campos de golfe em Nova York ou Nova Jersey. Minha mãe é completamente diferente. Ela adora passar a noite andando por Paris ou Saint-Tropez, fazer compras em Milão ou aventurar-se pelos Alpes suíços – suponho que seja compreensível, considerando como foi criada, numa sociedade tão restritiva. Hoje, que pode visitar todos esses lugares deslumbrantes – e em uma condição tão privilegiada, sem dúvida –, decidiu que não deixará nada para depois.

Bom para ela, costumava pensar. E, no final das contas, bom para mim, também, porque era uma de suas companhias de viagem favoritas. Fomos a todos os lugares juntas, às vezes com meus irmãos, em outras, apenas ela e eu. Ao longo de toda a minha infância, vivíamos uma aventura atrás da outra, visitando lugares de ricos e famosos, distantes e pouco conhecidos, e tudo o que havia entre um lugar e outro. Passar os verões de minha infância viajando pelo mundo com minha mãe me deu uma incrível visão global – tudo parte da perfeita educação que meus pais me custeavam, a fundação que lançavam para meu futuro. Fui à França, China, Argentina, Egito... Minha mãe cismava com alguma parte do mundo onde nunca tinha estado e era para lá que iríamos. Era maravilhoso! Uma ousadia, na verdade. Foi uma época especial que passei sozinha com minha mãe e a oportunidade de mergulhar em seu mundo de grande estilo e aventura – uma bênção inesgotável vinda de toda parte.

Nessas ocasiões, acredito, não precisava viajar na classe econômica por ser muito pequena para embarcar desacompanhada. Gastamos bastante tempo em hotéis cinco estrelas e restaurantes de primeira classe – minha mãe não era de economizar! –, mas sempre conseguíamos explorar caminhos mais comuns, e algumas vezes descobri que o mundo estava repleto de pessoas interessantes, intelectuais, apaixonadas e incrivelmente dinâmicas, que nunca tinham ouvido falar de Chapin e Choate; pessoas que jamais haviam estado em nenhum dos edifícios de meu pai; gente que não parecia ligada de nenhum modo às convenções sociais que marcaram minha vida.

Aprendendo pelo exemplo

Tudo que tenho a dizer é o seguinte: fui infectada pelo vírus das viagens. De tal forma, que devo ter batido o recorde de minha mãe a essa altura. A ponto de considerar meu passaporte um dos bens mais preciosos – tanto por me lembrar dos lugares onde estive quanto por representar todas as viagens ainda por vir. De certo modo, considero-o um diploma, como o que recebi em Wharton; é símbolo de uma verdadeira conquista e uma extensa formação. Contei todos os países que visitei. Até o momento, já passei dos cem. A maioria das pessoas que conheço não consegue sequer *citar* cem países diferentes, o que dirá alegar alguma experiência num deles. Não desejo tripudiar ninguém, apenas enfatizar os preciosos presentes que recebi e encorajar todas as pessoas a ter a mesma experiência, de algum modo. Se tiver o tempo e o dinheiro suficientes para custeá-la, aconselho: viaje. Saia, vá aonde puder, toda vez que puder, nem que seja percorrer o país com uma mochila nas costas ou vagar entre albergues da juventude na Europa. Exponha-se a algo novo. Experimente, veja e sinta tudo o que puder. Considere um investimento, porque suas experiências o recompensarão em algum momento, mais cedo ou mais tarde.

Passei a acreditar que, quanto mais aberta e bem resolvida for a mente, melhor será o desempenho em qualquer ambiente de trabalho. Quanto mais experiência você tiver, mais experiências será capaz de atrair em qualquer tipo de situação. Lembre-se: ter sucesso profissional não se restringe a mastigar números ou ser exímio em Excel. O melhor indicador do início do sucesso é a capacidade de se relacionar com outras pessoas – chefe, clientes e colegas de trabalho. Viajar é o melhor modo que conheço para aprender a interagir com as pessoas, para aumentar a confiança em lugares desconhecidos e aprimorar a capacidade humana. A comunicação com quem não fala nossa língua ou a experiência de compartilhar costumes nos permite sair da casca e nos adaptar ao meio ambiente, tira-nos da nossa rotina.

Viajar, sem dúvida, fez com que me tornasse uma empresária muito mais forte. E abriu um mundo de oportunidades para o crescimento da Organização Trump, literalmente. Antes de meus irmãos e eu entrarmos na empresa, as operações de nosso negócio estavam centradas, a princípio, em Nova York.

– Há grandes negócios aqui mesmo em Nova York – meu pai costumava dizer, embora não precisasse de nós para explorar projetos em Atlantic City, Chicago, Flórida ou em qualquer outro lugar nos Estados Unidos.

Ele acredita de verdade que um incorporador não deve construir num mercado que não conheça por completo ou que não visite com frequência. Foi nesse ponto que meus irmãos e eu interferimos. Nosso amor pelas viagens abriu uma porta para um mundo de negócios, em todos os sentidos. Desde que entrei na empresa, em 2005, meu trabalho me levou a países como Panamá, Colômbia, Jordânia, Israel e diversos outros lugares interessantes, onde tive de negociar levando em conta costumes, perspectivas e políticas totalmente diferentes dos meus.

Não tive outra escolha senão me adaptar. Antes de cada viagem, imergia na cultura local. Lia tudo o que podia sobre aquele país. Entrava em contato com pessoas e sócios que haviam feito negócios naquela região. Não quero ser uma dessas norte-americanas horrendas que só saem do hotel para reuniões e comem apenas hambúrgueres no quarto. Gosto de sair e me misturar em todos os lugares.

UM MUNDO DE OPORTUNIDADES

Pouco tempo atrás, estava em Almaty, no Cazaquistão, para uma reunião com possíveis parceiros de negócios. Certa noite, levaram-me para jantar e me serviram duas especialidades locais: *besbarmak*, carne de cavalo cozida, e *shubat*, leite de camelo fermentado. É óbvio que a primeira reação foi fazer uma cara feia, mas já havia comido coisas muito piores em outras viagens – *chou dofu* ("tofu fedido") em Taiwan e *surströmming* (bacalhau fermentado) na Suécia, portanto, aceitei o desafio. Não consegui comer muito da carne de cavalo. De fato, não conseguia sequer provar, mas me esforcei para disfarçar a falta de apetite dos anfitriões. Consegui tomar alguns golinhos do leite de camelo, o que pareceu agradá-los imensamente. Se tivesse me horrorizado e empurrado meu prato para longe, eu os teria constrangido e prejudicado em grande medida um relacionamento cujo desejo de estreitar me fizera viajar metade do mundo. Aceitar (quase) um pedacinho de tudo que tinham a me oferecer demonstrou meu respeito por eles – verdadeira moeda de troca internacional.

Quanto mais viajarmos, mais abertos estaremos para o que vamos encontrar, algo que ficou bastante evidente em minha primeira viagem de negócios como membro da Organização Trump. Estava na empresa havia duas semanas quando viajei a Dubai com meu irmão Don a fim de estudar um provável acordo. Hoje todos conhecem o surpreendente desenvolvimento da ilha de Palm Jumeirah, mas naquela época havia apenas o projeto desse grande empreendimento. Tudo parecia muito fantástico e fictício. O projeto se assemelhava a uma cidade do futuro no Epcot Center ou no Discovery Channel, tendo em vista como os edifícios pareciam florescer do meio do oceano. Mas, ao visitar a área e conhecer todos os envolvidos, comecei a perceber que não se tratava de uma cidade do futuro. Não era mera ilusão de ótica. Era real. Visitei os incorporadores. Estudei os projetos. Conheci os engenheiros. Vi todo o esforço empreendido em primeira mão.

Meu primeiro pensamento foi: "Como vou conseguir explicar isso ao meu pai?" Estruturalmente falando, um projeto como aquele nunca havia sido tentado. Em termos práticos, o projeto não fazia sentido. Do âmbito financeiro então... mal conseguia dar um preço a tudo aquilo. Jogar milhões de toneladas de areia no meio do mar, para criar toda aquela praia espetacular e ilhas artificiais e uma plataforma para uma verdadeira cidade do futuro? Era totalmente infactível, impraticável. Embora fosse real e tangível, e já a meio caminho andado – o suficiente para ser tangível. Aqueles incorporadores talentosos e visionários estavam determinados a fazer o impossível, e saí dos Emirados Árabes Unidos certa de que conseguiriam. Também confiava que o projeto apresentava uma enorme oportunidade para nós; não exigiria nenhum risco financeiro real. Tudo o que os incorporadores queriam era nosso nome e conhecimento gerencial para batizar um dos edifícios, que estava programado para ser construído após a primeira fase da construção do *resort* estar concluída – e pretendiam pagar regiamente por isso.

Durante todo o voo de volta, lembrei-me de várias paisagens diferentes, tentando pensar como poderia explicar o projeto a meu pai sem que me pusesse para correr da sala, imaginando por que havia me contratado para trabalhar para ele. Provavelmente, era grande demais para ser meu primeiro contrato, e com certeza era bastante estranho. Ninguém nunca havia feito nada semelhante até então. Em nosso país. Em qualquer lugar estrangeiro. Ninguém com bom senso, com alguma experiência em incorporação, pensaria em fazer uma coisa daquelas, mas já estava sendo feita, com ou sem nós. O problema era ser um desses negócios em que era preciso ver para crer. Não conseguia imaginar como minhas palavras poderiam descrever exatamente o que vira.

Durante a viagem, fiquei hospedada no Burj Al Arab, que logo havia se tornado o hotel-padrão em Dubai. Fiquei boquiaberta com a arquitetura do local. Ali também a estrutura não fazia sentido – um imenso edifício com uma fenda desproporcional no meio do prédio, de tal modo que uma grande parte interna era inútil. Glorioso, mas inútil. Fiquei abobada no saguão do hotel, tentando tirar uma foto do teto incrível, como uma turista de olhos arregalados. Mas, antes que pudesse apertar o botão, fui levada por uma multidão de homens vestidos com as tradicionais túnicas brancas, com as cabeças cobertas. Assustei-me, claro, mas então entendi e percebi que os homens eram seguranças e queriam me impedir de tirar uma foto. Por que motivo? Protegiam um xeique saudita e pensaram que minha câmera estaria apontada na direção dele. O xeique estava de pé junto ao bar, e não poderia ter uma foto tirada ali, porque a lei sharia proíbe a bebida. Creio que já tivesse ouvido aquilo, mas não havia percebido que ele estava na mira da minha câmera e que aquilo significaria um problema. Com o tempo, aprendi a prever tais gafes. Ali, em especial, deveria ter tomado cuidado. Todos no mundo islâmico vão para Dubai a fim de relaxar. Embora de acordo com a lei islâmica beber seja proibido, creio que o que acontece em Dubai permanece em Dubai.

Mais ou menos como em Las Vegas.[2]

Desculpei-me do modo que pude e retomei minha visita ao hotel, na falta de coisa melhor para fazer, mas, se não fosse uma viajante experiente, poderia ter me sentido muito desconcertada para continuar ali.

Como costuma acontecer, Don e eu encontramos uma maneira plausível para falar com meu pai assim que chegamos em casa. Uma dica: quando não souber como expressar algo em palavras, use fotos, projetos de arquitetura e estudos de engenharia, sempre que possível. Acabamos por ceder o nome ao projeto. Ainda não acabou de ser construído, mas, nas pré-vendas, o Trump International Hotel & Tower, em Dubai, alcançou o maior preço por metro quadrado da região, triplicando o valor de mercado! Nada mau para meu primeiro contrato.

---

2 Referência ao ditado popular "O que acontece em Vegas permanece em Vegas", que alude a todo tipo de liberação supostamente permitida no local.

QUANDO CHEGA O FIM

Quando tinha nove anos, meus pais conversaram comigo e me explicaram que estavam tendo problemas de relacionamento. Também tiveram a mesma conversa com meus irmãos. Conversaram com cada um de nós separadamente e juntos; expressaram a preocupação como casal, e de maneira individual. Enfocaram a questão de todos os ângulos possíveis, exceto um: nenhum de nós percebera o que estava acontecendo.

Mesmo com tão pouca idade, sabia o que aquilo significava. Vários dos meus amigos tinham pais divorciados, mas, quando meus pais anunciaram que estavam se separando, acreditava que seria apenas um problema temporário. "É algo passageiro", pensei. Algo que seria superado. Afinal, raramente os vira trocar palavras ásperas ou levantar o tom de voz. Não havia tensão durante o jantar – pelo menos nenhuma que pudesse perceber. Fosse o que fosse, tinha certeza de que resolveriam a questão, portanto ouvi com paciência aquelas explicações ensaiadas e continuei minha vida.

No final daquela semana, enquanto caminhava em direção ao colégio, passei por uma banca de jornais e vi a primeira página do *Daily News*, que anunciava: "Amor sobre as pedras". Ali mesmo, para todo mundo ver, em letras garrafais, ao lado de uma foto dos meus pais rasgada ao meio. Foi devastador, humilhante e brutal ver um assunto tão pessoal tratado de maneira tão descarada em público.

Eu era tão jovem, tão ingênua, que presumi que tudo entre meus pais ficaria bem, até deparar com essa primeira página de jornal. Queria sair correndo e me esconder, mas, claro, não poderia, porque estava caminhando ao lado das minhas amigas e não queria aumentar meu constrangimento. Foi o começo de um período repleto de tensão em nossas vidas, que me abalou profundamente. Não era apenas o fato de meus pais estarem se separando de verdade o que me preocupava. Era o fato de que a vida da minha família estava aberta à inspeção e intrusão alheia. Meus pais tiveram tanto cuidado ao conversar comigo e com meus irmãos sobre o casamento deles de modo amoroso e adequado à nossa idade! Ambos são muito inteligentes e experientes em relação à mídia, mas não creio que nenhum dos dois tenha previsto a magnitude da divulgação dessa notícia.

O cabeçalho do *Daily News* foi o primeiro de muitos. Por alguns meses, sempre havia alguma notícia referente à separação deles nas primeiras páginas dos tabloides quase todos os dias. Alguém me disse, anos mais tarde, que a separação de meus pais e o que se seguiu foi a história que ocupou mais tempo as primeiras páginas dos tabloides até o julgamento de O. J. Simpson[3]. Não sei se é verdade, mas o apetite da mídia por notícias sobre a separação parecia insaciável. Certo dia, a primeira página dizia: "Eles se conheceram na igreja!" No outro: "Camas separadas!" A pior foi a foto de Marla Maples publicada na primeira página do *New York Post*, uma mulher de quem nunca ouvira falar, que diziam ser a nova namorada do meu pai, alegando que ela havia passado a noite com ele, sob um cabeçalho que afirmava: "O melhor sexo que já tive!"

Você consegue imaginar?

Cheguei a ponto de não poder ir a pé à escola, ao parque, visitar minhas amigas, ou a qualquer lugar público, porque os jornalistas ficavam acampados aonde quer que eu fosse. Eram tão agressivos e rudes! Todos os dias tinha de furar uma barreira de fotógrafos bem na frente da minha escola, à espera para tirar uma foto minha. Gritavam meu nome quando eu passava ou faziam perguntas totalmente inadequadas, só para que me virasse para olhá-los. No dia seguinte à notícia estampada na primeira página do *New York Post*, um jornalista imbecil teve a ousadia de me perguntar se o que Marla Maples alegava era verdade. Que tipo de pessoa faz uma pergunta dessas a uma menina de nove anos? Sobre o próprio pai!

Mas continuamos levando, com nossa vida totalmente exposta. E as perguntas continuavam a ser feitas. Se eu gostava de Marla. Com quem gostaria de viver depois do divórcio. Se minha mãe tinha um namorado. Era tão louco, tão ofensivo, tão ultrajante... Eles não davam sequer uma folga!

Meu pai mudou de casa, mas meus pais tentaram nos proteger da melhor maneira possível. Se estivessem assistindo à televisão e um programa sensacionalista fosse começar, mudavam de canal. Se houvesse um exemplar da revista *People* pela casa com uma matéria sobre o divórcio, jogavam-na fora antes que a pudéssemos ler. Fizeram tudo o que puderam para reduzir a exposição ao sensacionalismo dos noticiários, mas, claro, não puderam evitar tudo. A história ganhou vida própria, saindo fora do controle de qualquer um.

---

3 O ex-jogador de futebol americano e ator acusado pelo assassinato da ex-esposa e de um amigo.

De algum modo, meus pais conseguiram se comportar de maneira civilizada quando estavam conosco, até nos piores momentos. Nunca discutiram na nossa frente. Na realidade, esforçavam-se ao máximo para manter a tranquilidade de todos. Apesar de toda a tensão, animosidade e dificuldades que haviam surgido entre eles, nunca ouvimos nenhum dos dois fazer um comentário negativo sobre o outro. Nunca ouvimos nenhuma porta sendo batida com raiva. Tampouco nos colocaram numa posição em que tivéssemos de escolher um dos lados.

Foi um modo saudável de tratar uma situação desagradável.

Se houve um benefício nesse período tão incerto e nefasto, foi ter nos aproximado muito mais um do outro. Antes disso, éramos irmãos comuns: implicávamos uns com os outros, tolerávamos os exageros, mas não mais que isso. Depois de tudo, fomos forçados a nos unir para enfrentar o mundo. O divórcio, o ataque da mídia e o alvoroço geral em nossas vidinhas aproximaram-nos de tal forma, que passamos a reagir de modo unânime, interligados de maneira totalmente nova.

O divórcio também me aproximou muito mais de meu pai. Não porque estivesse do lado dele, mas porque não podia mais desconsiderá-lo. Antes do divórcio, toda vez que ele voltava para casa do trabalho, eu corria até ele, dava um beijo rápido e logo voltava para o que estivesse fazendo. Essa rotina mudou após ele ter saído de casa. Meu pai não se mudou para muito longe; apenas para alguns andares abaixo. Mas agora tinha de descer para vê-lo todo dia de manhã antes do colégio e também comecei a aparecer no escritório quando voltava para casa, à tarde. Só para dar um alô. Sem pressa de voltar para o que tivesse de fazer, porque nada era mais importante que aquele momento.

Não por acaso, todo o tempo gasto no escritório do meu pai era bem aproveitado. Ia lá para passar algumas horas com ele, mas não conseguia evitar prestar atenção no que estivesse fazendo no trabalho. A linguagem dos acordos, das construções, do ambiente do escritório... Tudo começou a fazer parte de mim, sem que percebesse.

Apesar de o divórcio ter mudado meu relacionamento com meus irmãos e meus pais para melhor, foi o período mais negro e conturbado da minha juventude, agravado por ter coincidido com duas perdas devastadoras. A primeira: meu avô Dedo morreu no auge dessa loucura. A morte dele foi muito difícil para todos nós, em particular para meus irmãos. Eles tinham um relacionamento especial com vovô, e perder a estabilidade, o amor e a amizade dele num momento em que também estávamos preocupados em perder nosso pai foi um verdadeiro golpe.

O segundo: logo após a morte de Dedo, minha babá Bridget Carroll faleceu. A morte de Bridget também foi um golpe forte, mas, desta vez, acertou em cheio a mim. Ela havia sido como uma mãe, minha confidente, e naquele momento eu parecia precisar de seu calor e sabedoria ainda mais. Perder Bridget e Dedo ao mesmo tempo, em meio a um rebuliço familiar tão grande, me fez perder o fôlego.

Apesar de toda dor que senti na época, consegui superá-la. Sobreviver a esse período depressivo por certo colaborou para moldar a minha personalidade. Acredito piamente que, sem essas dores emocionais, minha vida teria sido fácil demais. Para ser sincera, tudo o que havia vivido até o momento fora privilégio e felicidade. O pior que tinha experimentado fora um pequeno constrangimento por causa de Michael Jackson, que provocara aquele incidente antes da apresentação de O *quebra-nozes*, ou qualquer outra calamidade totalmente inconsequente. De certo modo, precisei passar por dias tumultuados para dar forma e significado à minha vida e reforçar uma questão muito importante: existem dificuldades que o dinheiro não resolve nem a fama suaviza.

A série de contratempos como esses que vivi em 1990 tem o condão de nos partir ao meio ou nos tornar mais fortes. Tinha apenas nove anos, e as consequências do divórcio continuariam a repercutir até o ensino médio, mas escolhi me fortalecer com esse período. E seguir em frente.

INFORMES DO MEU BLACKBERRY

JONATHAN TISH – Presidente e CEO dos Hotéis Loews; vice-presidente da Loews Corporation

A PERSPECTIVA

Está cada vez mais difícil se destacar no ramo da hotelaria. Todos os hotéis têm lindos saguões de entrada, lençóis novos e TVs de tela plana, portanto é a atenção aos detalhes que cria experiências memoráveis aos hóspedes e permite que os Hotéis Loews se diferenciem da concorrência.

Atuar nesse nível de competência requer total comprometimento de todos os escalões da empresa. Posso tomar todas as decisões que quiser sobre o futuro dos Hotéis Loews do meu escritório no centro de Manhattan, mas, dia a dia, não sou eu quem está à frente, interagindo com os clientes. Essa é uma perspectiva valiosa, embora esteja fora de alcance para a maioria dos executivos. No entanto, há poucos anos, tive a oportunidade de voltar e desempenhar os papéis-chave que de fato fazem nosso sucesso. A oportunidade veio por meio de uma apresentação no TLC (The Learning Channel) em um programa chamado *Now who's boss?* [Agora, quem nanda?]. Nele, CEOs trabalham em funções básicas nas próprias empresas. Por uma semana no Loews Miami Beach Hotel, trabalhei como supervisor, atendente de balcão, porteiro, ajudante de cozinha, garçom de piscina e várias outras posições. Tendo crescido dentro da área, havia trabalhado em todos esses cargos quando jovem, mas nunca mais os desempenhera após ter me tornado um CEO. Foi uma forma muito valiosa e significativa de me lembrar como essas funções são difíceis e a importância desses membros da equipe para o resultado final do esforço global. Pude reavaliar a atenção aos detalhes, necessária para o sucesso da empresa.

Outra perspectiva importante, em particular ao se trabalhar numa empresa familiar, é ter um ponto de vista externo. Uma empresa familiar apresenta certa cota de desafios, e é muito útil entrar nela depois de passar algum tempo em outra empresa, ou mesmo em outra área comercial. Em vez de voltar a Nova York e entrar nos Hotéis Loews após me formar na Universidade Tufts, em 1976, decidi permanecer em Boston e passar os três anos seguintes trabalhando na TV WBZ. Minha experiência como câmera, editor e produtor foi valiosíssima e me deu um senso de unidade, bem como a oportunidade de trabalhar numa área na qual ninguém se importava se meu sobrenome era Tisch, Trump ou Smith. O tempo que trabalhei na televisão me ensinou aspectos muito importantes sobre as responsabilidades que acompanham um emprego, e ter uma imagem, contar uma história e me concentrar nos detalhes.

É por isso que sempre recomendo aos jovens que não se limitem ao pensar num primeiro emprego. Poderão trabalhar em qualquer coisa. Pode não ter nada a ver com o que estudaram na faculdade. Nunca se sabe o que teremos de fazer na vida ou como aquilo que fazemos poderá refletir no que fizermos mais tarde. A perspectiva externa que ganhei na televisão continua a me ajudar mais de trinta anos depois. Hoje conduzo meu próprio programa de televisão e faço bom uso do meu treinamento na mídia para ajudar a promover os Hotéis Loews e o mercado de viagens e turismo como um todo. Por último, esta foi a maior lição de todas: estar aberto a diferentes perspectivas. Aprenda com os outros e cada experiência desempenhará um papel importante para seu sucesso.

CAPÍTULO 4
CRIANDO VALORES

> O homem racional se adapta ao mundo; o homem irracional persiste tentando adaptar o mundo a si mesmo. Assim, todo progresso dependerá dos irracionais.
> — GEORGE BERNARD SHAW

MEUS PAIS PODEM TER dado ênfase à educação e a viagens, mas nenhum aspecto da minha infância teria me marcado mais sem a ênfase que também davam à dedicação e ao trabalho árduo. Não importa o que fizéssemos, tínhamos de fazê-lo da melhor maneira que pudéssemos, de acordo com nossa capacidade. E acertar o alvo. Meus irmãos e eu nunca tivemos uma lista determinada de tarefas que deveríamos desempenhar. Vivíamos sempre ocupados, com várias coisas a fazer, para que se conseguisse estabelecer uma rotina. Mas, se pedissem a um de nós alguma vez que lavasse a louça após o jantar ou colocasse a roupa suja para lavar, esperavam que atendêssemos imediatamente, sem reclamar.

É possível que eu tenha reclamado uma vez ou outra durante minha preciosa adolescência quando me pediam que fizesse algo parecido, mas não deixava ninguém me ouvir. Meus irmãos também. Lidávamos bem com esse assunto, e, se tivéssemos de levar o lixo para fora de vez em quando, sabíamos desempenhar a tarefa sorrindo. Meus pais aprenderam a obedecer ordens e esperavam que fizéssemos o mesmo. Desejavam até que tomássemos a iniciativa para ajudar sem sermos chamados – ordem fatal para filhos irrequietos e intratáveis –, e sabíamos o que deveríamos fazer para continuar nas graças dos nossos pais, sempre um passo à frente das expectativas deles. Se nos comportássemos mal ou revirássemos os olhos de maneira acintosa, minha mãe logo nos lembrava de quanto éramos sortudos. Comparado à infância espartana que ela teve na Tchecoslováquia comunista, esse fato era visível e transparente. Quando menina, não havia dinheiro para que ela tivesse roupas bonitas ou brinquedos novos. Na verdade, mesmo que tivesse dinheiro, não havia lojas que vendessem as mesmas coisas em seu país na época. A maioria lutava para sobreviver, e as crianças deviam dar duro e cuidar de si mesmas. Essa era a regra. Todos viviam com muito pouco e valorizavam o que tinham. Um filho que desobedecesse aos pais ou reclamasse de ajudar em casa era algo impensável.

Meu pai cresceu num ambiente bem mais privilegiado, mas os pais dele tiveram o cuidado de mantê-lo concentrado no que fazia e sempre com um olho nele. Não acertaram todas as vezes, mas tentaram. Há uma história que meu pai gosta de contar. Meu avô costumava levá-lo de carro à escola em seu Rolls-Royce, mas, em vez de deixá-lo no portão de entrada, deixava-o na estação de metrô mais próxima. Então, meu pai seguia o restante do caminho de metrô. Sempre considerei essa história estranha e apaixonante. Entendo o que meu avô tentava ensinar, mas me parecia um tanto exagerado. Ou seja, meu pai continuava indo para escola num Rolls-Royce todos os dias de manhã, mas não *todo o caminho* até a escola. Essa era uma das contradições que o nome Trump trazia, até para meu pai.

Na verdade, meu avô tinha várias ideias de como instilar valores positivos e ética de trabalho nos filhos. Também ensinava as mesmas coisas para mim e meus irmãos. Quando era pequena, mostrava-me um dólar de prata e perguntava:

—Você quer esta moeda, Ivanka?

Nunca soube onde ele arranjava todas aquelas moedas novinhas e brilhantes, mas parecia tê-las à mão. E, claro, eu assentia com a cabeça, sorria e ficava pulando.

— Bem – ele dizia –, antes de dá-la, você precisa perguntar à sua avó se precisa que faça algo para ela.

Então eu falava com minha avó e perguntava se precisava que a auxiliasse em alguma coisa. Em geral, ela me pedia que colocasse os pratos na mesa, varresse o chão ou amassasse as batatas para fazer purê para o jantar. Quando eu terminava, ia até meu avô e lhe contava o que havia feito.

– Muito bem – dizia ele, entregando-me o dólar de prata. – Isso é por ter trabalhado bastante. Você o mereceu.

Ele transformava a situação num jogo, mas o ensinamento era claro: se quiser algo, terá de trabalhar para ganhá-lo. Não receberia nada de graça da família Trump.

VIVA PARA TRABALHAR E TRABALHE PARA VIVER

À medida que ficávamos mais velhos, esperavam que meus irmãos e eu trabalhássemos em diferentes propriedades da família Trump. Aos quinze anos, meu emprego de verão era seguir o mestre de obras durante a construção da Trump World Tower, um edifício de 89 andares que meu pai construía bem ao lado das Nações Unidas. Foi a primeira vez que entrei em contato com uma obra de verdade, e adorei fazê-lo. Tudo o que dizia respeito à construção parecia tão incrível, tão interessante, tão significativo. Chegava a gostar da linguagem usada no local de trabalho (onde mais se usariam palavras como viga e andaime?). Achava o máximo saber que estávamos construindo algo que iria alterar em definitivo o horizonte da cidade e esperávamos que fosse de uma maneira positiva e lucrativa.

Em muitos verões, meu irmão Don trabalhou na Trump Marina em Atlantic City, levando barcos ao deque o dia inteiro por um salário mínimo. Em outro verão, Eric trabalhou na equipe de paisagismo em Seven Springs, nosso condomínio rural em Bedford, Estado de Nova York. Não importa o que nos pedisse, meu pai acreditava que era importante fazermos algum tipo de trabalho braçal. Queria que conhecêssemos as pessoas e os processos que existiam na empresa, do princípio ao fim. Mesmo quando éramos pequenos, sempre falavam na hora do jantar sobre o dia em que trabalharíamos na empresa da família. Não que fosse algo obrigatório. E por certo não seria uma oportunidade dada de mão beijada. Mas meu pai colocava como se fosse algo que pudéssemos querer fazer para ajudar. Ou não. Que iríamos ajudar, isso era certo. E, já que passaríamos grande parte da vida adulta trabalhando num escritório lidando com advogados e financistas, meu pai considerou que a adolescência seria a melhor, a primeira e a última oportunidade de sujarmos as mãos. Acreditava que, uma vez que víssemos quanto suor e esforço compunham e mantinham as propriedades Trump, daríamos mais valor às pessoas que colaboravam para fazer com que a empresa fosse bem-sucedida. Como bônus, aprenderíamos o valor de um dia de trabalho honesto.

DAR E RECEBER

Aprendi muito cedo a não pedir a meus pais nada que esperassem que eu mesma pagasse, ou deixasse de comprar. Aprendi essa lição sozinha, como na vez em que parei no escritório do meu pai após a escola com minha amiga Lisandra. Íamos passar o fim de semana com a família dela em Newport, Rhode Island, então perguntei a meu pai se poderia usar o cartão de crédito dele para comprar um novo biquíni. Um biquíni que, na realidade, não precisava.

(Ei, pelo menos eu tentei!)

Meu pai não estava nem um pouco inclinado a me entregar o cartão de crédito para que eu pudesse comprar mais um biquíni novo.

– Ivanka – respondeu ele num tom firme –, você gasta um bocado de dinheiro com roupas novas. Tenho certeza de que os biquínis que tem servirão para a viagem.

Ele tinha razão; serviam. Mas não era essa a questão. O pai de Lisandra havia acabado de lhe dar o cartão de crédito *dele* para que ela comprasse um novo biquíni, e queríamos sair e fazer umas comprinhas antes de viajar. *Essa* era a questão. Sabia bem lá no fundo que não conseguiria nada com meu pai, mas insisti. Dei o exemplo do pai de minha amiga: Prova A.

– O pai de Lisandra deu a ela o cartão dele – falei com uma voz baixinha.

No momento em que fiz essa afirmação, percebi que havia feito a jogada errada.

Meu pai sacudiu de leve a cabeça. Depois, virou-se para a minha amiga e perguntou:

– Lisandra, você realmente acha que precisa de um biquíni novo?

Aí, acabou-se. Fui derrotada.

No final, aprendi a não pedir por favores exagerados, não porque entendi que não conseguiria nada, mas porque compreendi que meu pai tinha razão. Não precisava de excessos; eu percebi e, de algum modo, passei a me sentir menor ao pedi-los. Meu pai estava suficientemente satisfeito em atender minhas necessidades básicas e até alguns luxos, uma vez ou outra. Mas, ao receber tantos nãos como resposta, aprendi a apreciar os presentes e as extravagâncias que recebia. Meus pais queriam ter certeza de que eu não seria uma dessas pobres meninas ricas que naufragavam em exageros e nunca aprendiam o verdadeiro valor do dinheiro. E eles sabiam onde gastar dinheiro.

Como falei, meus pais eram diferentes nesse aspecto em relação aos outros pais. Muitos de meus amigos eram de famílias abastadas, algo normal em colégios como Chapin e Choate. E era tema recorrente entre minhas amigas, em muitas das conversas adolescentes, como os pais pães-duros de alguém se negavam a pagar a conta de celular dela ou, em casos mais extremos, comprar um carro novo ou um relógio Cartier para a formatura. Costumavam reclamar e choramingar um bocado, mas não era comum eu ou meus irmãos nos queixarmos a respeito disso. Fosse de propósito ou não, meus pais faziam com que nos sentíssemos perfeitos idiotas se pedíssemos algo que não havíamos feito nada para merecer ganhar, além de um tanto envergonhados também.

Sem dúvida, queria e gostava das mesmas coisas boas que minhas amigas queriam e gostavam. É que passei a vê-las como um tipo de atrativo, um incentivo para me esforçar e ser capaz de comprar eu mesma o que quer que fosse que quisesse. Minhas amigas apenas queriam as coisas. De imediato. Numa salva de prata, de preferência. De algum modo, meus pais me fizeram pensar que eu deveria ser autossuficiente e, pelo que me lembre, nunca me senti à vontade em aceitar que alguém me desse qualquer coisa. Sabia que meus pais me apoiariam se me opusesse, mas não pretendia me opor a esse procedimento.

Hoje em dia, orgulho-me de controlar minha vida. Sou dona de um apartamento de dois quartos num dos edifícios Trump, mas não o obtive de graça. Nem consegui um desconto camarada por ele. Comprei meu primeiro apartamento em um dos nossos edifícios porque acredito na qualidade Trump e no valor de um investimento em uma de nossas propriedades. Pago uma hipoteca sobre o apartamento, assim como meus irmãos, Don e Eric, também pagam hipotecas pelo apartamento deles em outros edifícios Trump. É verdade que pago as parcelas da minha hipoteca diretamente a meu pai, em vez de pagá-las à um banco, mas é uma hipoteca do mesmo jeito, e nunca atrasei nenhum pagamento.

Dito isso, algumas de minhas amigas sabem desse trato e não entendem nada. Ou não acreditam, ou não entendem por que meu pai simplesmente não me deu o apartamento – sempre é um problema explicar isso a elas. Na verdade, é provável que me deixasse viver de graça em um dos edifícios, mas apenas num arranjo temporário. Não me *daria* um apartamento, e eu não aceitaria que o fizesse; não desejaria lhe dever esse favor. Hoje, já adulta, gosto da sensação de ser capaz de me sustentar e de possuir meu estilo de vida. Ademais, quando estiver pronta para sair dali, quero ganhar um bom lucro sobre esse investimento imobiliário – do mesmo modo como outros proprietários fazem.

Dessa maneira, suponho, faço mais que manter o padrão dos meus pais; estou criando meus próprios padrões.

É interessante constatar que nenhum dos filhos tenha visto nosso pai como um caixa eletrônico. Mesmo minha meia-irmã caçula Tiffany – do casamento com a segunda esposa, Marla Maples – sabe que isso não é aceitável, não é necessário, que não é legal pedir dinheiro a meu pai o tempo todo. Com certeza, ele deve ter nos ensinado do jeito certo, mas, seja como for, foi algo sutil. Ele nunca nos sentou e passou um sermão para explicar o valor do dinheiro ou a importância de pagar pelo que fosse nosso. Ainda assim, a lição foi transmitida com clareza.

No último Natal, Tiffany me procurou para falar sobre um dilema. Ela se mudou para a Califórnia com a mãe dela aos sete anos de idade, portanto passou muito menos tempo com nosso pai do que eu e meus irmãos. Estava com quinze anos e queria saber se havia um modo certo de falar com papai sobre suas necessidades básicas de dinheiro. Não porque fosse mimada, mas porque era uma adolescente. Se estivesse morando na mesma casa com papai, seria capaz de falar com ele de vez em quando e pedir algo mais. E ele teria a maior boa vontade em atendê-la, da mesma maneira que deu a mim e a meus irmãos qualquer coisa de graça quando pedíamos algo em especial. Havia até mesmo momentos em que nos surpreendia com um belo presente sem motivo, em nenhuma ocasião particular, e imagino que Tiffany não ganhava as mesmas surpresas apenas por viver longe de nós.

Muitas das amigas de Tiffany tinham acesso aos cartões de crédito dos pais, ela me contou. Alguns deles haviam estabelecido um limite de gastos. Em outros casos, as amigas poderiam gastar o que quisessem até que o pai dissesse o contrário, atingindo em geral uma despesa bem alta. Todas recebiam polpudas mesadas, mas não era o que Tiffany queria. Tudo o que ela queria, na verdade, era desfrutar de alguns dos mesmos privilégios que as amigas desfrutavam, do mesmo modo que ela os desfrutaria se vivesse sob o mesmo teto que nosso pai. Entendia o que ela queria. Por ter crescido de forma independente, contentava-me em gastar o dinheiro do meu pai de vez em quando, dentro de certos limites, é claro. Via um lindo par de brincos ou uma bolsa nova que todas as minhas amigas tinham e os comprava. Não de forma leviana, mas de modo consciente. Não gastava milhares e milhares de dólares no cartão de crédito do meu pai. Nem mesmo centenas e centenas de dólares. Não creio que tenha sido muito mimada quando era nova. Apenas um pouco. Um pouquinho. E agora Tiffany, com toda razão, via-se na mesma situação, sem saber como pedir a meu pai os mesmos pequenos mimos que dera a mim e a meus irmãos.

Ela havia montado uma estratégia para pedir um aumento de mesada. Pensara um bocado a respeito, e estava nervosa em ter de falar com ele, por isso tentei acalmá-la. Enquanto falava, considerei a importância, a beleza de que esse modo de pensar tenha também sido passado a Tiffany. Orgulhava-me dela por estar relutante em pedir, mas, ao mesmo tempo, por tentar ser como todas as outras garotas de sua idade. Orgulhava-me de nosso pai por ter dado um exemplo tão importante e instilar valores positivos sobre dinheiro em *todos* os filhos, ainda que vivesse longe deles.

A moral da história é que a irmã mais velha aqui fez algo para poupar Tiffany de todo esse trabalho. Não contei a ela, claro, mas falei com papai e lhe sugeri que surpreendesse Tiffany dando um cartão de crédito de Natal, com uma pequena mesada mensal embutida nele. Foi o que ele fez. Tiffany ficou emocionada e aliviada. E agradecida. Isso fez toda a diferença: todos nós agradecemos o que temos. Não tiramos vantagem nem acreditamos que seja nosso por direito.

E, com certeza, não podemos contar o dinheiro alheio como certo.

GRANDES EXPECTATIVAS

Meus pais tinham um estilo de vida pouco tradicional, mas mantiveram um relacionamento extremamente tradicional com os filhos. Podem ter me levado para assistir a lutas de boxe ou a viagens ao redor do mundo, contudo, no final do dia, eram sempre pais, não melhores amigos.

Aqui, também, nosso relacionamento contrastava tremendamente com o modo como minhas amigas pareciam interagir com os pais. Tinha uma amiga que gritava as coisas mais desrespeitosas para a mãe toda vez que as coisas não saíam do jeito que desejava:

– Vá pro inferno! – urrava. – Deixe-me em paz!

Sempre ficava surpresa ao ouvi-la explodir com a própria mãe desse modo. Se tivesse falado assim alguma vez com minha mãe, meu bumbum teria ficado vermelho por vários dias. E se tivesse falado desse modo diante de outras pessoas, bem, não seria capaz de me sentar por muitos anos.

O comportamento desrespeitoso, a arrogância, a propensão a não trabalhar duro pelo que se quer – tudo está interligado. Graças a Deus, era algo que não acontecia com frequência em nossa casa. Aconteceu, mas não muito, e toda vez que esse comportamento negativo escapava de mim ou de meus irmãos, meus pais acabavam logo com ele. Aprendíamos rápido, portanto raramente apresentávamos o mesmo mau comportamento uma segunda vez. Era inevitável que uma imagem positiva começasse a se formar. Meus irmãos e eu crescemos de maneira bem diferente da de muitos outros filhos que nasceram em berço de ouro, com dinheiro e oportunidades, e, olhando para trás, reconheço que foi a mão firme de meus pais que nos manteve com os pés no chão.

Enquanto crescia, conheci diversos filhos de famílias ricas que tiveram muita dificuldade para acertar o caminho. Vários deles ainda lutam para acertar ao entrar nos trinta anos. É duro encarar um bando de filhinhos de papai que nunca superaram a infância privilegiada, mas, se nunca aprenderam a valorizar o trabalho duro nem lutaram para conquistar autossuficiência, jamais estarão em posição de auferir todas as vantagens das oportunidades que têm. Em geral, as amigas que mais resistiram possuem os maiores fundos fiduciários, o que significa que não trabalharam para ganhar dinheiro. Em vez de se esforçar para consegui-lo, não mexeram sequer um dedo.

Veja, não era o fundo fiduciário que trazia problemas às minhas amigas; era o fato de existirem que as derrubava, por terem acesso a ele. Muitas pessoas não acreditam quando digo que não há um fundo fiduciário esperando por mim no fim da estrada. Acredito que meus pais tenham feito um para mim, mas nunca me contaram, e este é o segredo. Não é saudável crescer sabendo que receberá uma grande quantia de dinheiro ao atingir certa idade. Não inspirará uma ética de trabalho nem um desejo ardente de ser bem-sucedido. Uma coisa é ser surpreendido com uma herança recebida de modo intempestivo; outra é esperar por ela, porque, enquanto espera, você se acaba. Nas duas situações será uma bênção, sem dúvida, mas é uma bênção negativa se estiver esperando. Fará com que você viva *aquém* de todas as expectativas – porque *todas* as expectativas estarão acabadas.

Tenho muitos amigos que despenderam o início da idade adulta sem fazer nada que prestasse. Bem, fizeram o mínimo que se esperava e terminaram a faculdade, mas, depois, amarraram pés e braços e esgotaram a paciência dos pais e todas as suas melhores intenções, esperando um dia entrar na posse do pote de ouro. Nesse ponto, não são amigos de verdade, porque não há lugar em minha vida para pessoas que não consigam encontrar motivação na própria existência. Parece uma triste coletânea de histórias que deram errado.

É fácil atribuir esse tipo de falta de ambição à preguiça, mas acredito que exista outro fator. Muitos de meus amigos, filhos de pais extremamente bem-sucedidos, criaram uma fobia de nunca conseguir se igualar ao sucesso dos pais. É o auge das grandes expectativas, de ambos os lados, e algo que compreendo. Com sinceridade, senti isso na pele – com exceção de que, no meu caso, recebi as ferramentas e o encorajamento que precisava para suportar o peso das expectativas. Infelizmente, não acontece sempre. Estudamos nos melhores colégios, estamos cercados pelas melhores cabeças, temos acesso às pessoas que nos ajudarão a começar qualquer empreitada, embora não consigamos deixar de pensar que nunca atingiremos a realização de nossos pais nem seremos considerados pelos próprios méritos. Como resultado, criamos uma paralisia profissional. Fui capaz de superá-la, mas tive sorte. Meus irmãos também, embora, em nosso caso, considero que foi mais que sorte. Foi um impulso extra por parte dos nossos pais, para assegurar que as vantagens não se tornassem uma muleta ou uma tábua de salvação.

Muitos desses aspectos são explorados de modo surpreendente no documentário *Born rich* [Rico de nascença], feito pelo meu amigo Jamie Johnson. Jamie é um dos herdeiros da fortuna da Johnson & Johnson, por isso conhece o assunto. O documentário fala de como e por que tantos dos amigos ricos lutaram para aceitar o sucesso da família e os altos e baixos ao longo do caminho. É um filme admirável e podemos aprender muito com ele, mas, quando o assisti pela primeira vez, fiquei pensando como a maioria das pessoas filmadas por Jamie era arrogante e ingrata, como se pedissem que sentíssemos pena delas por terem recebido demais.

Born rich teve uma boa divulgação na mídia quando foi exibido, mas, quando ele filmou a minha parte, tinha uma vaga ideia do foco central do documentário. Também tive a impressão de que Jamie fazia um documentário apenas para apresentar um projeto na faculdade, portanto, nunca me ocorreu que fosse vir a público. Jamie era meu amigo. Quando me perguntou se poderia vir com uma equipe de filmagem conversar comigo sobre como era crescer numa família rica, não levei o assunto muito a sério. Na verdade, Jamie não me falou mais sobre isso durante vários anos. Fizemos a entrevista e acabou por aí. Tinha dezoito anos na época, e declarei o seguinte:

– Não importa o que ouça ou leia sobre minha família, o fato é que tenho o maior orgulho de ser uma Trump. Tenho orgulho do nome da família e de tudo que conquistaram. Por algum tempo, me preocupei em viver sempre à sombra dos meus pais, mas creio que não seja uma sombra tão ruim assim.

Anos mais tarde, quando foi ao ar pela primeira vez pela HBO, vários críticos apontaram a superficialidade das respostas da maioria dos filhos entrevistados. Criticaram o comportamento esnobe e frívolo que Jamie havia captado nas entrevistas, e em grande parte o comentário procedia. Inevitavelmente, preocupei-me em ser pintada com as mesmas cores. Minha declaração estava misturada às outras. Mas, com o tempo, percebi que não havia recebido muitas críticas. Se tanto, as pessoas pareciam ter gostado do que tinha dito sobre crescer à sombra de meus pais. Creio que respeitaram minha defesa do nome da família e a demonstração de orgulho em relação ao que havíamos conquistado. Não apenas meu pai. Não apenas minha mãe. Todos nós.

Com certeza, meus pais lançavam uma enorme sombra sobre nós. Com certeza, os feitos deles pareciam intimidadores. Mas nunca diminuí os padrões que estabeleceram. Em vez disso, me forcei ainda mais para preencher todos os espaços aos quais aquela grande sombra não chegasse, aproveitei parte da força e influência e a usei para me impelir adiante na vida. Lembro-me de que meu pai nunca se esquivou de tentar alcançar o sucesso do pai dele; é provável que estivesse competindo abertamente com o legado de meu avô. Não encaro como competição, e sim como um desafio. Espero pelo dia em que possa ficar lado a lado com meu pai como uma igual.

Quando isso acontecer – e *vai* acontecer –, sei que ele terá muito orgulho do que conseguimos conquistar. Todos nós. Juntos.

INFORMES DO MEU BLACKBERRY

CATHIE BLACK – presidente da Hearst Magazines

CAUSE BOA IMPRESSÃO

As jovens de hoje tiveram acesso mais fácil a várias coisas, mas, ao mesmo tempo, sentem-se assustadas com o ambiente profissional que vão encarar. Compreendo isso; só não entendo por que não aproveitam ao máximo as oportunidades que continuam surgindo à frente. É tão importante usar bem os contatos! Digamos que você tenha conseguido uma entrevista por meio de um amigo de família com uma pessoa que poderá lhe abrir uma porta. Muitas jovens dão de ombros e dizem: "Não, vou conseguir sozinha". Ouço e penso: "O.K., é muito bom querer ser independente, mas por que desperdiçar uma ajudinha?". Se alguém quer fazer uma ligação ou mandar um *e-mail* para indicá-la, você deveria agradecer imensamente e ver o que acontece. Encontre a pessoa e veja o que acontece. Ninguém vai lhe dar um emprego. Só depende de você. Mas podem lhe dar uma força. Alguém poderá ajudá-la a pensar sobre a carreira de modo totalmente novo.

No fim, tudo é questão de persistência e meta. É preciso pesquisar para conhecer melhor um assunto. São aspectos básicos, mas creio que nem o básico ainda é feito. Nem sei mais quantas pessoas me escrevem ou me mandam *e-mails*, mas não sabem escrever meu nome. Não sabem o que faço. Não sabem meu endereço. Numa entrevista, sugiro que tomem notas, e só então é que começam a procurar uma caneta na bolsa ou arranjam um pedaço ridículo de papel para escrever. Quando vejo algo assim, sugiro a elas que comprem um belo caderno com capa de couro. Com uma folha pautada dentro. Que imprimam alguns cartões de visita; custam só dez dólares. E não se esqueçam de levar uma cópia do currículo. Sei que já mandaram um, mas não importa. Devem ter outro à mão. Talvez o entrevistador não o tenha recebido ou o perdeu, ou queira outro para dar a um colega.

Esteja preparada. Apenas lembrando: isso é básico. Pesquise um pouco sobre a pessoa para quem está ligando e a empresa onde ela trabalha. Pesquise no Google. Nunca marco uma reunião nem encontro ninguém para almoçar cuja pesquisa a respeito não tenha feito antes no Google. A informação está logo aí; você deve aproveitá-la. Se alguém está lhe dando vinte minutos de seu precioso tempo, o investimento deveria ser maximizado. Aproveite seu tempo e o dela. Informe-se o máximo que puder sobre a pessoa, o produto, o serviço. Descubra tudo o que puder. Ninguém vai encontrá-lo por vinte minutos apenas para explorar sua mente. Você está ali para ganhar uma visão ou informação que não poderá encontrar em nenhum outro lugar; com sorte, multiplicará o contato em vários outros. Sempre digo a essas jovens que tentem encerrar a reunião com o nome de pelo menos três outras pessoas com quem possam falar depois; se possível, com uma apresentação.

Mais do que tudo, você está lá para causar boa impressão; é bom que saiba que a primeira impressão dura para sempre. Não é apenas o modo como anda ao atravessar a porta. Não é se fala bem ou precisa procurar uma caneta e um pedaço de papel dentro da bolsa. E não se trata apenas de usar roupas de grife e surpreender a pessoa do outro lado da mesa com seu estilo. Trata-se de parecer profissional e adequada. Se houver uma reunião numa agência publicitária, vista-se de forma criativa, mas, se for a um escritório de advocacia, vista-se de modo convencional.

E saiba que causará a primeira boa impressão mesmo antes de chegar à reunião. Recentemente, dei uma aula inaugural numa faculdade e olhei do alto do palco enquanto um dos professores apresentava a representante da escola. O reitor elencou todos os feitos dessa jovem e depois perguntou num tom de brincadeira:

"Querem saber o que tem em sua página do Facebook?".

Só pude ver a aluna de costas, mas pensei que fosse ter um ataque. Ela se virou e lançou um olhar para o reitor, que parecia dizer: "Como ousou entrar na minha página do Facebook?".

Mas a página está lá. Se colocar fotos dançando e fazendo *topless* ou bebendo até cair, estarão lá para todo mundo ver. Não dá para se indignar se um professor ou um possível empregador pesquisar sua página no Facebook, Twitter, MySpace ou Orkut. Não será possível dizer: "Bem, você não deveria ter olhado". Se for um empregador e tiver de escolher entre dez ou 110 candidatos, escolherá quem continue vestido. Fim de papo.

CAPÍTULO 5
MOLDANDO A CARREIRA

Nada no mundo substitui a persistência. O talento não a substitui; nada é mais comum do que homens talentosos fracassados. A inteligência não a substitui; inteligência não reconhecida tornou-se quase um provérbio. A educação sozinha não a substitui; o mundo está cheio de mendigos educados. Persistência e determinação são onipotentes. A "pressão" solucionou e sempre solucionará os problemas da raça humana.

— CALVIN COOLIDGE

NUNCA ME QUESTIONARAM SE iria trabalhar para me sustentar. Nem sequer me perguntaram o que iria fazer. As únicas perguntas em minha mente, na verdade, eram quando poderia começar, até onde poderia ir e o que deveria fazer para preencher meu tempo produtivamente até lá.

No final, segui primeiro o caminho de minha mãe. Não queria ser modelo. Apenas aconteceu. Conheci uma agente de modelos da Elite quando tinha cerca de dez anos que me pediu que a procurasse quando crescesse, mas não levei a sério. Tinha dez anos! Não havia nenhum interesse em me tornar modelo. Eu era aquele moleque que nunca achava graça em brincar com a Barbie. Mas, depois, encontrei de novo a mesma agente aos treze ou catorze anos e, naquele momento, comecei a pensar que poderia ser algo interessante. Ainda não estava tão interessada assim em me tornar modelo, mas havia adquirido certo gosto por moda e estilo – e, acima de tudo, por ganhar dinheiro. Ser modelo poderia abrir caminhos em todas as frentes: todas as roupas que uma adolescente adoraria usar, todos os lugares mais exóticos que ela poderia conhecer, todo o dinheiro que poderia gastar. Pensando bem, não há muitas formas para uma jovem adolescente séria e bem-educada fazer um pé de meia além de cuidar de crianças ou conseguir um emprego numa lanchonete no verão com um pequeno salário. Modelos de sucesso, por outro lado, podem receber uma fortuna – mais do que esperava gastar. Mesmo modelos de menos sucesso se dão bem e, para começar, usaria todas aquelas roupas incríveis e veria um pouco do mundo de uma perspectiva diferente da de minha mãe.

Enfim, decidi começar a carreira de modelo quando entrei em Choate, por dois motivos. Primeiro, sentia-me um pouco deslocada num colégio interno. Era uma garota de cidade grande no fundo, e o compasso sonolento em Wallingford, Connecticut, era... bem, sonolento demais. Ser modelo parecia um bom modo de preencher o espaço entre as aulas e as provas. E, segundo, já havia meditado um bocado sobre o que seria para mim seguir os passos de meu pai no mercado imobiliário e ter de ouvir que o único motivo de estar ali era meu sobrenome. Aos catorze anos, a ideia de trabalhar numa área que não tinha nada a ver com meu pai era extremamente atraente. Ele tinha o dom da ubiquidade, não apenas nos círculos do mercado imobiliário, mas em todas as comunidades financeiras de Nova York. No entanto, sua influência não chegava ao mundo da moda, portanto essa característica contava como ponto positivo. Dependeria só de mim. Tanto estilistas quanto fotógrafos gostariam ou não de minha aparência. Iriam me escolher ou não para vender um produto ou vestir suas roupas. Nenhum estilista colocaria uma garota feia num desfile por causa do pai dela, em particular, um pai que não tivesse nada a ver com moda.

Meu primeiro trabalho foram fotos para a revista *Elle* com Gilles Bensimon, um dos maiores fotógrafos da indústria da moda. Voltei para casa pensando: "O.K., Ivanka, pode ser interessante". Em seguida, fiz uma campanha para Tommy Hilfiger, e então deixei de achar interessante e passei a pensar: "É bom ficar na minha". Era apenas meu segundo trabalho, mas já percebia que as modelos eram as moças mais egoístas, narcisistas e amantes de intrigas do mundo. Era como fazer parte de um desses seriados melosos de Aaron Spelling (como *As panteras, Casal 20* e *Ilha da fantasia*) – exceto que nesse caso seriam pessoas de verdade, dinheiro de verdade e consequências de verdade. Quanto mais convivia no meio, mais confirmava minha opinião sobre as novas colegas. Na maioria, as modelos eram adolescentes pretensiosas, indisciplinadas, mal-educadas, mimadas, gente que havia galgado o sucesso pisando na cabeça de alguém. Claro, isso se aplica a quase todas as nossas realizações quando alguém é preterido ou rejeitado, mas ali parecia algo pessoal. Todas eram tão jovens e tão inseguras! Muitas modelos que conhecia pareciam sentir prazer em roubar trabalho da outra. De fato, quanto mais modelos conseguisse derrubar para chegar ao topo, melhor; essa parecia ser a regra geral. Se quisesse saber o que estavam dizendo de mim pelas costas, tudo o que precisava fazer era ficar nos bastidores durante um desfile de moda ou me esconder no camarim durante uma sessão de fotografias e ficar ouvindo. E, às vezes, nem falavam pelas minhas costas.

Mas segui em frente. Meus pais concordaram em me deixar investir em minha carreira de modelo de forma agressiva, desde que mantivesse boas notas no colégio. O que queriam dizer com "boas notas" era manter uma média 7,0, e acho que estipularam um limite bem alto para fazer com que desistisse de ser modelo, mas me mantive firme e forte. Após algum tempo, tinha um carro para ir ao colégio – uma das concessões devido a meu "emprego" – e minha rotina era dirigir noventa minutos até Nova York para a "chamada" após a aula e retornar a Connecticut algumas horas depois. Se uma chamada ou foto coincidisse com o horário de uma aula, deixava passar e esperava ser chamada da próxima vez.

Havia bastante trabalho, no final das contas. Não apenas para mim, mas para todas as modelos. Foi um período cheio e frenético no mundo da moda. O estilo na época era "heroína chique". Esse era o ideal. Felizmente, não era meu estilo, mas parecia me encaixar na categoria "cara de bebê". Era um contraste tão gritante com a aparência da maioria das modelos, mas também era requisitado. Meu rostinho de bebê bochechudo oscilava em cima de um corpo de mulher feita. Era muito magra e também muito alta, formando uma justaposição curiosa ao se ver um rosto de querubim num corpo adulto, adornada com todas aquelas roupas excessivamente glamorosas e caras.

DONA DO PRÓPRIO ESTILO

Lembro-me de estar em fila numa chamada – as escolhas de modelos são feitas como chamadas em rebanho – ouvindo uma garota assustadora conversar com outra, não menos assustadora, sobre como conseguira ficar acordada a noite inteira para conseguir a aparência cansada que parecia ser necessária para a sessão de fotos. Elas eram um pouco mais velhas que eu, poderiam até já ser adultas, mas a conversa delas era totalmente estranha e ridícula. Seria idiota se não fosse tão perturbadora. A aparência heroína chique já era muito ruim, mas aquela pobre garota havia produzido determinada aparência para conseguir ser chamada. Passara fome para consegui-la. Não dormira para adquirir aquela aparência.

Eu as ouvi conversando e pensei: "Isto não serve para mim, pelo menos não no longo prazo".

Mas aproveitei o máximo que pude, mesmo assim. Trabalhar como modelo se adequava com perfeição ao meu horário e me abria um leque de oportunidades. Podia viajar. Paris, Londres, Milão, Melbourne... Em muitas das viagens, fiquei na casa de amigos da família, mas, de vez em quando, ficava com as outras modelos. Eram situações bastante estranhas e desconfortáveis. Éramos muito jovens e frequentemente sem nenhuma supervisão, e algumas das garotas eram maus exemplos de comportamento, mas suponho que isso tenha me obrigado a confiar em mim mesma, a me organizar e a pensar nas decisões que tomava. Se meus pais soubessem como era pouco supervisionada e como quase nunca tínhamos a presença dos supostos acompanhantes por perto, jamais teriam permitido que eu viajasse, embora a experiência tenha me forçado a amadurecer com mais rapidez.

Sempre tive um espírito precoce, portanto não foi um esforço demasiado. Aprendi muito, mas não sobre ser modelo. O que eu precisava saber sobre o mundo da moda aprendi com rapidez. O verdadeiro aprendizado veio por meio da convivência com todos aqueles estilistas excêntricos e maravilhosos, aqueles agentes de modelos terrivelmente francos e diretos e aquelas produtoras superprotetoras. No lado editorial, entrei em contato com várias personalidades influentes na mídia; na prática, havia planejadores de eventos e profissionais de relações públicas, sem esquecer as celebridades do *jet set* que afluíam para os desfiles. Descobri que há muitas personalidades interessantes dentro e em torno do mundo da moda. É quase um microcosmo do mundo real. Cada desfile oferecia uma breve oportunidade de me relacionar com diferentes tipos de pessoas, em diferentes tipos de situação. Toda vez que viajava com meus pais, tendia a seguir o que me dissessem, mas ali não havia ninguém que eu devesse seguir; era obrigada a desenvolver meu próprio comportamento. Aprendi a me apresentar, a como me encaixar num ambiente, como ficar à parte e como me adaptar às diversas culturas e expectativas.

A vantagem mais tangível de minha breve carreira de modelo foi o dinheiro que ganhei – um bocado de dinheiro, diria. Meus pais queriam que eu guardasse o dinheiro que recebia, e de fato nunca o gastei. Tudo que me pagavam, mandava direto para Ace Greenberg, no Bear Stearns, que cuidava das contas bancárias da família. Reunia-me com Ace, ex-CEO do banco Bear Stearns e então presidente, e conversávamos sobre uma carteira de investimentos tradicional – um terço em ações, um terço em títulos e um terço em dinheiro. É basicamente a mesma proporção que mantenho até hoje, mas, quando mais jovem, sentia-me feliz em ser aconselhada. De modo surpreendente, meus pais não se envolveram nessa questão. Confiavam que eu soubesse tomar boas decisões em relação ao dinheiro que ganhava, e foi exatamente o que fiz. (Creio que também confiassem em Ace, o que pode justificar por que me deram tanta corda para fazer tudo sozinha.) Não descontava os cheques e enlouquecia, como muitas das garotas com quem trabalhava. Mas, de vez em quando, se quisesse comprar algo especial, comprava com meu dinheiro. Sem culpa.

PULANDO FORA

Ser modelo foi apenas um estágio até ter idade suficiente para ter um emprego de verdade, e, enquanto estudava na Pensilvânia, fazendo cursos em Wharton, comecei a traçar uma estratégia para minha carreira. Certo, talvez não tenha traçado nada e, na verdade, nem sequer houvesse uma estratégia, mas comecei a pensar com seriedade sobre o assunto. Já era hora. O tempo todo havia pensado em trabalhar para meu pai, mas não tinha pensado em como ou fazendo o quê. Tudo o que sabia era que queria ser construtora. Era um plano por parecer inevitável. Havia, porém, todas as outras opções a serem consideradas. Muitas das minhas amigas pensavam em entrar na faculdade, mas isso não fazia minha cabeça na época. A faculdade de Direito tinha lá algum atrativo – de fato, ainda tem! –, porque pensei em aprender algumas coisas que se aplicariam a qualquer âmbito profissional, mas um MBA me soava redundante. Para mim, pelo menos. Em Wharton, tinha aula com graduandos. Um MBA é ótimo se não se tem certeza de aonde se quer ir; pode apontar a direção certa ou apresentá-lo a contatos valiosos. É importante se trabalhar para uma empresa que exige esse pré-requisito, que é o caso na maioria das grandes instituições financeiras. Mas não acrescentava muito ao currículo que estava montando para mim.

Passei de achar que sabia o que fazia à sensação de que ainda teria de descobrir o caminho a seguir. Tive bastante sorte em receber bons conselhos de início de carreira durante esse período de um dos meus professores, Peter Linneman. Quando entrei em Wharton, meu pai me disse para me inscrever no maior número de cursos com esse professor. Eles aconteciam em diversos ambientes de trabalho, bem longe da sala de aula, e meu pai me contou que o professor Linneman conhecia bem o assunto.

O problema é que era mais fácil falar do que fazer. O professor Linneman era um dos professores mais populares de Wharton. É excepcionalmente inteligente e muito envolvente, mas o melhor é que se trata de uma pessoa pragmática. Não faz o tipo acadêmico que passa o tempo na torre de marfim, analisando tendências e consultando teorias. Não; aplica a teoria à prática, o que significa que poderia oferecer uma perspectiva real sobre a matéria.

Quando não conseguia assistir a uma aula do professor Linneman pelas vias normais, eu simplesmente aparecia. Muitas vezes, é uma excelente estratégia apenas "aparecer". É metade da batalha ganha, não é? Pelo menos, é o que diz o velho ditado, mas eu achava que, em alguns casos, estava mais para três quartos da batalha. De qualquer modo, é um bom artifício: mostre a cara, e você já sai na frente, porque a maioria é tímida demais para cometer essa ousadia. A maioria aceitará um não como resposta e voltará para casa chupando o dedo. Só "aparecer" me colocou frente a frente com o professor Linneman, o que já era alguma coisa, mas não eliminava o fato de a aula dele ser apenas para alunos já graduados. Isso era outra coisa, embora considerasse a questão apenas como um detalhe técnico. Em compensação, estava preparada para assistir ao curso sem contar os créditos; já tinha aberto meu horário para encaixá-lo e imaginei me familiarizar com o professor Linneman de tal modo que ele me deixasse entrar para assistir às aulas no semestre seguinte. Não desistiria tão fácil assim. Depois de alguns dias e de passar por alguns obstáculos, consegui entrar na classe. Entrei com três ou quatro outros alunos que tiveram a mesma ideia em uma sala repleta de alunos de MBA.

Acabei fazendo alguns cursos com o professor Linneman. Ele se tornou um tipo de mentor, alguém com quem poderia conversar além de meu pai para pedir conselhos e ideias sobre incorporação imobiliária e um possível início de carreira. Estava concentrada em aprender tudo que pudesse, o mais rapidamente possível; diferentemente de muitos dos meus colegas, não estava muito preocupada em arranjar um emprego, talvez porque trabalhar para meu pai na empresa Trump e aprender o ofício ao lado dele fosse naturalmente o passo seguinte.

Portanto, logo antes do início de meu último semestre, o professor Linneman me chamou uma tarde em sua sala. Ele queria conversar sobre os planos para minha carreira. Disse a ele que planejava trabalhar para a Organização Trump após a formatura. Ele me sugeriu pensar em outra opção. Tinha vários amigos e contatos nos círculos do mercado imobiliário, em particular na área de incorporação. Muitos deles recorriam a ele para pedir indicação de alunos talentosos que pudessem contratar. Ele queria saber se poderia indicar meu nome; se aceitaria uma oportunidade fora da empresa da família.

– Honestamente, professor, sinto-me lisonjeada – respondi. – Mas não quero colocá-lo numa saia-justa ao me indicar para um emprego, porque, no fim, ambos sabemos como acabará a história. No final, meu objetivo será entrar na empresa da família e trabalhar para meu pai.

– Você deveria pensar sobre isso, Ivanka – aconselhou o professor Linneman. – Trabalhar para seu pai é um grande objetivo e, no longo prazo, com certeza é seu melhor investimento, mas não tenha tanta pressa ao fazê-lo. Você deveria adquirir alguma experiência em outro lugar antes de entrar na Organização Trump para desenvolver a carreira.

Peter Linneman era o tipo de pessoa que ia direto ao assunto. Se estava me dizendo para pensar sobre trabalhar em outro lugar, era o mínimo que deveria fazer. Se não o fizesse, estaria me subestimando. Conversei com papai sobre isso, também. E com meus irmãos. (Meu irmão mais velho, Don, foi direto trabalhar para meu pai assim que se formou em Wharton; ele poderia me dizer algo com base no próprio ponto de vista.) Aos poucos, percebi o valor do conselho do meu professor. Ele não estava tentando me dissuadir de seguir o sonho de trabalhar na Organização Trump ou ao lado de meu pai para expandir a marca Trump. Nada disso. Só me encorajava a tentar algo diferente antes de voltar a meu nicho — se tanto, para ganhar um sentido de autovalor num contexto exterior ao da minha família. Seria um tipo de extensão de aprendizado e uma oportunidade de compreender como era trabalhar num ambiente profissional comum e conviver com um patrão que não fosse meu pai.

Já tinha minhas ideias. Possuía uma larga experiência de início de carreira com base em vários empregos de verão e estágios. No âmbito acadêmico, sentia-me preparada para assumir qualquer emprego — mas, claro, uma coisa é ter boas notas na escola e outra, usar o que aprendemos no trabalho. Minha maior preocupação era começar minha carreira no mercado imobiliário e descobrir ser mediana — apenas boa, e nada mais. Era uma perspectiva assustadora. A mediocridade era o pior resultado possível. Se fosse trabalhar para meu pai e não me adaptasse e fosse despreparada para o emprego, ele me demitiria. Mas, se fosse boa o suficiente só para manter meu emprego, seria outro problema. Naquele momento, olhando adiante para a carreira que imaginava, não pensava que poderia continuar na empresa da família sabendo que não estaria contribuindo de forma decisiva, que meu pai e meus irmãos estariam me arrastando com eles, ou que não tivesse o talento necessário para ser promovida ao topo da carreira ou não fosse ruim o suficiente para ser demitida.

Com a força de Peter Linneman e o endosso entusiasta de meu pai, que logo viu a sabedoria contida nesse conselho do mestre, saí para fazer a primeira entrevista real de emprego pensando que, se fosse medíocre, seria melhor descobri-lo em outro lugar, longe da empresa da família. Conheci a equipe da Forest City Ratner, uma empresa de incorporação e administração imobiliária diversificada que, de muitas maneiras, espelhava os aspectos empresariais familiares da Organização Trump. Bruce Ratner conhecia meu pai, mas só de vista. Sabia que era provável que entrasse na empresa Trump para trabalhar com meu pai dentro de um ano ou dois, mas, ainda assim, estava interessado em me aceitar na empresa dele. No fundo, iria me locar em vez de me contratar, mas isso era algo implícito. De fato, na Forest City Ratner era pré-requisito para qualquer membro da família Ratner que quisesse entrar na empresa trabalhar em outro lugar por ao menos dois anos antes de ser admitido. E não bastava *trabalhar* em outro lugar. Era um daqueles casos em que não basta apenas aparecer no emprego para contar ponto. Você tinha de ser bem-sucedido na atividade também.

Com esse tipo de mentalidade em vista, o grupo Ratner recebeu bem o fato de eu precisar de um lugar para testar minha capacidade longe de meu pai, e também ficaram muito felizes em poder me dar essa oportunidade. Não poderiam ter sido mais receptivos ou encorajadores, e, ainda que tivesse ido à entrevista de emprego sem saber se deveria trabalhar em outro lugar que não fosse a Organização Trump, saí de lá pensando que talvez fosse uma boa...

No final, a Forest City me ofereceu um emprego e eu caí dentro. Foi emocionante; uma incrível oportunidade, para dizer a verdade. O salário não era lá essas coisas (fora dos padrões da Wharton), mas meu salário anual de 50 mil dólares estava de acordo com o que meu pai pagava aos novos contratados recém-saídos da faculdade. Com certeza, estava dentro das regras de mercado. Fora das empresas de incorporação imobiliária sediadas em Nova York, no entanto, o salário era baixo. Muitos de meus colegas que haviam entrado em instituições bancárias de investimento financeiro saíram da Wharton com salários anuais de seis dígitos, e meu contracheque anual nem chegava perto do que costumava ganhar num único desfile de moda aos quinze ou dezesseis anos de idade. Mas não fraquejaria. Não queria trabalhar numa empresa financeira na qual a maioria de meus colegas de Wharton arranjaria empregos bem pagos. Queria mergulhar num meio que se assemelhasse ao máximo com o que encontraria em casa, na Organização Trump. E estava determinada a fazê-lo do meu modo.

COMBATENDO A MEDIOCRIDADE

Um aspecto final sobre meu medo da mediocridade: eram os *meus* medos. Nem todo mundo é igual. Cresci acreditando que esperavam o melhor de mim. Na escola, na corrida da vida, no modo como me comportava entre os amigos influentes dos meus pais. Qualquer coisa que fosse menos que isso seria inaceitável para mim. Para ser justa com meus pais, essa era uma pressão que me impunha, exceto em relação às minhas notas. Nesse aspecto, com razão esperavam o melhor, porque sabiam do que eu era capaz. Mas, em relação a trabalho e ao modo como me relacionava com o mundo, era uma visão exclusivamente minha. Suponho que meus pais tenham crescido com uma versão pessoal sobre a necessidade de se superar, e meus irmãos também, o que explica por que são tão bem-sucedidos, mas eu era autocentrada demais na época em que estava na faculdade para imaginar que houvesse inventado esse tipo de pressão, uma expectativa impossível de atingir.

Naturalmente, reconheço que não conseguimos ser os melhores em tudo o que fazemos; se fôssemos, seríamos todos líderes e visionários, mas todos podem ser grandes em alguma coisa. Se estiver somente trabalhando para sobreviver em vez de dar o máximo de si mesmo, talvez signifique que esteja fora de sua atividade. Ou talvez não tenha paixão suficiente pelo que faz para atingir o máximo de sucesso. Trabalhei com pessoas que tinham muito mais conhecimento do que eu, que eram muito mais inteligentes do que eu, com muito mais experiência, mas em geral consigo fechar um acordo melhor que eles graças à minha determinação canina. Não é possível ter esse tipo de concentração se não houver paixão por aquilo que se faz. O sucesso estará sempre longe demais. Se não amar inteira, absoluta e completamente o que faz, nunca terá a força necessária para levá-lo ao topo da carreira.

Descobri que o entusiasmo e a energia compensam a falta de experiência. Pelo menos, preenchem algumas lacunas que acompanham a inexperiência. Observe as pessoas mais bem-sucedidas em todas as atividades. Os CEOs mais famosos. Os empreendedores mais comentados. Os visionários mais ousados. São os que parecem operar em velocidade maior, os que esbanjam entusiasmo. Não são do tipo que se baseia apenas na inteligência ou que se tranca no escritório e tritura números o dia inteiro. Na maioria, as pessoas de sucesso conseguem mesclar dons intelectuais com a força pessoal de tal modo, que a capacidade de se relacionar com os outros é o que os leva ao topo. A capacidade de se conectar e maximizar os relacionamentos e usá-los a seu favor — eis a chave.

A PRIMEIRA (E ÚLTIMA) IMPRESSÃO

Entrei na Forest City Ratner como uma das treze pessoas do grupo de incorporação do projeto de construção de um shopping center em Yonkers, ao norte da cidade de Nova York. Estávamos na etapa de pré-construção do ciclo de incorporação quando fui contratada, então pude começar com todo mundo. Pelo menos, foi o que disse a mim mesma naquele momento. Na verdade, não tinha a menor ideia do que estava fazendo, mas logo comecei a entender.

Um dos melhores aspectos desse primeiro trabalho era que não estaria competindo diretamente com nenhum projeto da Organização Trump. Foi algo importante para mim naquele instante, embora o atrativo inicial fosse trabalhar com um grupo de veteranos em um grande projeto: um *shopping center* de mais de 110 mil metros quadrados que seria, assim esperávamos, a fonte de renda principal da empresa.

Meu primeiro dia de trabalho não começou tão bem, embora tenha chegado *cedo*. Meu grande mérito quando era mais jovem era sempre chegar na hora, e continua sendo uma obsessão, incutida em mim pelos meus pais quando era bem jovem. A lição que aprendi em casa era sempre prestar atenção ao horário das demais pessoas. Se alguém estivesse abrindo espaço para encontrá-lo ou contratá-lo, era sua responsabilidade estar à disposição dela. Tratava-se de uma regra básica. Meu pai costumava dizer que não se chega cedo para uma reunião de negócios. Ou chegamos na hora ou estamos atrasados. Isso era tudo. Sempre me disse para não deixar nada acontecer ao acaso. Ninguém quer saber se tivemos problemas de trânsito, ou se o trem atrasou, ou se nos perdemos no caminho.

Nesse aspecto, também sempre praticou o que pregava. Certa vez, quando estava casado com Marla Maples, esperamos longamente no aeroporto para embarcar em seu avião particular para irmos a Palm Beach. Marla sempre se atrasava, o que era um problema entre os dois. Meu pai desistiu de esperar por Marla e dirigimo-nos ao avião no horário determinado para a decolagem. Estávamos nos posicionando na cabeceira da pista quando vi o carro de Marla parar ao lado. A porta do avião já estava fechada. As turbinas já estavam acionadas. Estávamos prontos para decolar. E Marla na pista, frenética, correndo para chegar ao avião.

Toquei no ombro de meu pai e pedi que olhasse pela janela, mas, quando viu Marla, tudo o que fez foi dar de ombros. Não pediu ao piloto que parasse, e decolamos assim mesmo.

Comentei:

– Ora, papai, ela só está cinco minutos atrasada.

Sabia que ele levava a pontualidade a sério, mas aquilo me parecia um pouco exagerado, mesmo se tratando dele.

Ele respondeu:

– Não, Ivanka. É preciso chegar na hora.

Claro, meu pai não teria sido tão peremptório se Marla não estivesse sempre atrasada. A cena já havia se repetido vezes demais para o gosto dele. E aquela foi a última vez, também porque nunca mais ela perdeu o avião.

De qualquer maneira, esse foi o enfoque que usei para meu primeiro dia de trabalho. Estava determinada a começar cedo. Era a terça-feira seguinte ao feriado do Dia do Trabalho (que, nos Estados Unidos, é dia 1º de setembro). Voltei um dia antes de um fim de semana que passei em Hamptons com alguns amigos, apenas para me aclimatar e me organizar. Meu plano era aproveitar aquela segunda-feira para ir ao Brooklyn, onde fica a sede da Forest City. Não estava habituada a usar o metrô fora de Manhattan, mas era a única forma de ir e voltar com um orçamento e horário apertados. Voltei pensando que seria bom se ensaiasse o percurso até lá. Mas me perdi por completo. Tomei o metrô errado. Depois desci na estação errada e tive de esperar pelo metrô seguinte. Era Dia do Trabalho, por isso os trens cumpriam um horário reduzido, o que significava menos carros e um horário mais espaçado entre eles, mas, ao contabilizar meu tempo de baldeação para a primeira viagem de verdade para o trabalho, não queria correr risco nenhum.

Na terça-feira de manhã, pensei estar com tudo arranjado. Coloquei dois despertadores para não perder a hora. Experimentei várias roupas à noite, para ter certeza de usar a adequada. Fiz exercícios. Tomei café da manhã – sendo que antes nunca tomava café da manhã. Queria ter certeza de estar completa e duplamente preparada. Lembrando da desastrosa viagem de metrô da véspera, saí do apartamento às seis da manhã, preparando-me para qualquer tipo de atraso na baldeação. Vinte minutos depois, cheguei ao destino. Não havia ninguém no escritório. As luzes ainda estavam apagadas! Acabei sentando no chão do corredor em frente à porta de entrada, como uma idiota, esperando quase duas horas até alguém aparecer e abrir a porta.

Estar preparada? Chegar na hora? Está certo...

Tive um pesadelo horrível na noite anterior e continuava me lembrando dele o tempo todo sentada ali no chão do lado de fora do escritório. Andava por uma obra com meu novo chefe quando um dos operários assoviava para mim. Devia estar preocupada com isso quando adormeci, e aquilo voltou em forma de sonho. Foi um pesadelo recorrente nas semanas que antecederam meu primeiro dia de trabalho e me pegou de novo na véspera. Sentada ali do lado de fora da porta de entrada da empresa, esperando para começar meu primeiro dia, transportei-me de volta ao sonho. A ansiedade que senti enquanto dormia voltou com força total. Claro, esse tipo de coisa havia acontecido comigo antes – muitas vezes, na verdade, nos canteiros de obra do meu pai quando havia trabalhado para ele em verões anteriores. Mas, nesses casos, os operários não sabiam que eu era a filha do dono quando começavam a assoviar, e não importava como eu reagisse. Quando alguém informava ao incauto de capacete quem eu era, ele se desdobrava em desculpas. Eu ria e agia como se não fosse nada de mais. Nesse caso, no entanto, a perspectiva me sacudiu, e eu não conseguia deixar de pensar que precisava ter algum tipo de resposta para disfarçar a situação e manter o constrangimento sob controle. Afinal, continuava pensando, meu novo chefe estaria observando minha reação, ou seja, se algo do tipo acontecesse, me colocaria numa situação embaraçosa. Se ignorasse os comentários inadequados, pareceria débil. Se respondesse de modo grosseiro, seria considerada uma bruxa.

Ah, os perigos de ser jovem e loira, caminhando por um canteiro de obras, ouvindo os gracejos hediondos dos machões cabeludos espalhados pela construção...

Era um clichê tão grande, mas, quando uma jovem caminha por uma obra, entende-se *por que* é um clichê. É algo inato, embora não deixe de ser uma preocupação legítima. Não estava preocupada por mim, entenda bem, porque nunca me senti ameaçada ou intimidada por qualquer um desses trogloditas, mas me preocupava com como iria reagir. Queria passar despercebida nesses primeiros dias, esse era o meu desejo.

Deus sabe quanto elaborei uma resposta que fosse adequada – e, ainda bem, não tive de sair do prédio naquele dia, então o problema não aconteceu. Quando, enfim, ocorreu, não era mais um problema, porque eu havia desenvolvido confiança suficiente para repelir os assovios com relativa facilidade, e aqui esbarramos em um importante aprendizado para qualquer mulher jovem, em qualquer ambiente de trabalho: o assédio sexual nunca é aceitável, e temos de nos rebelar contra ele. Ao mesmo tempo, temos de reconhecer que os colegas de trabalho são diferentes entre si. O que parece ofensivo para um pode parecer inocente para outro. Aprenda a distinguir quando um assovio ou um elogio é uma forma de assédio e quando é apenas uma provocação sem maiores conseqüências, à qual poderá responder de forma equivalente. Minha experiência nesse aspecto é um pouco radical e meus exemplos um tanto extremos, porque alguns sujeitos podem ser ousados, mas aprendi a separar o verdadeiro assédio do comportamento natural presente nesse tipo de ambiente de trabalho. Às vezes, é difícil distinguir. Nesse caso, você deve fazer o que achar certo e mais adequado. Se não tiver certeza, conte a uma colega e peça a opinião dela. Ou fale diretamente com o suposto "conquistador", com alguém neutro à situação ao lado. Diga-lhe:

– Olha, sei que deve estar só brincando, mas isso me incomoda muito. Peço a você que encontre outro meio de se divertir.

Quando me lembro dessa incerteza inicial, penso que fiz um esforço pessoal precoce na carreira para minimizar o fato de ser uma mulher atraente. Não quero me vangloriar, mas *havia sido* uma modelo de relativo sucesso. Não que fosse algo importante. Alguns dos operários assoviariam para qualquer uma, conquanto fosse uma mulher. Contudo, como desejava evitar o enfrentamento, sentia medo de ser feminina no trabalho, o que, pensando bem, foi provavelmente um erro. Trabalhava num meio bastante masculino, não apenas no canteiro de obras, mas nos escritórios também. A incorporação imobiliária é uma área dominada por homens, então escondi minha feminilidade e dividia meu cabelo ao meio, amarrando-o atrás num coque. Procurava me vestir de forma ultraconservadora, usando *tailleurs* e calças pretas.

No fundo, não havia nada em minha aparência que lembrasse uma jovem confiante – o que, no final, era o que queria ser. Hoje, depois de todos esses anos, gostaria de ter me apresentado de um modo um pouco diferente, com mais personalidade. Em algum momento, percebi que não era uma solteirona sem graça. Era uma jovem que havia acabado de sair da faculdade, com vinte e poucos anos, pronta para fazer certo barulho e sacudir o ambiente. O modo de me vestir deveria ter refletido quem eu era e como via meu emprego; deveria ter *me* refletido. Não uma personalidade à prova de assovios que julguei que deveria ser. Levaria algum tempo para ganhar a confiança que precisava para me expressar a respeito, mas iria conseguir – depois de ter acertado o compasso da situação e me sentido um pouco mais segura sobre mim mesma no trabalho. Hoje não me incomodo de usar cor-de-rosa para trabalhar e demonstrar meu estilo feminino de modo profissional! Porque enfim percebi que não preciso me adequar a um papel nem atender às expectativas sobre minha aparência de quem quer que seja. Posso estar numa obra ou sentada a uma mesa de reuniões com um monte de banqueiros e advogados de meia-

-idade. Posso me sentir confortável com minha aparência e tomá-la como vantagem – destacar-se no meio da multidão nem sempre é algo negativo! –, ou posso me sentir insegura e ser autocrítica. Agora faço com que minha aparência trabalhe a meu favor, não contra mim. Lembrando sempre, é claro, que devo agir de forma educada, profissional e adequada.

Depois que a ansiedade e a prevenção foram descartadas, fui capaz de me concentrar no trabalho propriamente dito, e aqui de novo a equipe da Forest City Ratner teve imensa paciência e tolerância comigo. Permitiram que todos os novos funcionários descobrissem o próprio caminho. Chegaram a nos permitir a participação em reuniões decisórias, algo que estava além de nossa atribuição naquele momento profissional. Queria participar das reuniões sobre os projetos de construção. Queria estar presente nas sessões de planejamento de pré-incorporação. Mas não era arquiteta. Não era engenheira. Não tinha muito a oferecer, embora os supervisores parecessem desejar que eu descobrisse tudo sozinha.

Se um jovem recém-formado não fizer um estágio em uma área específica, acabará trabalhando em vendas ou *marketing*. Se for uma garota bonita com capacidade de vendas, melhor ainda. Foi assim que passei grande parte do meu tempo no princípio – vendendo, vendendo, vendendo –, e não gostava disso. Era boa em vendas – afinal, sou uma Trump! –, mas não amava fazer aquilo, por isso sempre tentava achar tempo para fazer alguma outra coisa. De algum modo, convenci um dos arquitetos a me ensinar como usar o AutoCAD, um programa de computador que permite manipular plantas de construção. Foi como receber as chaves do paraíso.

Em certo momento, vi que os outros funcionários que haviam entrado na mesma época não avançavam na mesma velocidade que eu. Prestei atenção a esse detalhe, porque havia sido um dos motivos para ter entrado na empresa, para começo de conversa, como um modo de me mensurar em relação aos colegas de trabalho. Não, não era uma competição. Não, não queria passar à frente deles e continuar ali. Todos nos dávamos muito bem e torcíamos para que cada um vencesse a seu modo. Mas comecei a reparar que recebia trabalhos cada vez mais interessantes. Assumia mais responsabilidades. E era algo tão gratificante, como uma maneira de reconhecimento.

No final, significava que poderia entrar na Organização Trump sabendo que tinha algo a oferecer além do sobrenome. E, fato também importante, era algo com que eu poderia contar. De fato, quando fui notificar minha saída da Forest City Ratner, o pessoal tentou me segurar por lá. (Ofereceram-me sextas-feiras livres durante o verão e um aumento polpudo!) Sabiam o tempo todo que eu acabaria indo embora, mas pareciam querer que ficasse mais um pouco – e apenas esse fato me deu um forte apoio psicológico antes de voltar a trabalhar na empresa da família. Afinal, é terrível pensar que não se conseguirá fazer bem algo com que se passou a vida inteira sonhando. Trabalhar em incorporação imobiliária com meu pai foi o grande sonho de toda a minha vida. Mas, sob todas as aspirações e esperanças, sempre havia uma incômoda preocupação de que não serviria para aquilo. De que seria meramente competente. Por isso os primeiros passos bem-sucedidos na Forest City Ratner foram tão relevantes para mim. Por isso controlava meus sucessos lá, mesmo que parecessem pequenos ou inconsequentes para um observador externo. Para mim, eram essenciais, porque sabia, agora, que, caso acontecesse qualquer atrito com meu pai ou meus irmãos, ou caso as coisas não dessem certo por algum motivo, teria a confiança necessária por saber que poderia seguir em frente e ainda fazer sucesso no mundo imobiliário. Não apenas através dos contatos que fizesse ou do nome de família que ainda teria, mas por meio da exclusiva capacidade e habilidades que levaria comigo.

Comparei minha experiência em meu primeiro emprego às experiências de vários dos colegas da Wharton e notei uma diferença contrastante: a maioria deles confessou que descobriu no primeiro emprego o que *não* queriam fazer. Partiram em busca de antigos sonhos: em relações públicas, bancos de investimento, propaganda, contabilidade e por aí vai. E muitos voltaram desapontados, tanto consigo mesmos ou com as carreiras com cuja idealização haviam gasto tanto tempo. É um grande aprendizado para qualquer jovem que está começando a trabalhar: tente fazer de tudo. Faça estágios em todos os lugares. Seja ousado. Arrisque. E reconheça assim que possível se estiver indo na direção errada, porque uma das grandes vantagens de ser jovem é poder mudar de rota com facilidade.

Felizmente, isso não aconteceu comigo. Por algum motivo, meu primeiro emprego apenas confirmou o que sempre soube: a vida e a carreira que havia sonhado em ter na área de incorporação estavam enfim ao meu alcance.

Dentro de mim.

INFORMES DO MEU BLACKBERRY

TONY HSIEH – CEO da Zappos.com

COMO (NÃO) CAIR NA REDE DE TRABALHO

Definitivamente, detesto eventos de rede de trabalho profissional. Em quase todos, o objetivo parece ser a troca de cartões de visitas esperando encontrar alguém que possa ajudá-lo em termos profissionais e, por sua vez, alguém que você também possa ajudar em retorno.

Em geral, eu os evito, e raramente carrego cartões de visita nos bolsos. Em vez disso, prefiro criar relacionamentos e conhecer as pessoas apenas por elas mesmas, independentemente do cargo no mundo profissional. Não importa sequer se pertencem ao mundo profissional. Acredito que haja algo interessante em relação a qualquer pessoa. Temos só de descobrir o quê. Descobri que é mais interessante criar relacionamentos com pessoas que não estão no mundo profissional, porque quase sempre têm perspectivas e visões singulares, e também porque tais relacionamentos tendem a ser mais autênticos.

Se estiver de fato interessado em alguém que conheceu, com o objetivo de fazer uma amizade em vez de tentar conseguir algo dessa pessoa, curiosamente, mais tarde, acabará por acontecer alguma coisa que o beneficiará tanto quanto a empresa. Não sei por que ou como acontece, mas já reparei que o benefício de ter conhecido alguém de forma pessoal em geral sobrevém dois a três anos depois de ter começado aquela amizade. Talvez a vizinha da irmã do amigo tenha acabado de ser promovida a vice-presidente da empresa que está tentando contatar, ou talvez alguém que tenha conhecido há dois anos agora tem um novo parceiro de tênis que seria a pessoa perfeita para aquele cargo que está tentando preencher nos últimos seis meses.

A Zappos.com existe há mais de dez anos agora. Começamos com zero em vendas em 1999 a mais de 1 bilhão de dólares em receita bruta em venda de mercadorias em 2008. Quando olho para trás, para os momentos de decisão mais importantes da nossa história, parece que a maioria aconteceu por pura sorte. Ocorreram coisas que não poderíamos ter previsto, mas todas resultaram em relacionamentos que começamos a ter dois ou três anos antes.

Portanto, meu conselho é parar de tentar criar uma rede de trabalho profissional no sentido tradicional e, em vez disso, apenas aumentar o número e a profundidade das amizades, em relacionamentos nos quais a amizade em si mesma seja a maior recompensa. Quanto mais diversificar as amizades, maiores serão as chances de estender os benefícios pessoais e profissionais com base nesses relacionamentos ao longo da vida. Você não saberá exatamente quais serão os benefícios, mas, se as amizades forem autênticas, os benefícios aparecerão como mágica dois ou três anos depois.

CAPÍTULO 6

RECEITAS PARA O SUCESSO

Perdemos 100% das jogadas que não fazemos.
— Michael Jordan

Minhas experiências ao sair da faculdade e entrar no mercado de trabalho não foram exatamente típicas, mas me ensinaram coisas bastante úteis. Como recém-formada, lembro-me de ter pensado que não poderia fazer nada de errado. Estava com o trabalho de conclusão de curso em cima e bem instalada num apartamento que havia escolhido. Enfim, tinha idade suficiente para ir aos melhores bares da cidade e conhecia os leões de chácara, o que garantia, portanto, minha entrada! Como a maioria de meus colegas, sentia-me ansiosa para começar a fase seguinte da minha vida e da minha carreira, mas, ao mesmo tempo, não tinha certeza de querer que a fase terminasse.

Estava firmemente imbuída da ideia de trabalhar na empresa da família, então não havia muito em que pensar ou com o que me preocupar à medida que minha formatura se aproximava – até meu professor conversar comigo sobre a melhor estratégia para iniciar minha carreira. Antes daquele momento, estava só contando os dias para poder iniciar na Organização Trump. Apesar de estar entusiasmada para começar a trabalhar, não acho que estivesse inteiramente pronta para deixar de ser uma garota. Era um ponto de reflexão importante: o trabalho de conclusão de curso estava praticamente pronto, os passos seguintes evoluíam à minha frente e eu me sentia feliz em estar envolvida com aquilo tudo. Para muitos, há uma estranha lacuna entre a faculdade e o início da carreira, quando a mente está focada em uma área, os pés, plantados em outra, e o coração, partido ao meio. Não era a única a sentir isso, e acredito que se possam encontrar recém-formados hoje que compartilhem a mesma sensação. Muitos dos colegas de Wharton tinham grandes empregos esperando por eles, mas vários outros não tinham, portanto havia tensão e ressentimento por toda a parte. Na primavera do meu último ano, já havia arrumado o meu emprego na Forest City Ratner, mas minha ficha ainda não tinha caído. Conservava dúvidas sobre se estaria à altura do emprego.

RECONHEÇA SUA PAIXÃO

Certo dia, recebi um telefonema inesperado. Era bem cedo, em torno de oito horas, o que, para uma estudante, ainda é de madrugada. Havia passado a noite acordada rachando de estudar para o exame final e tinha caído no sono por uma ou duas horas quando o telefone tocou. Meu primeiro pensamento foi deixá-lo tocar até ficar roxo. Não estava a fim de falar com ninguém àquela hora. Mal conseguia levantar a cabeça do travesseiro – estava pesada de sono e repleta de informações do que estudara sobre investimento imobiliário. Mas considerei que poderia ser importante, porque ninguém ligaria para uma estudante às oito da manhã a não ser que fosse urgente.

— Alô? – atendi, provavelmente com a voz mais grogue do mundo.

— Ivanka, é você? – perguntou a voz do outro lado, que mal reconheci.

— Sim, é – respondi. – Quem é?

— Desculpe se a acordei, Ivanka – a voz respondeu. – É Anna Wintour. Você tem um minutinho para conversar?

Anna Wintour. A editora de *Vogue*. Um ícone para milhões de mulheres – e para alguns homens também. Alguém que conhecera há vários anos por intermédio de meus pais e, mais tarde, através do trabalho como modelo. "Por que será que ela está me ligando?", pensei.

— Claro – respondi, tentando limpar minha garganta para soar menos rouca. – Como vai, Anna? Que bom falar com você.

Anna explicou que soubera a respeito de minha formatura, mas não estava ligando para me dar parabéns. Queria me oferecer um emprego. Assim, do nada. Não sabia dos meus projetos, mas conhecia bem meu interesse por desfiles e moda.

— No momento, só posso lhe oferecer um cargo inicial — explicou —, mas, se você se dedicar seriamente, será uma ótima forma de deslanchar na carreira.

Era uma oportunidade incrível e um telefonema sensacional — uma oferta dos sonhos! Mesmo então, sabia muito bem que nunca teria recebido uma oferta tão fantástica se o meu sobrenome não fosse Trump, mas isso não a tornava menos emocionante. Anna Wintour sempre fora uma de minhas heroínas: inteligente, dinâmica, sofisticada, uma gigante no meio editorial e da moda. Como empresária aspirante, não poderia imaginar uma mentora melhor que Anna. Ela poderia me ensinar muito, sem dúvida. Havia, aliás, já uma lição no fato de estar me procurando para aquela oferta de emprego. Como executiva, logo aprendi, estamos sempre procurando jovens talentos. Não podemos nos sentar e esperar que os candidatos interessantes apareçam procurando emprego; temos de sair em busca deles, e Anna deve ter visto algum potencial em mim em nossos encontros anteriores. Por isso, aquela oferta era, ao mesmo tempo, lisonjeira e gratificante.

Porém já havia aceitado o emprego na Forest City Ratner e não pensava em desistir da minha antiga paixão em fazer carreira dentro do mercado imobiliário. Era bom ser requisitada, e acho que houve um momento em minha vida em que teria sido uma boa perspectiva a ser considerada, mas não servia para mim.

— Anna — respondi —, agradeço muitíssimo o telefonema e a generosa oferta, mas creio que não poderei aceitá-la. Já tenho um trabalho numa incorporadora assim que me formar. Meu projeto é trabalhar lá por um ano ou mais e depois passar a trabalhar para o meu pai. O mercado imobiliário é a minha paixão.

Deparei com uma situação constrangedora: como rejeitar um emprego sem destruir a ponte que poderia ser necessária um dia? Sentia-me lisonjeada por Anna Wintour ter me procurado daquela maneira, mas não queria ofendê-la ao rejeitar a oferta. Não era o tipo de trabalho que procurava nem que quisesse àquela altura de minha carreira incipiente. Ainda por cima, não me via mudando de plano de carreira, passando do mercado imobiliário para a moda. Mesmo assim, Anna era uma boa pessoa de se ter como aliada, e eu sabia respeitar o desejo dela. Então respondi do único modo que poderia: sendo inteiramente franca.

Anna compreendeu e, com gentileza, desejou-me sorte. Disse-me que sabia que eu estava entrando no mercado imobiliário, mas pensara que talvez pudesse reconsiderar voltar ao mundo da moda. Agradeci de novo pela lembrança e por ter me ligado, trocamos mais alguns elogios e desligamos.

"Por essa eu não esperava", pensei. Nem em mil sonhos. Era incrível alguém como Anna Wintour me procurar para me oferecer um emprego. Isso me empolgou, apesar do sono, e estava doida para contar a alguém. Todas as minhas amigas estavam dormindo, então liguei para o meu pai. Era cedo para mim, mas não para ele. Ele largou o que estava fazendo para atender o telefone.

– Adivinha com quem estava falando agora? – perguntei.

Nem sequer lhe dei tempo para responder.

Quando terminei de contar a história, meu pai comentou:

– Acho que você deveria aceitar a proposta dela, Ivanka. Trabalhar na *Vogue* parece bem interessante. Anna é a melhor do ramo. Você aprenderia muito com ela.

Por um segundo, pensei que tivesse ligado para a pessoa errada. Não sabia o que ele iria me dizer, mas não esperava que me dissesse *aquilo*. Sinceramente, fiquei chocada com o fato de meu pai me aconselhar a seguir uma carreira fora do mercado imobiliário. Por anos, só havíamos falado sobre isso. Por anos, tinha feito tudo o que podia a fim de assegurar que estivesse pronta para contribuir de verdade com a empresa da família quando enfim me formasse e chegasse a hora. Por anos, fora um entendimento tácito. Sugerir esse cargo inesperado na revista *Vogue* me tomou inteiramente de surpresa. Gastara os últimos dois anos em Wharton estudando finanças e o mercado imobiliário. O que meu pai pensava que havia feito todo aquele tempo? Não esperava que eu entrasse na empresa, mesmo que só acontecesse dali a alguns anos? Ele não achava que eu tivesse as qualidades necessárias para me tornar uma incorporadora?

Não sabia o que dizer. Desliguei. Teria pela frente o exame final ainda naquela manhã e não queria me distrair com todas aquelas perguntas sem resposta. Já tinha muito com que me preocupar, e estava determinada a encerrar minha vida acadêmica com uma nota alta. Tentei dormir de novo, mas, claro, não consegui. Estava perturbada demais com os dois telefonemas. Emocionada demais. Confusa demais. Coisas demais.

Após algumas semanas, com a proximidade da formatura, meus pensamentos voltavam ao comentário de meu pai. Na verdade, retornavam à época em que estava no colégio interno, quando defendi minha iniciativa de seguir a carreira de modelo. Era o modo de deixar a minha marca fora da esfera de influência do meu pai, numa área onde o nome dele não abriria portas nem oportunidades. (Por ironia, ele acabou comprando uma agência de modelos... mas isso não estava na ordem do dia naquele momento.) Qualquer sucesso que fizesse dependeria totalmente de mim. Se fracassasse, a culpa seria minha também. Isso me atraía quando adolescente, e percebi que continuava me atraindo, mesmo como uma quase adulta. Tudo o que fizera depois daquilo, após o colégio, queria que fosse meu. Que tivesse recebido por mérito próprio. Não queria que nada me fosse dado de graça e bastou ouvir uma dúvida de meu pai para que questionasse a decisão de seguir os passos dele.

Na época, a ideia de trabalhar com moda não era algo que amasse, mas estava determinada a abrir o caminho do meu jeito, com a minha força. Passei da total certeza sobre o primeiro emprego à completa incerteza pessoal, e tudo a partir do telefonema tão entusiasmado de Anna Wintour. Para falar a verdade, não foi o telefonema dela que me deixou confusa, e sim a reação de meu pai em relação a ele. Era a ideia de que meu maior mentor pudesse estar me aconselhando (não tão sutilmente!) a escolher outro meio de sobrevivência.

Um dia, pouco antes da formatura, abordei o assunto com ele novamente. Queria saber o que estava pensando ao me dizer para aceitar a proposta de Anna.

— Por favor, não duvide de minha confiança em você, Ivanka — ele explicou. — Apenas sugeri que pensasse sobre o emprego na *Vogue*, porque queria ver se você estava a fim mesmo de trabalhar seriamente no mercado imobiliário. Queria que *você* visse como é séria a sua intenção.

— Claro que sou séria em relação ao mercado imobiliário — respondi. — Sou fascinada por ele desde criança. Você sabe muito bem disso. Aceitei todas as oportunidades que me deu para trabalhar na empresa. Estágios de verão, fosse o que fosse. Aprendi tudo o que podia fora dela. Estudei sobre construção na faculdade...

Poderia continuar falando sem parar, mas meu pai me interrompeu:

— Sei bem tudo o que você fez — falou — e estou imensamente orgulhoso de todas as suas conquistas. Só pensei que deveríamos ter certeza de que não fez tudo isso apenas porque se sentiu na obrigação de corresponder às expectativas. Se trabalhar no mercado imobiliário não for o mais certo para você, queria que soubesse que eu a apoiaria no que quisesse fazer.

Pensei: "Que alívio!" E realmente foi. Achei que meu pai não acreditasse que eu seria capaz de trabalhar no mercado imobiliário, e o tempo todo ele só estava testando a minha resolução. Sob aquele sentimento, no entanto, percebi que havia ficado um pouco brava por ele ter me inculcado essas dúvidas e preocupações, mas o alívio acabou vencendo. E foi um alívio para ele também quando notou como minha atitude era passional em relação ao trabalho em incorporação imobiliária. Como patrão, não iria me querer por perto se não estivesse absolutamente certo sobre o caminho que deveria seguir. Como pai, não iria querer que eu avançasse pelos motivos errados. Ele queria que os filhos tivessem paixão por qualquer coisa que escolhessem fazer. Imóveis eram a paixão dele, mas não precisava ser a nossa. Enquanto gostássemos do que estivéssemos fazendo, teríamos o foco e a determinação para nos empenhar em qualquer carreira.

Ouvi meu pai falar muitas vezes sobre a importância de amar aquilo que se faz. Era um dos grandes temas em casa quando era menor. Mas, agora que estava a ponto de me formar na faculdade e ingressar no primeiro emprego de verdade, esse ensinamento acabou fazendo sentido para mim. Ele não gostaria de me ver desgastada com uma profissão que não amasse de paixão. Acreditava que, quando se põe o coração e a alma no trabalho, não há como perder; mas, quando não se põe, sempre perdemos para alguém que o põe. Resumindo: meu pai acreditava que, se eu não estivesse preparada para almoçar, jantar, dormir e acordar falando em imóveis, não deveria entrar na área. E bastou ouvir isso dele dessa última vez, dentro do contexto daquele telefonema inesperado de Anna Wintour, para me fazer entender que eu acreditava exatamente na mesma coisa.

DESTAQUE-SE NA MULTIDÃO

Logo antes da formatura, muitos dos meus colegas se preocupavam em como se destacar do grupo. Era uma preocupação dividida em duas partes. Primeiro, tinham de arrumar um emprego assim que se formassem; e, segundo, precisavam fazer algo bombástico logo após assumirem o cargo, para poder deslanchar de forma gloriosa e, por fim, se candidatar a uma promoção.

A chave para ambos os objetivos, percebi na época, como percebo agora, é fazer uma boa entrevista e ter qualidades interpessoais. Não consigo explicar de outra maneira. Precisamos realçar essas qualidades não só para obter o emprego, mas para ter bons resultados depois de começar a trabalhar, pois o comportamento em reuniões, a interação com os chefes, o modo como se colabora com os novos colegas vão influenciar como será visto no local de trabalho. Tudo é uma forma de entrevista, digamos assim. É um tipo de comunicação básica. Como uma (ainda) jovem que trabalha em gerência superior, tenho uma perspectiva única de como os jovens passam por esses estágios em especial. Ainda sou jovem o suficiente para lembrar como foi difícil a entrevista para mim e para muitos de meus amigos da faculdade, e tenho sorte de ocupar um cargo em que posso ver do ponto de vista gerencial como os recém-formados lidam com essa transição. Muitos candidatos não se saem muito bem, devo confessar. Agora que estou do outro lado da mesa, conheci diversos candidatos que pareciam incríveis no papel, mas não conseguiam dar conta do recado numa entrevista. Num ambiente profissional competitivo, onde MBAs lutam por um emprego inicial numa empresa, não dá mais para causar má impressão numa entrevista.

Muitas vezes, me vejo sentada do outro lado da mesa com uma pessoa que tem quase a mesma idade que eu. Algo um pouco inusitado, imagino. Quer dizer, muitos dos meus amigos ainda estão à procura do emprego dos sonhos – na verdade, uma perda de tempo, pois muitos deles aceitariam *qualquer* emprego, pelo menos por algum tempo. Apesar disso, estou aqui, entrevistando outros recém-formados em busca do emprego dos sonhos. Compreendo como o processo de entrevista pode parecer assustador a um jovem que esteja começando (ouço histórias terríveis das minhas amigas desempregadas toda semana!), mas, como executiva, não consigo entender por que candidatos tão qualificados não gastam um pouco mais de tempo na apresentação, para lhes dar a vantagem que merecem ter.

Aqui vai um conselho: a sua entrevista é sobre *você*. Não sobre a faculdade que frequentou, o que estudou, quem foram seus professores ou quem seus pais são ou o que sabem. Tudo isso já está no currículo e, provavelmente, fez com que fosse chamado para a entrevista, mas não vai levá-lo muito além. Uma vez que esteja sendo entrevistado, deverá preencher o tempo com seu conhecimento, confiança e entusiasmo. Seja apenas *você*.

FUNDAMENTOS PARA UMA BOA ENTREVISTA

Faça um esforço para surpreender quem estiver do outro lado da mesa, não de modo chocante, mas de forma agradável e empática. Diga-lhe algo que provavelmente ele não sabe e mostre por que seria alguém interessante com quem se trabalhar. Seja charmoso, mas seja você mesmo. (Não deve ser tão difícil assim, não é?)

Tenha em mente que, além de avaliar se possui as qualidades e experiência necessárias para o cargo, os entrevistadores também estão verificando se gostariam de trabalhar com você.

Você é agradável, afável, divertido, interessante?

Mostra-se confiante, inteligente, capaz, curioso?

A entrevista não é apenas sobre *se* poderá desempenhar bem a função, mas *como* você a vê. Em algum nível, é preciso considerar que o *se* já seja algo determinado. Você não estaria ali conversando *se* não achassem que já detém essas qualidades. Mas é alguém que a empresa gostaria que a representasse numa sala de reuniões ou que interagisse com os clientes? Os outros funcionários vão querer encontrá-lo no elevador ou no bebedouro? Ou vai sugar o tempo, a energia e a paciência de todos eles?

Lembre-se: a pessoa do outro lado da mesa está medindo você e todos esses aspectos subjetivos, portanto ajudará bastante se mostrar o melhor lado da sua personalidade durante a entrevista.

Aqui vão outras dicas.

Não se atrase. Embora seja uma recomendação que parece óbvia, você se espantaria ao saber quantas pessoas aparecem cinco, dez, até trinta minutos atrasadas para uma entrevista de trabalho. É indesculpável. Já ouvi todo tipo de desculpa, e não passam disso: desculpas. Lembre-se da minha ida ao escritório da Forest City Ratner, no Brooklin, no feriado do Dia do Trabalho, véspera do meu primeiro dia lá. Se a entrevista for às 15 horas e achar que vai levar um pouco mais de uma hora para chegar ao local, saia às 13 horas. Dê a si mesmo um tempo de folga. Não se permita ficar preso no trânsito ou dentro de um trem quinze minutos antes da hora de a entrevista começar. Se chegar em cima da hora, estará com o olhar esbugalhado – não é a melhor aparência para apresentar em uma reunião tão importante. Há um grande benefício em usar essa estratégia, pois chegar cedo demonstra senso de organização e gratidão pela oportunidade, traços que todo empregador procura num jovem que deseja contratar. Além disso, é possível aproveitar o tempo de sobra para se preparar. Vá à toalete e verifique se seu cabelo está penteado e se a blusa não saiu do lugar. Mande uma mensagem para um amigo. Dê uma volta no quarteirão e ouça uma música suave no iPod. Faça o que puder para acalmar o nervosismo sem chamar atenção desnecessária dos prováveis colegas de trabalho.

Tenha um currículo à mão. Não é para deixá-lo dentro da bolsa ou numa pasta. Eu de-tes-to quando peço o currículo a um entrevistado e tenho de esperar trinta segundos enquanto ele o procura dentro da pasta ou da bolsa. Penso: "Ora, não deve ser assim tão inesperado estar lhe pedindo seu currículo". É a única coisa que não seria estranho pedir em um momento como esse. Se só tiver cinco minutos para falar com alguém, não perca nem um décimo desse tempo procurando o currículo. Se sua bolsa for uma bagunça e achar que terá problemas para localizá-lo, coloque-o num envelope em separado e deixe-o à mão. Dessa maneira, quando o pedirem, será capaz de entregar o documento de modo tranquilo e seguro. E, não importa o que aconteça, não dobre o currículo nem o amasse de nenhuma maneira. Muito depois de a entrevista ter terminado, será a única coisa que o entrevistador terá para se lembrar de você. Certifique-se de fazer uma cópia num papel novo, limpo e de aspecto profissional, que reflita a impressão positiva que espera ter deixado.

Disfarce seus defeitos. Se tiver mãos muito grandes, não as agite enquanto fala. Se tiver problema de mau hálito, não fale muito de perto, ou, melhor ainda, chupe uma bala de menta antes da entrevista. Se tiver tendência a gaguejar quando fica nervoso e não sabe o que dizer de improviso, escreva algumas frases simples sobre seus objetivos ou experiências e memorize-as. Algumas pessoas se sentem bem sendo entrevistadas, outras ficam assustadas e intimidadas. Se estiver no segundo grupo, encontre algum modo de aumentar a confiança antes da entrevista. É difícil retomá-la após um mau começo. Uma forma de fazer isso é ensaiar uma falsa entrevista com um amigo, para ajudá-lo a se sentir mais à vontade. Pode parecer estranho, mas é apenas uma versão da minha ida de metrô ao escritório no Brooklin no Dia do Trabalho a que me referi antes. Convença-se também de que o entrevistador não estava acordado às duas da manhã preocupado com a entrevista, tampouco saiu mais cedo de casa para ter certeza de que não se atrasaria. Provavelmente, não estava sequer pensando nela até poucos minutos antes de começar. Por outro lado, lembre-se de que ele está interessado no que você tem a dizer; e concluir que você é de fato o candidato perfeito para o emprego por certo tornará as coisas mais fáceis para ele no trabalho. Saber dessas coisas poderá ajudá-lo a relaxar e concentrar-se na entrevista. Você pode ter todo o potencial do mundo, mas, se não conseguir expressar suas qualidades de maneira confiável e coerente dentro do tempo determinado, não dará ao entrevistador nenhum motivo para contratá-lo.

Vista-se "a caráter". Sua roupa causará a "primeira impressão", portanto escolha-a com sabedoria e passe a imagem que quer vender. Pessoalmente, levo menos a sério um candidato se ele ou ela estiverem vestidos de maneira muito informal. Uma entrevista é um processo formal, então vista-se de acordo. Os rapazes devem compreender que, a menos que estejam se candidatando a um emprego na área esportiva, não devem usar tênis. Para as mulheres, é um erro vestir uma blusa tomara que caia ou minissaia. Não importa o calor que faça lá fora; essas roupas nunca combinam com uma entrevista.

Queira ou não, sua aparência física dirá muito sobre você – não é seu desejo que seja algo desagradável, não é?

Algumas regras gerais:

- Para as mulheres, recomendo vestido ou *tailleur*, com sapatos de salto alto ou baixo. Preto básico é sempre recomendável. Evite saias curtas, fendas laterais ou blusas decotadas. Também certifique-se de que o cabelo esteja apresentável (sem rabo de cavalo!), mas não arrumado demais. A maquiagem deve ser suave e benfeita.
- Para homens, estejam barbeados e bem penteados. Usem terno. Cinza clássico, azul-marinho ou preto são sempre boas escolhas. Não tente chamar a atenção com listras ou cores berrantes. Seu objetivo é parecer sutil e sofisticado, e não uma aberração. No aspecto geral, verifique se não há furos nas meias, se não faltam botões na camisa ou qualquer coisa que sugira uma aparência desleixada. E deixe as joias em casa; use apenas relógio e aliança de casamento, se for casado.
- Para homens e mulheres, a roupa deve ser adequada ao ambiente. Ambientes profissionais tradicionais, como instituições financeiras, escritórios de advocacia, agências do governo e empresas de primeira linha, pedem vestimentas profissionais tradicionais. Mas, se a entrevista for numa agência de relações públicas, com uma clientela de músicos e artistas, um terno esportivo e uma gravata fininha poderão ser mais adequados. Dê preferência ao aspecto formal. Talvez se sinta desconfortável em um terno ou um *tailleur* diante de alguém que usa jeans e tênis, mas, ao menos, ele saberá que você vê com seriedade o emprego.

Colabore com o nariz alheio. Um conselho que parece bobo em relação à aparência; contudo, os candidatos se esquecem de ter em mente todos os aspectos de sua presença, entre eles, o cheiro. Não gosto quando alguém entra no escritório como se tivesse derrubado em si um vidro de perfume. Odores são subjetivos, e não é bom que um perfume ou água-de-colônia sufoque a pessoa que está do outro lado da mesa. Evite isso. Essa precaução cabe a todas as outras "fragrâncias" involuntárias. Nosso escritório fica em plena Manhattan, e já perdi a conta de quantas vezes um candidato entra na minha sala exalando cachorro-quente, alho, cebola ou qualquer outro odor gorduroso do que é vendido nas ruas de Nova York. Fique longe deles.

Faça o dever de casa. Estude tudo o que puder sobre a empresa antes da entrevista. Conheça sua história, missão e concorrentes, bem como o nome do CEO e dos altos executivos. Tenha certeza de que pode reconhecer os principais produtos, serviços e realizações da empresa, bem como falhas e erros. Se for uma empresa pública, saiba a quanto fecharam as ações na Bolsa de Valores à noite, na véspera da entrevista. A respeito desse assunto, não há desculpas para estar mal informado. Hoje em dia, todas as empresas têm uma página na internet, e uma busca no Google trará dezenas de artigos sobre elas. Leia-os. Aprenda como a empresa está estruturada, de maneira que possa falar com propriedade sobre onde poderá se encaixar dentro da estrutura corporativa.

Tenha respostas prontas. Há várias perguntas que são feitas na maioria das entrevistas. Ao se preparar com antecedência, você poderá fornecer as respostas que melhor o traduzam em vez de se agarrar à primeira coisa que lhe venha à mente.

- Que qualidades poderá trazer para esta empresa?
- O que o inspira em relação a esta área/profissão?
- Quais são suas aspirações a curto e longo prazo?
- Pode contar um momento em que enfrentou uma crise pessoal ou profissional e como lidou com ela?
- Qual o título do último livro que leu?
- Que jornais ou revistas você lê? Quais *websites* frequenta?
- O que gosta de fazer quando não está trabalhando?
- Pode dar um exemplo de quando assumiu o papel de líder?

Tenha perguntas prontas também. Logo antes do final da entrevista, perguntarão a você se quer saber algo sobre o emprego ou a empresa. Esteja pronto para essa pergunta. Em geral, ela vem no final de toda entrevista de emprego, mas sempre me surpreendo com o número de vezes que ouvi me responderem, numa voz fraquinha: "Não, não tenho nada a perguntar". Quase sempre excluo da lista o nome dessa pessoa imediatamente, porque não consigo conceber como uma pessoa deixa passar uma oportunidade dessas com tanta facilidade. Eles sabem que a pergunta será feita, não sabem? Por isso, digo para que tenha preparada, pelo menos, uma pergunta inteligente antes de entrar na sala para cada entrevista, mesmo que já saiba a resposta. A pergunta não precisa ser muito complexa ou reveladora, mas deve demonstrar que tem uma compreensão básica sobre a dinâmica da empresa. Dito isso, evite fazer perguntas quanto ao plano de aposentadoria ou à política de férias, ou mesmo à maneira de se vestir dentro da empresa. Perguntar sobre essas coisas numa entrevista preliminar dará a impressão de que está mais interessado nos benefícios do que no emprego propriamente dito. Espere até consegui-lo para saber mais a respeito.

Alguns aspectos adicionais:

- Recuse qualquer oferecimento de chá ou café antes da entrevista. Você não quer ter de equilibrar uma xícara de café ou chá quente, uma bolsa e um currículo quando o possível chefe estender o braço para apertar sua mão. (Ainda por cima, se beber café demais, poderá se sentir apertado durante a entrevista ou terá de se desculpar no meio da reunião para ir ao banheiro. Não é o melhor momento para isso. Tente evitar essa situação.)

- Deixe o casaco ou qualquer excesso de bagagem na recepção, se possível. Carregar muita coisa para a entrevista o fará parecer desorganizado.

- Evite usar expressões como "bem", "talvez", "sabe..." e "argh!", que fazem os empregadores sentirem arrepios. (Pelo menos, fazem com que eu sinta arrepios.)

- Não deixe o entrevistador falar o tempo todo. Gosto quando um candidato fala 80% do tempo e me deixa falar só 20%. Se tiver de puxar conversa, começo a pensar que sempre terei de arrancar as informações dessa pessoa.
- Respeite o tempo do entrevistador. Mesmo quando a conversa está boa, não prolongue o assunto além do horário determinado. Claro, não precisa ficar olhando para o relógio o tempo todo ou demonstrar que tem outro compromisso para dali a pouco, mas poderá encerrar a conversa dizendo: "Você deve estar com a agenda cheia. Não quero ocupar mais tempo da sua tarde".
- Lembre-se de agradecer ao entrevistador pela oportunidade, mesmo que a entrevista não tenha sido muito boa. E saiba: um bilhete de agradecimento no dia seguinte é sempre bem-vindo.

Deixe uma boa impressão final. Se a entrevista tiver sido boa e se receber a proposta de trabalho na hora (sim, isso pode acontecer!), não se sinta pressionado a responder de imediato. Você pode deixar para responder no dia seguinte. Algumas pessoas pensam que dizer que precisam de tempo para pensar sobre uma oferta de trabalho mostrará falta de convicção. Mas, como empregadora, quando alguém me diz que precisa pensar sobre uma oferta de emprego, acredito que ele deve ter outras opções. Se fiquei de fato impressionada com o candidato, posso até melhorar minha proposta se souber que a incerteza tem a ver com uma oferta de uma empresa concorrente. Se esse for o caso, diga prontamente, e demonstre sua animação e entusiasmo. Prometa retornar com uma resposta assim que possível. Não recomendo, no entanto, dizer que vai consultar o cônjuge ou companheiro. Desculpe a sinceridade, mas, para mim, é uma resposta ruim. A menos que esteja se referindo a um emprego que exigirá que se mude com a família, não deixe transparecer que deixará a decisão ser tomada por outra pessoa. Se quiser apenas tempo para refletir, diga isso. Mas nunca dê a impressão de que não toma as próprias decisões.

PROCURE ENCAIXAR-SE

Tive muita sorte quando me formei na faculdade. Tinha uma ideia clara sobre o que queria fazer e de como realizar o que desejava. Também possuía uma alavanca: não há dúvida de que o nome da minha família, a educação de primeira e os contatos primorosos deram-me um pouco de conforto – uma carta Trump, se quiser chamar assim –, mas também acredito firmemente em conseguir fazer a própria sorte e aproveitar ao máximo as oportunidades. Lembre-se: a carta vai levá-lo a algum lugar apenas se jogá-la a seu favor.

Hoje em dia, conheço vários recém-formados e jovens profissionais recém-desempregados que se sentem impelidos a fazer tantas entrevistas de emprego quanto possível, mesmo para trabalhos fora da área de estudo. (Às vezes pode funcionar, desde que os empregos estejam dentro da área de interesse – porque, se não conhecer o ofício nem gostar do que tiver de fazer, não irá muito longe.) De qualquer modo, estão fazendo o que podem para criar a própria sorte ou levar uma série de acasos para uma direção mais positiva. Aplaudo a iniciativa. Afinal, se você precisa de emprego, é bom falar com quem estiver contratando. No entanto, se estiver procurando um trabalho que não pareça lhe servir, dependerá de você explicar como vai conciliar suas qualidades com o emprego que lhe darão. Não espere que o entrevistador se esforce para fazer a ligação.

A maioria não recebe o tipo de telefonema que recebi de Anna Wintour ao terminar a faculdade. Nesse caso, a situação foi um pouquinho diferente. Anna me pedia que pensasse sobre um cargo que estava um pouco fora do meu escopo, portanto não tive de me vender ou fazê-la enxergar como poderia me adaptar a uma nova situação. Ela havia me procurado porque já acreditava em minha capacidade. Mas normalmente não é assim que acontece, e é irreal esperar que um emprego improvável o procure. Isso pode acontecer de vez em quando, mas não dá para ficar esperando que algo surja "de vez em quando" e venha bater à porta exatamente quando você precisa.

Na maioria das vezes, recomendo que procure esse emprego improvável – que poderá se tornar a carreira que deveria ter seguido desde o início. Mas jamais saberá a menos que seja capaz de ter um argumento persuasivo para ser contratado. Isso exige um pouco de esforço. Ao longo dos anos, tive a oportunidade de entrevistar candidatos que foram altamente recomendados por amigos e sócios de confiança, mas que, apesar disso, apareceram em meu escritório sem nenhuma qualificação para o cargo que eu tentava preencher. Observo isso acontecer cada vez mais à medida que o mercado de trabalho se restringe e tantas pessoas experientes ficam desempregadas. Mas vejo pelo lado positivo em relação à administração empresarial – uma oportunidade de descobrir uma fonte de talentos fora dos círculos habituais do setor imobiliário. Não há problema para mim um candidato nunca ter trabalhado com imóveis, porque acredito em contratar pessoas com uma bagagem profissional diversificada e lhes dar uma chance para provar o próprio talento. O que vai arruinar a chance de um candidato, no entanto, é não se esforçar em fazer uma ponte entre sua experiência e o cargo, e como isso poderá beneficiar a Organização Trump. Se deixar para mim a tarefa de ligar os pontinhos, não conseguirá chegar a lugar nenhum.

Certa vez, entrevistei um candidato com grande experiência em comunicações. Um amigo que respeito muito me ligou para pedir que eu falasse com essa pessoa para um cargo que tinha disponível. O candidato era extremamente articulado e havia trabalhado em projetos importantes em outra empresa. Seu currículo era impressionante. Porém, enquanto conversávamos, não conseguia perceber por que ele queria um emprego na Organização Trump. Nosso foco central não parecia se encaixar em nenhuma de suas experiências anteriores e nenhum de seus interesses. Já estávamos no meio da entrevista quando pensei em lhe dar uma chance de ligar alguns pontinhos para mim e ilustrar a verdadeira paixão e zelo pelo trabalho que se faz na minha empresa.

Enfim, perguntei:

– Não duvido de que seja inteligente e altamente capacitado, mas como se vê trabalhando para nós?

– Bem... – ele respondeu –, estou procurando uma nova oportunidade, mais do que qualquer outra coisa.

Ele pode ter sido franco, mas era uma resposta muito vaga e abrangente demais. E por certo o truque não funcionou. Ouvi essa resposta como falta de visão, incapacidade ou preguiça de explicar como seus conhecimentos ou qualidades de caráter poderiam se tornar vantagens para a empresa. Mostrou-me que ele não havia se dado ao trabalho de pesquisar as oportunidades que havia na Organização Trump, o que indicava um desmazelo da parte dele. Basicamente, apenas queria um emprego – qualquer emprego – e por fim, a impressão negativa que deixou com essa resposta desequilibrou todas as impressões positivas que havia causado até aquele momento. No final, tive de lhe dizer que não via relação entre os interesses dele e o tipo de trabalho que desenvolvíamos.

A lição aqui é: tudo bem ser corajoso e destemido e mudar os objetivos para uma direção completamente nova, mas não podemos apenas acenar dizendo que estamos disponíveis e querer ser contratados com rapidez. Esse tipo de estratégia não funciona num mercado de trabalho que visa contratá--lo. É necessário querer se adaptar, aprender, crescer – e essa vontade terá de ser demonstrada em cada uma das vezes. Seja corajoso, mas flexível. Seja destemido, mas não confuso ou utópico. E redefina seus objetivos de carreira, se preciso, ou mesmo se desejar, mas faça-o de forma proativa, não reativa. Reconheça que poderá ser um risco para a empresa contratá-lo se não tiver uma experiência relevante, mas sugira como sua bagagem poderá ser adaptada de modo a acomodar uma mudança de parâmetros. E prometa que trabalhará mais do que qualquer outra pessoa se lhe for dada a chance.

Acho tão estimulante quando conheço prováveis novos funcionários e os ouço dizer onde e como se veem se encaixando na Organização Trump. Pode não ser a *minha* visão de como se encaixariam, mas gosto de saber que se preocuparam em vislumbrar um caminho e viram algo sobre a empresa que os inspirasse.

Um dos melhores conselhos que já recebi sobre como buscar oportunidades profissionais foi: Relaxe. Fique fria. Não corra atrás de uma carreira, senão acordará um dia e descobrirá que investiu toda a energia numa paixão equivocada. O período pós-faculdade deve ser uma época de exploração da vida profissional. Dos vinte ao início dos trinta anos, devemos nos sentir livres para explorar as possibilidades profissionais. Mantenha a menta aberta e não espere conseguir tudo de imediato. Esteja preparado para recomeçar do zero uma ou duas vezes. Aprenda a ver coisas boas nas novas oportunidades que se apresentam em vez de lamentar as que não deram certo na escolha anterior.

Pergunte-se se está no emprego e na área certos. E não faça essa pergunta apenas uma vez, antes de partir num voo cego em busca de outro rumo. Refaça a pergunta mesmo que tudo esteja indo bem. Quando começamos, o emprego certo é aquele que o ensina o máximo ao longo dos anos que se seguem, aquele que o coloca em contato com os visionários mais criativos dentro da sua área. Se conseguir ganhar bastante dinheiro e a carreira lhe der grandes oportunidades de crescimento, melhor ainda. Mas poderá se ver aceitando um trabalho com menos retorno financeiro e condições mais precárias se for ao encontro de alguns de seus desejos de crescimento e desenvolvimento pessoal. Para a maioria dos jovens profissionais, o foco deve ser a posição. O primeiro emprego deve prepará-lo para o seguinte.

Tenha em mente que não existem respostas claras. Muitos dessas questões e preocupações vão se apresentar de maneira confusa e obscura. Será evidente quando um emprego ou uma carreira não estiverem dando certo, do mesmo modo que será evidente quando estiver no lugar correto. É a zona de incerteza que lhe dará mais preocupação, tanto para identificar o dilema quanto para solucioná-lo. Não devemos bater o ponto num emprego em uma carreira que não amamos, pelo menos não enquanto ainda se for jovem o suficiente para fazer algo a respeito. A ideia é se colocar numa posição em que se possa aprender o máximo que puder, com tanta rapidez quanto possível, e ser ágil o suficiente para se recriar.

Há uma citação frequente que penetrou nossa cultura ao longo das últimas gerações: "É a jornada, não o destino, que importa". Essa frase foi escrita por Greg Anderson, fundador da American Wellness Project, e leio várias versões dela em todo lugar. Encontrei-a até mesmo num biscoito da sorte chinês. Mas creio que estejam faltando partes dessa mensagem aos jovens empresários. Profissionalmente, acredito que, se focarmos *apenas* na jornada, perderemos todo o sentido da empreitada. Deve haver um objetivo, algum tipo de final de jogo, senão ficaremos girando sem parar. Sim, a jornada é importante, mas o destino é importante também. É aonde vamos *e* como planejamos chegar lá que interessa. E, se formos capazes de nos adequar ao longo do caminho, conseguiremos suprir essas duas condições.

INFORMES DO MEU BLACKBERRY

CHRIS DEWOLFE – Cofundador, cocriador e ex-CEO do MySpace

INOVAÇÃO E TRABALHO EM EQUIPE

Uma das chaves para o sucesso é trabalhar com pessoas que complementem nossas forças e fraquezas pessoais reciprocamente. Não importa se for uma empresa com ou sem fins lucrativos ou qualquer outro empreendimento; isso se aplica a todas as atividades. Temos de assegurar que nossos valores intrínsecos sejam compartilhados por todos. Se a equipe trabalhar em direções e análises diferentes, a produtividade poderá ser reduzida ou até paralisada devido a disputas internas.

No MySpace, experimentamos um revés muito cedo, porque nem todos compartilhavam os mesmos valores intrínsecos ou a missão que tentávamos realizar. É fácil falar de valores, mas eles só se tornam reais quando estiverem escritos e todos do grupo já os tiverem assimilado. Então, foi o que fizemos, e essas foram as qualidades e valores que queríamos que todos no grupo compartilhassem:

1. Ser competitivo, apaixonado em relação ao produto ou à missão.
2. Ser um pensador excepcionalmente inteligente e criativo.
3. Não ser burocrático nem político – deixar-se orientar apenas por resultados.
4. Ter mente aberta e colaborar.
5. Pensar grande e se esforçar para causar um grande impacto.
6. Ser agressivo, com capacidade de mudar de direção quando algo não funcionar.
7. Rejeitar a mediocridade.
8. Ser profundamente curioso; desejar evoluir e desafiar as tradições.

Esses oito atributos podem não servir a todas as empresas, mas identificá-los desse modo específico e compartilhá-los com toda a organização produziu um ambiente de colaboração mais ágil que permitiu nos manter concentrados naquilo que precisávamos: produzir um produto ou serviço melhor. Permitiu-nos criar um ambiente possível para corrermos riscos e, de acordo com a minha experiência, todas as invenções ou projetos bem-sucedidos são o resultado de riscos assumidos ao longo do processo. É evidente que qualquer risco precisa ser cuidadosamente pensado e ser aceito por todos do grupo. É preciso ter certeza de que todos estejam pensando da forma correta quando chegarem a uma encruzilhada inevitável – quando uma decisão pode mudar drasticamente o resultado de seu esforço. É importante criar um ambiente que inclua todos no processo de criação e não puna apenas uma pessoa por uma ideia ou estratégia que venha a falhar. A pessoa que teve a ideia deve ser recompensada pelo pensamento criativo, nunca punida. Indo um pouco além, ela deve ser publicamente parabenizada por todos os membros da equipe. Mande um *e-mail* para toda a empresa dando parabéns àquele que apresentou a ideia. Mesmo que nem tudo saia como o esperado. Essa atitude reforça o valor de assumir riscos calculados – o que, no final do dia, leva à inovação e ao crescimento.

No início, começamos expandindo para outros países com o objetivo de adicionar "alguns" deles por ano. Após dezoito meses, tínhamos *sites* em 13 países diferentes. Os usuários internacionais hoje somam 45% dos que visitam o MySpace. É um dos departamentos de maior crescimento da empresa. Porém, se a equipe internacional não tivesse apoiado agressivamente esse investimento, MySpace teria perdido a viagem para fora dos Estados Unidos.

Ouça seu cliente mais frequente, não supostos especialistas. O cliente é o único que pode lhe dizer qual é o produto ou serviço certo a oferecer. Qual o melhor modo de se ligar ao cliente? Organize um grupo de pesquisa e simplesmente pergunte. Ou procure um grupo de amigos e colha suas opiniões, ou apure o que as pessoas estão dizendo em fóruns e páginas de recados. Estabeleça um meio de comunicação com os clientes, alguma maneira de deixarem comentários na página da internet ou para você estudar padrões de acesso em seu *site* ou loja. Onde eles vão? Quem são eles? O que estão fazendo? O que estão comprando? Eles voltam? Se não, por que não voltam? Reúna tanta informação quanto possível.

No início, recebíamos uma quantidade de *e-mails* e mensagens de bandas independentes procurando uma *home page* para apresentar sua música ao público e serem descobertos. Ficavam frustrados porque não havia um lugar central *on-line* para conectá-los a possíveis fãs numa base mais direta. MySpace foi originalmente criado como uma rede social para pessoas se conectarem com base em interesses em comum. Essa missão, é óbvio, não sugeria investir em uma base para músicos, mas, depois de estudar todos os levantamentos, descobrimos que a música é um interesse-chave em comum. Foi necessário ouvir todas aquelas bandas frustradas para entendermos que aquilo que procuravam cabia em nossa visão intrínseca. Então, em vez de chutar as bandas para fora do *site*, como muitos dos concorrentes fizeram, vimos aí uma oportunidade. Em consequência, decidimos investir pesado em MySpace Music, que se tornou uma nova empresa e o maior *site* de música da internet. Também ajudou a revolucionar o negócio da música e fornecer uma base importante para artistas independentes como Lily Allen e Sean Kingston criarem uma base de fãs e, por fim, se tornarem estrelas de primeira grandeza. Como ganho paralelo, expôs mais de 130 milhões de usuários do MySpace à música que eles nunca teriam descoberto sozinhos.

Aprendemos que uma ideia original pode fazer muito sentido no início, mas, com o tempo, poderá tender a uma direção mais criativa e contornos mais expansivos. Assuma riscos calculados e os clientes o levarão, no final, a tomar a decisão mais acertada.

CAPÍTULO 7
CAUSANDO IMPACTO

A diferença entre a estupidez e a genialidade é que a genialidade tem seus limites.
— Albert Einstein

Tinha apenas 24 anos e era formada há quase um ano na faculdade quando entrei na Organização Trump como vice-presidente de incorporação e aquisições imobiliárias. Foi um momento maravilhoso, pelo qual esperei quase a minha vida inteira – desde quando um dos funcionários da equipe de construção do meu pai me mostrou como operar as alavancas de uma escavadeira quando tinha cerca de seis anos.

Havia algo sobre estar num canteiro de obras, sobre trabalhar em relação a algo tangível, que tinha um enorme apelo para mim. A paixão pela construção estava em meu sangue. Senti-me atraída por isso durante toda a infância. Minhas amigas costumavam brincar dizendo que, em vez de sonhar acordada com meninos e roupas, eu costumava ficar com o olhar perdido pensando em abatimentos de impostos e plantas de construção.

Outra lembrança inesquecível da minha formação: quase aos quinze anos, entrei na cabine do guindaste usado para levantar os últimos andares da Trump World Tower – na época o edifício residencial mais alto do mundo, um recorde ultrapassado apenas recentemente por outro de nossos projetos, Trump Chicago. Chegar ao guindaste foi, por si só, uma aventura. A única forma de alcançá-lo era pegar um elevador até o 87º andar e, depois, subir, a céu aberto, uma escada o resto do caminho. Levei vários minutos para chegar ao topo, com o vento soprando o tempo todo, mas não desisti. Estava tão emocionada quando enfim me vi na cabine do guindaste, que fiquei ali por mais de uma hora, tirando fotos do deque abaixo e dos 360 graus do horizonte de Manhattan.

SONHE ALTO

Era uma vista deslumbrante. Embora meu pai não tenha gostado muito quando lhe contei depois. Ele não estava na obra naquele dia, e não gostou nem um pouco por eu ter convencido o mestre de obras a me deixar subir. Era algo bastante perigoso, mas não me importei. Suponho que também deva tê-lo incomodado o fato de meu pedido ter gerado completa falta de produção, pois o mestre de obras e o operador do guindaste não puderam trabalhar durante o meu passeio. Contudo, que eu saiba, foi um tempo muito bem gasto, porque se tratou de uma ocasião em que os imóveis se tornaram românticos e vitais para mim. Mesmo hoje, após todos esses anos, colocar o pé numa obra me causa uma emoção especial. É tão gratificante, tão enriquecedor trabalhar numa obra desde o começo – do zoneamento ao financiamento, da licitação à construção. E, então, por fim, ver os esforços se materializarem diante de nossos olhos... Não consigo pensar em outra carreira cujos frutos do trabalho sejam tão visíveis e poderosos.

Disse isso, publicamente, numa entrevista a Barbara Walters. Ainda estava no colégio interno e apenas começando a procurar trabalho como modelo, portanto sentia-me, de certa maneira, confortável diante da câmera. Durante a entrevista, falei bastante sobre o meu desejo de seguir os passos de meu pai. Então, num tom sério, disse que planejava ser uma das incorporadoras mais bem-sucedidas de Nova York quando chegasse aos trinta anos! Pode imaginar isso? Trinta anos de idade! Era algo um bocado ousado para uma adolescente dizer, mas Barbara não me questionou a respeito – pelo menos, não ao vivo.

Os anos se passaram e lá estava eu, a ponto de concretizar um sonho tão acalentado. Tenha cuidado com o que deseja, certo? Você pode conseguir. No meu caso, o novo emprego veio com todos os tipos de pressão, tanto reais quanto imaginários. Algumas dessas pressões eram sutis e outras menos. Em particular, sentia um peso tremendo ao tentar provar a todos que estivessem atentos que conseguiria lidar com a responsabilidade de uma posição tão destacada com tão pouca idade. Tentei aprender tudo o que podia sobre nosso catálogo, sócios e negócios pendentes. Em grande parte, havia visto tudo, mas, aos 24 anos, estava verde demais para perceber que toda organização tem a própria cultura, as próprias regras e modos de fazer as coisas, a própria política de trabalho. Se tivesse pensado em qualquer uma dessas coisas na faculdade, provavelmente teria presumido que todos fariam seu trabalho e seguiríamos em frente, e nossas interações estariam bem definidas. Mas não é assim que as coisas funcionam em *nenhum* escritório. E, no meu caso, as complexas relações de trabalho que, por vezes, se desenvolveram eram complicadas sobretudo pelo fato de ser a filha do dono.

Meu pai arranjara tudo de modo que ficasse livre para cometer meus próprios erros, para ser bem-sucedida ou fracassar à minha maneira, para fazer tudo do meu jeito. Não iria me segurar pela mão nem me ajudar a superar os primeiros momentos mais difíceis. Não era o estilo dele e, com certeza, nem o meu. Esclarecido esse ponto, ele estava disponível para falar comigo quando eu quisesse, bem como o restante da equipe de executivos. Havia crescido cercada por muitas dessas pessoas, portanto é claro que estariam abertos para compartilhar experiências e conhecimento, mas, por alguma razão, me contive. Creio que estivesse um pouco tímida demais para aproveitar inteiramente os recursos que tinham a me oferecer, por isso é provável que tenha cometido alguns erros que poderiam ter sido facilmente evitados.

Meus passos de ensaio foram complicados de algum modo pelo peso da expectativa – ou, pelo menos, o que julgava ser expectativa. Com certeza, meu pai esperava muito de mim, como eu esperava muito de mim. Mas as expectativas dos demais me abateram, pois não poderia supor com segurança que todos os novos colegas de trabalho estivessem me incentivando ou me desejando sorte. Alguns deles, sim, tenho certeza, da mesma maneira que outros esperavam que eu falhasse. Era muito nova, com pouco mais de um ano de experiência, e agora vários membros-chave da organização de meu pai se reportavam a mim – havia motivos para que eu duvidasse.

Para ser franca, nunca senti nenhum ressentimento em relação a mim durante o período de transição, mas sei que havia bastante contrariedade sob a superfície. Era óbvio, não? Sei que, provavelmente, ficaria ressentida se uma garota tivesse saído do nada e conseguido um cargo acima do meu, então sentia uma pressão a mais para provar quem eu era. Para provar o meu valor. Imediatamente. O único problema em relação a isso era que eu não poderia fazer muitas perguntas sem expor minha inexperiência. Grande erro o meu. De fato, a determinação em descobrir tudo sozinha era como colocar a minha imaturidade à mostra, porque todo profissional bem-sucedido deve ter confiança suficiente para fazer perguntas. As pessoas mais bem-sucedidas que conheço gastam mais tempo fazendo perguntas aos demais à sua volta do que respondendo a elas. Quando fazemos uma pergunta, ganhamos outro ponto de vista para acrescentar ao nosso; faça mais perguntas e conseguirá melhor perspectiva, colocando-se numa posição mais vantajosa para tomar uma decisão mais bem fundamentada – é assim que funciona. A curva de aprendizado é íngreme demais para tentarmos subi-la sem ajuda, algo que eu deveria saber. Ao deixar de aproveitar os valiosos recursos humanos que trabalhavam na mesma empresa, prestei um desserviço à organização e a mim mesma – tudo porque era orgulhosa demais, tímida demais, envergonhada demais para pedir ajuda.

Felizmente, fui capaz de acertar as coisas nesse aspecto antes que fosse tarde demais, e os pequenos erros que cometi por não ter pedido ajuda foram em grande parte inconsequentes. É assim que se aprende, não é? Você se atrapalha mesmo em pequenas coisas e aprende a não se atrapalhar do mesmo modo outra vez. Hoje, quando tenho alguma dificuldade em interpretar um contrato, um modelo financeiro ou uma planta de construção complicada, não hesito em procurar alguém no escritório que possa explicá-los para mim. E, se não conseguir encontrar ninguém de dentro, procuro amigos e contatos da área, até encontrar a ajuda de que preciso para compreender o que falta. Houve um momento em minha carreira, bem no começo, quando pensei que fosse um sinal de fraqueza fazer perguntas, mas passei a acreditar que, na verdade, é um sinal de força. O pior que podemos fazer quando não temos certeza de um caminho ou uma interpretação é voar às cegas e esperar que tudo dê certo no final; o melhor é procurar a ajuda e o conselho necessários para tomar decisões bem fundadas e calculadas.

MANTENHA-SE ABERTO

Quanto mais trabalho, mais aprendo, mais descubro o quanto ainda não sei. É um pensamento que exige humildade, embora seja altamente motivador.

Sempre tive sede de conhecimento, mas, quando estava no colégio, contentava-me em aprender o que precisasse saber para compreender e realizar a tarefa proposta e conseguir uma boa nota. Apenas quando comecei a trabalhar aprendi a saciar essa sede de forma mais ampla e completa. Durante as primeiras semanas de trabalho na Forest City Ratner, por exemplo, estava determinada a aprender tanto quanto pudesse sobre o projeto de construção do *shopping center* em que estava trabalhando, para de fato colaborar nessa obra, ainda que, é evidente, meu conhecimento e capacidade não estivessem no mesmo nível do de meus colegas mais experientes. Então, o que fiz? Eu me inscrevi em cursos noturnos de cálculo estrutural e construção na Universidade de Nova York. Não queria receber um diploma de engenharia ou melhorar minha posição na Forest City; desejava apenas preencher algumas lacunas de meu aprendizado. Sabia que, para de fato contribuir na equipe e aproveitar o máximo o meu tempo na Forest City, precisava melhorar minha fluência na linguagem e o conhecimento de construção, por isso decidi meter a cara.

Ao longo dos anos, continuei a fazer diversos cursos em várias instituições de Nova York, mesmo que não estivessem diretamente relacionados com minhas atribuições na Organização Trump. Poderia ter aulas de história da arte – foi a minha graduação na Pensilvânia! – ou entrar num curso de línguas se achasse que poderia me ajudar a conversar melhor com meus parceiros sul-americanos. É difícil encaixar algumas dessas aulas em meu horário enlouquecido, mas me esforço um pouco para conseguir. É uma proposta de adição de valor. Algumas noites consigo assistir a uma aula, em outras, não – e, quando não consigo, tento não me sentir culpada. Perco uma aula apenas por motivo justificável, como um jantar importante ou porque estou fechando um contrato. (Apenas para constar, estar cansada ou não estar a fim de assistir à aula não são motivos justificáveis – na maioria das vezes!) Não estou visando apenas à graduação, mas ao aumento da minha base de conhecimento e ao estímulo da minha mente. Estou assistindo às aulas por *mim*, e, se não consigo assistir a uma delas em determinada noite, faço um esforço maior para assistir à seguinte.

Isso remete à base tão importante a que me referi antes. Como procuramos a melhor localização e os melhores materiais e criamos o projeto mais inovador antes de quebrar o chão para fazer uma nova construção, procuro construir a base mais forte possível para mim, como pessoa. Fazer cursos à noite ou em fins de semana é apenas um modo de aprimorar minha capacidade e ganhar alguma vantagem em relação à concorrência. E não só pela concorrência: é uma forma de me erguer e ajudar meus colegas, tornando-me uma pessoa mais forte e dinâmica na equipe de trabalho.

Muitos de meus amigos voltam para casa após um dia de trabalho exaustivo e aterrissam na frente da televisão. Ou saem para beber ou jantar fora. Por que não dedicar uma noite por semana para continuar sua educação? Mesmo que seja apenas para cumprir a promessa que fez a si mesmo de aprender a cozinhar ou tocar piano? Onde você vive há uma série de cursos possíveis e valiosos à disposição. E, se não tiver uma noite livre em um semestre, poderá escolher entre uma enorme gama de palestras, seminários e leituras que ocorrem em apenas um dia. Um dos maiores benefícios de se fazer um curso de extensão, logo aprendi, é que não são nada cansativos. Se foi um desses alunos que arrancava os cabelos para estudar para uma prova semestral, descobrirá que assistir a aulas por vontade própria é muito menos estressante e mais recompensador. Aquilo que estiver estudando parecerá bem mais interessante.

Eis uma dica: informe a seu chefe que está fazendo um curso ou seminário, em especial se for diretamente relacionado à sua atividade. A empresa poderá custear parte da matrícula e das mensalidades, mas, ainda que não pague, seu chefe ficará impressionado em estar gastando tempo e ter tomado a iniciativa de aumentar sua base de conhecimentos. (Sim, sei que está fazendo isso tudo por *você*, mas, se puder marcar alguns pontos, melhor.)

Cursos não são o único modo de ampliar os horizontes. A maneira mais fácil e mais em conta de se manter atualizado com as tendências e acontecimentos em relação ao seu mundo é ler tantos jornais e revistas quanto puder. Se não tiver o hábito de ler, experimente. E, quando sugiro que leia o jornal, quero dizer *realmente* ler o jornal. A fundo. Não apenas as manchetes das notícias. Leia toda a matéria. Gaste algum tempo lendo os jornais de manhã, *on-line*, se preferir. Vá em frente e leia a coluna social, se for do seu gosto. (Confissão: *eu* gosto!) Veja a seção de esportes ou o caderno de artes e entretenimento, mas crie o hábito de ler as notícias internacionais, as nacionais, o editorial e as colunas de opinião. Aprenda tudo que puder sobre os fatos da sua comunidade. Acima de tudo, leia a seção de negócios e descubra quem são os grandes jogadores em suas áreas de interesse – e quais acordos estão em jogo. Sinta-se à vontade para fazer escolhas e ler os jornais e revistas mais importantes de sua área, mas inclua alguns dos jornais mais respeitados na lista de leitura, como *The New York Times*, *The Wall Street Journal* e *The Washington Post* (no Brasil, *O Globo*, *Folha de S.Paulo*, *O Estado de S. Paulo* e *Jornal do Brasil*). Se quiser artigos mais longos e substanciais sobre uma série de assuntos, leia *The New York Observer*, *The Atlantic*, *The Economist* ou *Barron's* (no Brasil, *Jornal do Commercio*, *Tribuna da Imprensa*, *Carta Capital*, *Veja* e *IstoÉ*). Acredite, não faltam publicações que forneçam uma análise mais profunda da qual você possa se beneficiar para enriquecer as qualidades que usa no trabalho.

Quando estudava no colégio, meu pai costumava recortar alguns artigos da seção imobiliária do *New York Observer* e mandá-los para mim com alguns bilhetes. "O que você acha?", escrevia. Ou: "Artigo interessante". Era uma bela maneira de se manter próximo e conectado, mas ele também queria que eu me informasse sobre o que acontecia no mundo e tirasse minhas conclusões sobre esses assuntos. Faço a mesma coisa hoje com meus pais, irmãos e colegas de trabalho. Se leio um artigo interessante, recorto-o e mando para eles no escritório. (Nesse aspecto, imagino, sou da velha guarda – prefiro distribuir pedaços de jornal recortados da edição matutina.) Encorajo meus funcionários a fazer o mesmo. Se leem algo interessante ou que se relacione com um de nossos projetos, fazem o artigo circular. Dessa maneira, conseguimos manter um diálogo e nos manter informados, criando um ciclo de troca de informações. E nos encorajamos a ler, a pensar e a aprender.

Lembra aquele sentimento de constrangimento em pedir ajuda ou orientação no ambiente de trabalho? Superei-o com rapidez ao perceber que ninguém começa uma carreira inteiramente informado, sabendo tudo o que precisa saber.

ADAPTE-SE, MUDE, CRESÇA

Uma das dinâmicas mais interessantes em um local de trabalho ágil e competitivo é a tendência de empregados mais jovens desejarem mudar os colegas mais velhos e conservadores. Sentimo-nos frustrados e querendo agitar as coisas logo de cara. Chamo esses tipos de "atiradores de granadas", e fui um deles durante algum tempo, quando comecei a trabalhar na Trump, mas era uma noção equivocada da minha parte. Tinha mais a ver com arrogância e ignorância do que qualquer outra coisa. No começo, quando via um funcionário mais velho da empresa conduzindo uma atividade de uma maneira com a qual não concordava, meu primeiro impulso era pensar que estivesse fazendo algo errado. Levei algum tempo para aprender a respeitar os modos e hábitos das outras pessoas.

Como gerente, tendo autoridade sobre colegas mais velhos e estabelecidos, de repente meu instinto foi tentar mudar a forma de agir e o estilo deles para adequá-los ao meu. Outro grande erro. Levou algum tempo, mas acabei aprendendo que a melhor maneira era mudar o modo como eu trabalhava com eles. Tentei me tornar mais flexível e aceitar o fato de que alguns deles já agiam assim por muito tempo e sabiam o que estavam fazendo. O estilo poderia não servir para mim, mas, considerando o tempo que estavam na Organização Trump, em um ambiente altamente competitivo, havia grandes chances de estarem fazendo as coisas de um jeito certo. Tive de entender que o estilo não está acima da essência dentro de um escritório; todos desempenhamos nossas funções de maneiras bastante variadas, mas ser eficiente e conseguir realizar o trabalho é o que conta no final.

Um dos grandes erros nesse aspecto ocorreu na minha tentativa malsucedida de desafiar a cultura e o estilo da empresa. Um exemplo bobo, talvez, mas ilustra minha questão. Lembre-se, eu era bem jovem quando entrei na Trump, e houve momentos em que uma calça *jeans* teria se adequado melhor ao meu humor do que uma roupa mais sóbria. Meus irmãos e eu ressaltávamos para meu pai que muitas das grandes empresas haviam instituído uma forma de se vestir menos formal, quando os empregados podiam vir trabalhar com roupas um pouco mais descontraídas. Era uma prática tão comum, que surgiram expressões como *casual day,* para designar o dia da semana escolhido para se vestirem de modo informal, e "esporte social" para descrever esse estilo de roupa, que passou a fazer parte do dia a dia.

Como os negócios passaram a ser feitos cada vez mais eletronicamente ou por telefone, algumas empresas modificaram por completo a forma de se vestir, mas meu pai não queria nem ouvir falar disso. Sua argumentação contra a mudança fazia todo o sentido. Ele dizia que, quando a economia está fortalecida e o ambiente de trabalho, saudável, as pessoas vão ao escritório, mesmo para reuniões importantes, vestidas informalmente: sem gravata, com calças cáqui e mocassins. Quando os tempos ficam mais bicudos e o meio econômico se torna mais desafiador, esses mesmos banqueiros e empresários vão ao escritório com roupas mais conservadoras: sapatos engraxados, gravatas de seda e ternos azuis. Por quê? De acordo com meu pai, há um nível de respeito e poder associado à forma como nos vestimos. Quando os altos executivos estão faturando, não têm necessidade de provar nada com a aparência. Acreditam que têm a palavra final nas negociações, então vestem-se de acordo. Quando estão lutando para se manter de pé, e a palavra final parece oscilar entre os contendores numa mesa de negociação, esforçam-se para causar a melhor impressão possível.

A opinião do meu pai é que não deveríamos esperar um clima mais austero nos negócios para demonstrar respeito ou esperá-lo em troca.

Com certeza, ele gastou algum tempo pensando sobre isso. Meus irmãos e eu não éramos os primeiros na equipe a defender a mudança. No final, colocamos o assunto de lado por perceber a sabedoria na teoria do meu pai. Como representantes da nossa marca, não queremos encontrar possíveis parceiros e passar a impressão errada sobre o que a Organização Trump defende, portanto optamos pela precaução, e nos vestimos de modo mais conservador. Nunca saberemos como nossa aparência poderá ser vista por outra empresa. O que está certo em sua empresa pode não estar em outra. Se estiver prestando um serviço a alguém – especialmente que envolva muito dinheiro! –, fará bem vestir-se de acordo com os padrões dela, e, como nem sempre poderá saber quais são, é melhor estabelecer um padrão mais alto.

A mudança é um aspecto profissional maravilhoso e necessário, mas, como aprendi com essa tola história sobre calças *jeans*, às vezes, as coisas permanecem as mesmas por um bom motivo. Houve muitas outras mudanças mais substanciais que meus irmãos e eu trouxemos para a Trump, entre elas os esforços para melhorar o uso dos instrumentos de gerenciamento de dados e encontrar maneiras de integrar fóruns de mídia social como Twitter, Facebook e MySpace em nossa cultura corporativa. Também incentivamos a reprogramação da nossa página na internet e a consolidação da marca física da empresa e dos padrões de funcionamento, bem como contratamos funcionários mais jovens e dispostos para o trabalho a fim de trazer vida nova e uma perspectiva mais dinâmica para a organização.

O aprendizado para mim, ao tentar me afinar ao modo Trump de operar comercialmente, foi entender que algumas coisas funcionam e não devem ser modificadas, mas outras precisam de mudança com urgência. O truque está em descobrir que ideias novas devem ser levadas adiante e quais deverão ser postas de lado... Pelo menos, por ora.

Outra lição importante que aprendi bem cedo foi a importância de aceitar tarefas difíceis. Se formos estudantes de faculdade, ou mesmo um novo funcionário começando no emprego, é muito fácil recuar um passo e deixar que o fardo seja levantado por outra pessoa. De fato, essa parece ser uma regra de estratégia de muitos colegas de trabalho. Mas, se pretende sobreviver e subsistir num ambiente de trabalho competitivo e se ainda tiver a "desvantagem" de ser a filha do chefe, precisará se esforçar mais do que todo mundo. Mostre-se como a pessoa mais disponível do escritório, aquela que quer assumir as tarefas mais complexas que os colegas se esquivam de aceitar. Não há melhor modo de se encaixar e causar boa impressão imediata. Se seu chefe precisa de alguém para visitar um cliente reconhecidamente difícil e os demais do escritório se desculpam para não serem escolhidos, apresente-se para falar com ele. Deixe que seu chefe veja que está disposto a aceitar as tarefas mais difíceis e deixe que todos vejam isso também.

Há um divisor de águas muito sutil aqui: você não deve se apresentar para todos os compromissos de forma arrogante. Ninguém gosta de um tipo assim no ambiente de trabalho. Mas é perfeitamente aceitável e adequado aceitar um pouquinho mais do que deveria e se posicionar como um jogador dentro do time. E é perfeitamente aceitável e adequado brilhar um pouco mais do que quem está a seu lado, que se encolhe toda vez que o chefe se aproxima trazendo trabalho extra. Apenas se assegure de não se comprometer com mais do que consegue fazer, ou de roubar o brilho de outra pessoa; dê crédito a quem merece, mas faça-o de modo que o seu mérito também seja mantido.

Sei que existem trabalhos desagradáveis em todo escritório, que até executivos veteranos evitam pegar: clientes difíceis, viagens de negócios cansativas, trabalho braçal em geral. Sou como a maioria, que tende a procrastinar toda vez que me vejo diante de um compromisso desagradável, então aprendi a me motivar para fazê-lo. Todo dia de manhã faço uma lista das coisas que espero realizar naquele dia e coloco as tarefas mais difíceis e trabalhosas no começo da lista. Ao longo dos anos, descobri que, ao me habituar a realizar as tarefas mais difíceis primeiro, elas não parecem tão intimidadoras depois. Quando deixo esses afazeres pendentes na lista, parecem se tornar mais assustadores à medida que o dia passa, até o momento em que enfim dou cabo deles e posso seguir em frente.

Lição: disponha-se a cumprir todos os itens da lista até o fim, na primeira oportunidade, se quiser chegar ao topo da carreira.

Não se deixe prender do outro lado dessa equação. Para cada funcionário que causa uma impressão positiva assumindo sem medo tarefas difíceis, há tantos mais que causam uma impressão negativa ao evitá-las. Certa vez, trabalhei com uma pessoa que se tornava totalmente obsoleta ao deixar de colaborar e se desculpar em não fazer o trabalho toda vez que eu lhe apresentava uma tarefa indesejável. Em vez de mergulhar no trabalho, pesquisar e reunir as informações de que eu precisava, deixava a pasta do projeto em cima da mesa o maior tempo possível sem abri-la. Evitava atender toda vez que eu ligava para checar se o trabalho já estava pronto, e, quando finalmente conseguia encontrá-la, enchia-me de desculpas em vez de me dar as respostas que eu procurava. O aspecto mais frustrante e inexplicável desse padrão de comportamento era que esse indivíduo não estava evitando o trabalho por não ter as qualidades ou por ser incompetente, ou ainda porque as tarefas estivessem além de suas capacidades. Nada disso. Ele só não gostava de enfrentar o lado mais trivial e trabalhoso do emprego, e não o fazia, pelo menos não no tempo desejado. Esquivou-se por algum tempo enquanto a economia estava forte e ele conseguia driblar esse defeito focando em suas qualidades, mas, assim que precisamos cortar custos e enxugar a folha de pagamentos, foi o primeiro a ser demitido.

Minha mãe usava um bom truque para me fazer superar uma dificuldade. Quando era pequena, por vezes, ela fazia coquetéis em nosso apartamento na Trump Tower. Na hora de os convidados chegarem, sempre acontecia algo que a mantinha ocupada, então, em geral, tinha de recebê-los na porta de casa. Foi bastante cansativo nas primeiras vezes, mas me habituei. Aprendi a guardar os nomes de todos e a lembrar trechos de conversas anteriores e a dar continuidade a elas. Aprendi a ser uma boa anfitriã, recolhendo os casacos dos convidados e pedindo o que fossem beber. Logo corria feliz da vida para atender a porta no lugar de minha mãe, ansiosa para lhes mostrar o apartamento e começar a conversar com eles, de tal forma que mal percebia quando minha mãe por fim aparecia.

Anos mais tarde, minha mãe confessou que ela inventava essas desculpas para chegar mais tarde às festas. Não porque quisesse fazer uma grande entrada, mas porque queria que me habituasse a conversar de forma natural com gente grande em um ambiente social sofisticado. Ela imaginou que assim conseguiria despertar mais segurança e confiança em mim mesma, e creio que tenha funcionado. Por vezes, ela só ficava no quarto, enquanto eu fazia as vezes de dona da casa, exercitando minhas qualidades sociais sem perceber.

    Mesmo hoje, meu pai gosta de me dar um empurrãozinho, para me fazer nadar sozinha. Pouco depois de ter entrado na empresa, eu o acompanhei numa coletiva de imprensa em Chicago para atualizá-los sobre o andamento do nosso magnífico edifício. Apenas começava a conhecer o projeto, mas grudei nele para aprender como as coisas aconteciam em meio à atenção que a mídia costumava dar a meu pai e ao lançamento de uma de nossas propriedades, bem como para me familiarizar com a cidade propriamente dita. Acontece que meu pai tinha outra intenção. Ele pegou o microfone para iniciar a coletiva, mas, assim que começou a falar, anunciou:

— Minha filha, Ivanka, vai falar mais sobre isso.

    Ele disse "falar mais" assim que agradeceu a todos pela presença. "Falar mais" queria dizer que a responsabilidade seria minha a partir daquele instante. Havia centenas de jornalistas esperando por dados e informações, e eu estava completamente despreparada para me dirigir a eles e falar sobre todos os aspectos do projeto. Tudo o que sabia sobre a construção foi o que aprendi nas reuniões introdutórias com a equipe de incorporação no meu primeiro mês de trabalho. O melhor que pude fazer foi mencionar algumas questões que li por alto, que estavam no *release* enviado à imprensa ou que ouvi pelos corredores no escritório. Vejam que empurrãozinho ele me deu!

    Não tive outra escolha senão sair nadando, e me encaixar, do melhor modo que pudesse. Para mostrar confiança e falar do fundo do coração sobre a nossa visão do edifício e o impacto que esperávamos causar na cidade.

    Meu pai, na verdade, piscou para mim quando me aproximei do microfone, e me lembro de ter ficado muito zangada por ele ter me jogado naquela armadilha, mas não consegui ficar brava com ele por muito tempo. Ele queria apenas que eu aprendesse a me sentir à vontade ao falar diante de uma plateia, mesmo quando não tivesse a menor ideia do que iria dizer. Não acho que precisasse fazer daquele jeito, mas me virei. Acabei até respondendo a algumas perguntas como se dominasse o assunto e, quando acabei, desci do pódio e sussurrei para meu pai:

— O que foi *isso*, afinal?

— Só quis ver como você reagiria sob pressão, Ivanka — ele respondeu sorrindo. — Você se mostrou boa nisso.

Esse episódio me faz lembrar o anúncio da Nike: "*Just do it*" [Apenas faça]. Somente com um desafio a mais: "Apenas faça, mesmo sem estar preparado". Era assim que meus pais agiam com os três filhos. Jogavam-nos dentro de um tanque de água e ficavam orgulhosos em nos ver chegar do outro lado, sãos e salvos. Sabiam como era importante para nós ser um pouco destemidos ao entrar em um ambiente estranho. Sabiam que, por vezes, nos veríamos em situações que pareceriam maiores que nós, mas que teríamos de superar o medo se quiséssemos ser bem-sucedidos.

Chegaram a esse consenso naturalmente. Fora assim com eles também quando começaram. Muitos pessoas, entre elas meu avô, pensaram que meu pai estava indo longe demais ao decidir entrar no mercado imobiliário de Manhattan com tão pouca idade. E, como uma jovem imigrante tcheca vivendo do outro lado do mundo, longe da família, minha mãe deve ter pensado se não teria ido muito longe quando veio a Nova York pela primeira vez. Mesmo assim, ambos se recusaram a deixar as dúvidas e incertezas atrapalharem seus sonhos.

Já vi esse tipo de empurrão funcionar com alguns de nossos melhores funcionários. Alguns deles pareciam não estar à altura do emprego quando começaram na Trump, mas souberam agarrar cada uma das oportunidades. Meus pais sempre acreditaram em dar uma chance a alguém no trabalho, porque sabiam que não teriam chegado aonde chegaram se alguém não tivesse lhes dado a chance. Tento fazer o mesmo. Realmente, na Trump, acreditamos em identificar e incentivar o talento de cada um, e em geral encontramos talento nos lugares menos óbvios. Alguém pode começar a trabalhar para mim como assistente administrativo, mas, se demonstrar ter capacidade e bom senso, não hesito em lhe dar mais responsabilidades. Por exemplo, se for criativo por natureza, posso colocá-lo em minha equipe de *marketing*. Se não der conta, encontrarei um modo de colocá-lo de volta num cargo que se alinhe mais com o que fazia antes; se se der bem, lhe darei encargos maiores. Uma carreira que a princípio poderia estar limitada pela inexperiência pode metamorfosear-se em algo muito mais recompensador — para a pessoa *e* para a empresa.

Em todo o cenário corporativo, há indivíduos que podem estar na organização certa, mas estão presos ao cargo errado. Podem ser motoristas, recepcionistas, atendentes ou mesmo gerentes, mas sem chances de mostrar as próprias qualidades. Por isso, estou constantemente procurando funcionários que mereçam um empurrãozinho a mais e outra gama de responsabilidades, pois vale a pena arriscar em relação a uma pessoa que pareça ter um talento não desenvolvido. Se funcionar, terá a lealdade e o entusiasmo inesgotável de um funcionário produtivo e dedicado. Se não funcionar como o esperado, pode-se alocá-lo de volta onde estava, de forma que continuará sendo alguém valioso na equipe.

Há pouco tempo, um funcionário do departamento de segurança me procurou para pedir um conselho sobre como entrar no mercado imobiliário, agora que estava se formando na faculdade. Fiquei impressionada com ele e a iniciativa que tomou, então coloquei-o sob a responsabilidade do meu chefe de construção. Pensei: "O que pode acontecer de errado?". Ele era um homem inteligente, disposto e cheio de energia. Suas perguntas eram ponderadas; sua estratégia, agressiva. Com certeza, aceitou o emprego como segurança, pois colocaria o pé dentro da empresa. Além disso, sabia o quanto ele trabalharia por mim, por ter-lhe dado uma chance. Não estava lhe dando a responsabilidade de gerenciar o departamento de construção. Apenas queria lhe dar uma chance e ver se ele seria capaz de contribuir de forma significativa nessa área. E ele foi!

Como conseguir se destacar de tal forma que seu chefe tenha vontade de lhe dar uma chance? O primeiro mandamento em termos profissionais é ser profissionalmente responsável: certifique-se de realizar o trabalho que lhe tenha sido confiado da melhor maneira possível. Se trabalhar para uma revista de moda como assistente de *marketing* e tiver uma ambição (não tão) secreta de escrever para a revista, ainda assim terá de cumprir sua obrigação como assistente antes que alguém lhe dê uma chance na parte editorial. Muitas vezes encontro jovens talentosos que parecem ansiosos demais para conseguir marcar um ponto. Se se sentirem superqualificados para o cargo que ocupam, agem sem pensar no que estão fazendo. Mas, se você não apresentar um bom trabalho, é possível que não o chamem para trabalhar no que realmente quer. Em outras palavras, se quiser mostrar ao seu chefe que é *mais* do que uma secretária, dará sinais de que sua posição atual está aquém do que de fato sabe fazer. Você poderá nem perceber que está demonstrando isso. Pode atender o telefone de mau humor, esquecer de passar recados ou ser descuidada com a correspondência.

Eis um exemplo clássico de alguém que segue seus sonhos de modo eficaz: uma amiga trabalhava em Manhattan como assistente de um editor de um jornal local. Todo dia, ela ficava depois do horário de trabalho e enviava ao chefe dicas editoriais para a seção de destaques. Por fim, após um ano trabalhando com determinação canina e dois artigos bem-sucedidos como *freelancer* para comprovar seu esforço, o editor a contratou como redatora e citou como exemplo para todos os redatores quanto havia lhe custado chegar àquela posição dentro da redação. "Faça o seu trabalho", foi o que ele disse. "E lute por mais, ao mesmo tempo."

Não se sinta tão frustrado. Ninguém gosta de ficar preso fazendo algo que não gosta. Ninguém gosta de sentir que o emprego está aquém das potencialidades que tem. Perceba que seu momento chegará um dia. Pode não vir quando espera, mas virá. E, até lá, será bom trabalhar naquilo que lhe pedirem para fazer dentro da empresa, mesmo que pareça que não tenha nada a ver com o que queira fazer depois. Não significa que deva perder seu tempo ou gastar energias num emprego sem futuro, sem esperanças de progresso ou melhoria. Se não surgirem oportunidades no horizonte, siga em frente. Mas, se as oportunidades estiverem lá e tudo o que precisa fazer é saltar alguns obstáculos para alcançá-los, esteja preparado para gastar algum tempo passando por cima deles.

Ninguém espera prendê-lo num cargo de começo de carreira para sempre, mas seu chefe tem todos os motivos para esperar que construa um currículo sólido enquanto estiver ali. Uma vez que demonstre ser um profissional gabaritado e tenha construído bons relacionamentos com colegas e supervisores, é bom deixar claro que gostaria de fazer mais coisas. Aproveitando o exemplo da revista de moda que citei antes, poderá mencionar que costumava escrever para o jornal da faculdade. Ou que recentemente fez um curso em produção de moda ou de *marketing* numa universidade local. Diga que tem experiência na área editorial e um grande interesse em moda e veja o que acontece. Esteja preparado para esperar. Se nada acontecer depois de algum tempo, poderá ser mais direto da próxima vez que mencionar o assunto. Dê dicas mais diretas. Ou fale com seu chefe e lhe pergunte se poderia ajudá-lo a conseguir uma entrevista com o editor executivo ou alguém do departamento editorial.

Há chances de que o gerente reconheça que poderá contribuir ainda mais para a revista e que seu contínuo sucesso colaborará para o sucesso dele também. Se ele o esnobar, saberá que este não é o lugar certo para continuar se espera progredir na carreira.

DÊ O MELHOR DE SI

Sempre procuro um ponto de apoio e encontro um no início de cada semana. Desde que comecei a trabalhar, tenho o hábito de ir ao escritório aos domingos, quando tudo está calmo e consigo fazer mais em algumas horas do que num dia inteiro repleto de reuniões e conferências telefônicas, e o vaivém dentro da empresa.

Cheguei a essa tática por mim mesma, mas ela foi muito cedo ratificada por ninguém menos que Rupert Murdoch, o todo-poderoso da mídia, de origem australiana, e presidente da News Corp. Tenho sorte de ter Rupert entre meus amigos, uma das muitas amizades que fiz ao longo dos anos, fora dos contatos da minha família. Encontramo-nos para um *brunch* num domingo junto com Robert Thomson, então editor do *Wall Street Journal*, Les Hinton, CEO da Dow Jones, e a esposa de Rupert, Wendi. Isso foi logo depois de Rupert ter comprado o jornal, quando os críticos prediziam a morte da famigerada publicação nas mãos do barão da mídia. Claro, não aconteceu, e *The Wall Street Journal* floresceu editorialmente sob o comando de Rupert. Mas, naquele momento, ele estava sendo atacado pela imprensa (pelos concorrentes!) por ter assumido o controle de um jornal tão querido e respeitado por todos.

Ao nos despedirmos naquela tarde, Rupert perguntou o que havia planejado fazer o restante do dia. Era um lindo dia de inverno. Respondi a ele que pensava em caminhar pelo Central Park ou talvez encontrar alguns amigos mais tarde.

– E você? – perguntei.

– Robert, Les e eu vamos ao *Journal* – Rupert respondeu. – Vamos ver o que encontramos por lá.

O que provavelmente encontraram naquela linda tarde de domingo foi uma redação quase deserta, mas não por muito tempo. Os redatores do *Journal*, além dos que tinham de preparar a edição de segunda, não estavam habituados a trabalhar aos domingos, mas, uma vez que Rupert passou a aparecer aos domingos, o dia a dia da redação começou a mudar. Logo alguns funcionários mais antigos começaram a fazer questão de aparecer na redação nos finais de semana. Ninguém precisou pedir que viessem; simplesmente sabiam que, se o chefe iria estar lá, também deveriam aparecer.

Assim como Rupert, tento passar pelo escritório todo domingo quando estou na cidade. Posso ficar apenas uma ou duas horas, mas descubro ser um tempo muito bem aproveitado e relaxante. Passo os olhos pela papelada e na correspondência que começa a se empilhar em cima da mesa e me organizo para a semana que entra. Se não há nada para fazer, faço algumas ligações telefônicas e respondo a *e-mails* atrasados, em especial se achar que essas pessoas também estão nos computadores. (Normalmente estão!) Depois que acabo, o resto do meu domingo é mais relaxante e menos cansativo do que se não tivesse feito esse esforço.

Compreendo que ir ao escritório possa ser um peso, mas essa é uma ideia preconcebida. Um preconceito. Se vir por outro ângulo, poderá se tornar um hábito positivo. Transforme o escritório num abrigo de oportunidades e ele poderá se tornar uma espécie de ímã, um lugar onde você consegue se sentir bem consigo mesmo e com tudo o que possa vir a conquistar. Admito que houve muitos domingos em que senti bastante preguiça quando acordei de manhã e não queria fazer nada além de ficar deitada o dia inteiro em casa. Mas, se considerar que ao ir ao escritório poderei adiantar o serviço de segunda-feira de manhã e me preparar para a semana que entra, então darei um jeito de chegar lá.

Por outro lado, não influencio ninguém, tal como Rupert Murdoch na redação do *Journal*, e, com certeza, não exijo que aqueles que trabalham para mim sigam o que faço, mas é surpreendente a rapidez com que seus funcionários o seguirão quando se estabelece esse tipo de exemplo. Gosto de pensar que estão fazendo isso por eles, por automotivação, e porque bons hábitos tendem a substituir outros, embora perceba que haja uma tendência a querer somar pontos com o chefe. Não há nada de errado nisso. Faz com que o serviço seja feito, mantém toda a minha equipe um passo adiante e me ajuda a avaliar valores intangíveis como o compromisso e a dedicação pessoal. Quando vejo uma das minhas funcionárias sentada à mesa num domingo de manhã, paro para trocar um dedinho de prosa. Se começar a vê-la com frequência, ela saberá que já percebi a presença dela. Posso lhe levar uma xícara de café ou encomendar algo para o almoço, e, desse modo, ela saberá sutilmente que esforços extras são percebidos e apreciados.

Orgulho-me muito pelo fato de meus irmãos e eu sermos normalmente os primeiros a chegar no escritório todo dia de manhã e os últimos a sair à noite. Se um funcionário quer chamar a minha atenção, igualar esse esforço. é um bom modo de consegui-la. Por certo, vou reparar se alguém conseguir chegar antes de mim no escritório todo dia de manhã e estiver lá para me dar boa-noite quando for para casa, às sete e meia da noite. Se ele se desdobrar em outras áreas, com certeza levarei o esforço extra em consideração quando avaliar seu desempenho.

Aparecer é metade da batalha ganha. Aparecer cedo, ficar até tarde ou trabalhar nos finais de semana pode garantir boa parte da outra metade. Pode fazê-lo avançar grande parte do terreno ao somar o tempo que os outros não querem investir. Você poderá não ser tão articulado ou charmoso quanto seus colegas. Poderá não pertencer ao mesmo clube que eles ou ter tirado menos notas boas. Mas não há motivo que o impeça de chegar mais cedo para trabalhar do que eles todo dia de manhã e ir embora mais tarde, à noite. Não há motivo que o impeça de estar sentado à sua mesa aos domingos, enquanto eles assistem a uma partida de futebol ou bebem cerveja com os amigos. Eis uma das grandes vantagens da maioria dos ambientes de trabalho: não são os campos mais nivelados, e o modo mais fácil de virar o jogo a seu favor é dedicar mais do seu tempo. Você poderá não se igualar aos colegas em todos os seus atributos, mas poderá superá-los quando se tratar de trabalhar com mais afinco.

Pode ter certeza, todo esse trabalho árduo tem um preço. A menos que seja sobre-humano, sua vida social sofrerá um pouco, mas é importante lembrar que a vida social adequada para a sua idade estará a salvo. Como jovem executivo, não deveria ir a festas toda noite, como costumava fazer na época da faculdade. De vez em quando, tudo bem. Mas precisará começar a pensar em ter uma boa noite de sono para chegar no escritório todo dia descansado em vez de arrebentado. Para mim, não foi um grande desafio, porque meus interesses extracurriculares sempre foram muito brandos. Prefiro um jantar relaxante com amigos ou ficar em casa e assistir a um filme a ir a uma boate ou sair bebendo de bar em bar. Simplesmente, não é a minha. Se for a sua, tudo bem, mas não perca o foco do que estiver fazendo.

Meus amigos ainda conseguem me arrastar para dançar uma vez ou outra, e (quase) sempre fico feliz quando o fazem. É um barato. Mas ficaria exausta se fizesse esse programa toda quinta à noite. Não há modo de estar sentado à mesa de trabalho no primeiro horário na sexta de manhã – fisicamente sim, mas mentalmente não – se você passou a noite inteira bebendo e dançando.

Conheça seus limites. Conheça suas responsabilidades. E lembre-se de que, se não souber fazer as escolhas certas para encontrar o equilíbrio entre trabalho e diversão, seu chefe não poderá confiar em você também.

Sabe aquela vantagem que todos buscamos para nos manter à frente? Ela não conseguirá encontrá-lo pela cidade, bebendo até cair, mas estará lá, à sua espera, na sua mesa, bem cedo de manhã, todos os dias – e aos domingos também.

INFORMES DO MEU BLACKBERRY

DANY LEVY – Fundador, presidente e diretor editorial do DailyCandy.com

GERENCIANDO A EQUIPE DE TRABALHO

Acredito firmemente que para ser um líder eficaz é preciso se lembrar de como era ser um funcionário. A sensação de ser aquele novato na primeira hierarquia do escritório, que atende o telefone, usa a copiadora quebrada, faz o café e, o mais importante, observa o que acontece no escritório. É quando se aprende o que eles não ensinam (nem podem ensinar) na faculdade, por exemplo, o que faz um escritório e seu conjunto colorido de personagens entrar em ação. Este era eu, no início de carreira e, ao longo do caminho, tendo todo tipo de chefe que se possa imaginar. Loucos, maravilhosos e tudo entre uma coisa e outra. Coletivamente, essas experiências me ajudaram a descobrir o tipo de chefe que eu queria ser. Algo entre louco e bacana, creio, mas felizmente com tendência a ser mais bacana.

Também aprendi o que não gostava em relação à vida nos escritórios. Aprendi que normalmente achava reuniões contraproducentes e uma perda de tempo, por isso as mantenho no menor número possível. E adoro que sejam curtas. Há uma expressão que gosto de usar: "Parada fatal". Começo uma reunião e digo que tenho uma "Parada fatal" às dez. Desse modo, todos ficam espertos, porque, às dez horas, a reunião acaba.

Desenvolvi um radar sensível para negligência, trivialidade, rancor e traição que, por vezes, encontramos no ambiente de trabalho. O grande segredo que inventei é fazer com que todos da minha equipe torçam uns pelos outros. Estamos nisso juntos. Temos de nos proteger. Faço questão dessa atitude. Tudo flui de cima. Sou intolerante em relação a gerentes ou líderes que roubam o crédito do trabalho dos outros. O outro lado também me incomoda, quando alguém rapidamente culpa outra pessoa da equipe quando algo não dá certo. E não me interesso pelo poder personalista que move certas pessoas. É egoísta e não contribui em nada para o trabalho que deve ser feito em conjunto.

Talvez a parte mais difícil de ser um chefe é aprender como fazer críticas construtivas. Gosto de usar o que chamo de "sanduíche de crítica": pego um aspecto que precisa ser melhorado e o coloco entre dois elogios. Algo bom, algo não tão bom e de novo algo bom. Parece-me oferecer maior equilíbrio.

Basicamente, é importante ser gentil. Ajuda a abrir muitos caminhos neste mundo. Trate os outros como gostaria de ser tratado. Faça até mais que isso, certo? Parece simples, mas, em geral, perde-se a noção do básico. Se perder isso, você está frito.

CAPÍTULO 8
NAVEGANDO NO LOCAL DE TRABALHO

O homem culto sabe o quanto ele ignora.
— Victor Hugo

Considero-me uma estudiosa do comportamento humano, e uma carreira profissional oferece a oportunidade perfeita para observar todos os tipos de pessoas, em todas as situações de trabalho, passando por todos os tipos de atitude para avançar e se manter à frente. Reparo quando uma estratégia funciona e quando outra falha e estou sempre prestando atenção a novos aspectos que possam mostrar outros caminhos.

Afinal, não avançamos caminhando de forma desastrada. Avançamos passo a passo, dando um de cada vez.

Hoje em dia, significa aprender a usar nossa tecnologia de forma que não acabe por nos controlar. Com nossos aparelhos e instrumentos digitais, e uma carga de informação 24 horas por dia, nunca houve um tempo em que estivéssemos tão conectados uns com os outros, embora acredite que exista uma desconexão cada vez maior no ambiente de trabalho tradicional. Ela vem através de gerações, em grande parte, e, em meio à mão de obra mais jovem, a tecnologia mudou o modo como nos comunicamos, nem sempre para o lado bom. Habituamo-nos de tal forma a estar constantemente conectados entre nós e com o mundo à nossa volta, que o aporte de notícias, informação e *tweets* pode acabar atrapalhando a interação humana mais trivial. Não é incomum ver alguém andar pelo corredor ou entrar no elevador falando quase sem fôlego num celular conectado no modo Bluetooth, mas, toda vez que faço isso, ainda me pego pensando que se trata de algum tipo de loucura, falar a esmo num aparelhinho desses. Uso esses equipamentos de vez em quando, mas, quando não se está na conversa, é muito fácil pensar que estamos assistindo a algum episódio psicótico ou surreal.

Costumava-se dizer que os empresários mais bem-sucedidos, mais motivados, mais ambiciosos deviam estar conectados ao trabalho. Agora estamos simplesmente conectados – e, às vezes, fico imaginando se não embaralhamos as conexões pelo caminho. Pense o que significa tentarmos fazer coisas demais, tudo ao mesmo tempo. A multitarefa tornou-se o grito de competição da minha geração, e fazemos isso com desmedido orgulho. Quanto mais bolinhas arremessamos para cima simultaneamente, melhor. Quanto mais conseguimos administrar, maiores nos tornamos. Pelo menos, essa é a teoria.

Por muitos anos, me orgulhei da minha capacidade de chupar cana e assoviar ao mesmo tempo – no sentido profissional, é claro. Poderia estar numa conferência telefônica com banqueiros na Ásia, mandando um *e-mail* para o gerente-geral de um dos nossos hotéis e lendo os jornais do dia, tudo junto. Nada mal, não é? Muitos dos meus amigos estão sentados à mesa de trabalho, por toda a cidade, fazendo a mesma coisa que eu. Alguns deles ainda abrem uma tela no computador com um joguinho de paciência para preencher os poucos momentos livres que têm entre uma tarefa e outra.

Mas, então, comecei a perceber que, quanto mais tentava fazer, menos concluía de fato. Levei algum tempo para chegar a essa conclusão, mas hoje vejo que, ao me dividir entre tantas atividades, perdia uma oportunidade preciosa por não dar total atenção ao que estava fazendo. Estaria presente a uma conferência telefônica, embora distraída por tudo o mais que estivesse fazendo para conseguir participar inteiramente. Enviaria um *e-mail*, mas é provável que não conseguisse me expressar tão bem quanto poderia. E folhearia o jornal e leria superficialmente algumas matérias, mas não poderia falar sobre o que tivesse lido com propriedade suficiente.

Aos poucos, cheguei à conclusão de que a multitarefa é um fardo para a produtividade. De qualquer maneira, é um fardo para mim. Claro, nossa cultura acelerada e de informações instantâneas arranjou tudo de tal forma que não temos escolha a não ser fazer mais de uma coisa ao mesmo tempo se quisermos acompanhar o ritmo, mas tento conter meu impulso de ceder à multitarefa. Por quê? Ela drena minha capacidade de concentração. Desvia-me daquilo que deveria estar fazendo. É o antípoda do que costumamos chamar de "momentos sênior", quando uma pessoa mais velha perde momentaneamente o lugar numa conversa e atribui esse fato à idade ou senilidade. Os "momentos júnior" ocorrem quando jovens executivos perdem momentaneamente *seus* lugares, porque têm uma conversa acontecendo à orelha, outra na ponta dos dedos e outra ainda em volta da mesa. Atribuímos essas falhas muito rapidamente à tecnologia; na verdade, são apenas o sintoma da imensa incapacidade de prestar muita atenção a qualquer coisa por muito tempo – ou mesmo por pouco tempo, em alguns casos.

Multitarefa não é um palavrão. De fato, estou sempre tentando driblar vários projetos e iniciativas diferentes. Num dia, há uma extensa lista de assuntos urgentes que demandam meu tempo e atenção. Isso é bom e me mantém afiada e ágil. Mas, quando não sou capaz de me concentrar no assunto que tenho nas mãos, porque estou tentando responder a um *e-mail* e, ao mesmo tempo, dando ordens à minha assistente ou prestando atenção à cotação da Bola de Valores na televisão da minha sala no escritório... Então, começo a perder o foco.

Meu pai não tem paciência para todos os equipamentos eletrônicos que hipnotizam a nova geração que está hoje no mercado de trabalho. Ele os considera puras distrações. Detesta como meus irmãos e eu temos nossa atenção tão comprometida por causa desses aparelhos – e ele tem razão. Ainda por cima, faz o que diz. Nem sequer tem um computador sobre a mesa dele. Não carrega um BlackBerry. A muito custo, carrega o celular. Ele se concentra completamente naquilo que está fazendo, e espera que os filhos e o restante da equipe façam o mesmo. Meu pai valoriza negociar direto com o interlocutor, seja pessoalmente ou por telefone. Concordo com ele; porém, apenas em parte. Há momento e lugar para cada avanço tecnológico, desde que não o usemos em qualquer lugar o tempo todo. Usada de maneira adequada, a tecnologia é bem-vinda. Quando viajo, por exemplo, posso ler meus *e-mails* no celular e responder com rapidez a alguns problemas urgentes.

Mesmo assim, meu pai ainda enlouquece quando está conversando comigo sobre um projeto e me vê olhando para o BlackBerry em minha mão. É o único motivo que o faria gritar comigo no trabalho.

– Ivanka! – ele bufa. – Ponha esse aparelho de lado!

DICAS TECNOLÓGICAS
PARA MANTER A SANIDADE

Com o tempo, meu pai me venceu nesse quesito, e agora tento manter meus "momentos júnior" em grau mínimo. Se estou numa reunião importante, deixo meu BlackBerry dentro da bolsa – e definitivamente *não* em cima da mesa de reunião à minha frente! –, porque sei que, mesmo sentada diante de um grupo de banqueiros que têm o destino de um novo projeto nas mãos, posso não resistir ao canto da sereia ao ver a luzinha vermelha piscando, me avisando que entrou um novo *e-mail*. (Confesse que nunca deu uma olhada por debaixo da mesa durante uma reunião importante para ver um *e-mail* ou mensagem de texto qualquer!) Cheguei à conclusão de que não há informação que chegue de repente que seja mais importante do que a conversa e a troca de ideias que esteja acontecendo bem à minha frente naquele momento – ou, pelo menos, nenhuma informação que não possa esperar até a reunião acabar para que eu possa lhe dar toda a minha atenção.

Certa vez, coloquei uma caixa de sapatos com um cartaz escrito "CrackBerries" numa mesa lateral na sala de conferências antes das nossas costumeiras reuniões nas manhãs de segunda. Nessas reuniões, está presente toda a equipe de incorporação, mas reparei que estavam se tornando cada vez menos produtivas à medida que aumentava o número de celulares que traziam para a reunião. Portanto, quase de brincadeira, arranjei essa solução – e funcionou! Coletei todos os BlackBerrys antes de a reunião começar e terminamos meia hora antes do horário marcado. Foi mais útil que só economizar tempo. Todos estavam mais concentrados e atentos ao que era dito, porque não havia outra alternativa senão prestar atenção.

Sim, é importante manter-se conectado com colegas e clientes – é essencial! –, mas é muito mais importante manter-se ligado ao trabalho. Pergunte-se: quando foi a última vez que gastou uma hora inteira sem interrupção trabalhando num projeto? Quando tirou o telefone do gancho, desligou os aparelhos sem fio e fechou a porta do escritório para que pudesse estudar um relatório ou revisar um contrato, ou pensar numa proposta? Com certeza, isso não acontece há muito tempo. (E, se tiver menos de trinta anos, há uma grande probabilidade de *nunca* ter acontecido!) Mesmo quando pensa que está metendo a cara no trabalho, é provável que esteja checando a caixa de *e-mails* a cada meia hora ou atualizando a página no Facebook, ou respondendo a mensagens instantâneas. (Esse é um dos motivos por que vou ao escritório todos os domingos – para me concentrar em grandes iniciativas longe de todas essas pequenas interrupções!)

Ultimamente, montei algumas estratégias para manter todas essas distrações longe de mim:

Confira o celular a cada quinze minutos. Mesmo que as luzinhas vermelhas continuem piscando, não atenda ao chamado. Há pouquíssimos *e-mails* que não possam esperar quinze minutos para você responder. Mantenha o olho no prêmio, e não se prenda a minúcias. Manter o controle sobre a frequência com que verifica os *e-mails* vai preveni-lo de perder uma jogada importante quando ela acontecer.

Sempre retorne as ligações telefônicas nas primeiras 24 horas. Gosto de retornar as ligações na ordem em que as recebi. Não importa se for um empreiteiro ou um senador da República.

Concentre-se em uma informação de cada vez. Se estiver no sofá de casa, trabalhando no *laptop*, desligue a televisão. Se estiver numa conferência telefônica, não coloque o telefone no silencioso para que possa se comunicar com um amigo sem que os outros o ouçam teclar a mensagem. (Está certo, talvez eu tenha feito isso algumas vezes, por isso conheço o truque – mas não é uma boa ideia.) Não crie o hábito destrutivo de fazer várias coisas ao mesmo tempo, porque tudo o que vai conseguir é um monte de sons simultâneos, e sua atenção nunca estará centrada, onde ela deveria permanecer.

Restrinja as respostas ao mínimo. Todos já fomos pegos numa troca infindável de *e-mails* ou mensagens de texto, em que um dos lados está sempre fazendo perguntas ou enviando mensagens que pedem algum tipo de resposta. Ou talvez haja uma longa série de *e-mails* que esteja circulando entre várias pessoas, sem solução aparente à vista. Se eu estiver mandando e recebendo *e-mails* que não chegam a nenhuma conclusão em tempo hábil, peço para marcar uma rápida reunião ou um horário para falar ao telefone a fim de acertar a questão, em particular se houver muitas pessoas recebendo os *e-mails* também.

Melhor ainda: não responda. Nem toda mensagem exige atenção imediata. Algumas não precisam de resposta alguma. Faça uma triagem com as mensagens e responda de acordo com sua intuição. Ou não responda a nenhuma.

Não durma com o celular na mesa de cabeceira. Já fiz isso por algum tempo, mas estou tentando largar o hábito. Para mim, ajudou avisar as pessoas que poderão me ligar até as 23 horas e depois somente a partir das seis horas. Agora desligo o aparelho à noite e o mantenho assim durante toda a madrugada.

Mantenha o celular dentro da bolsa ou no paletó quando sair para almoçar ou jantar. Essa é uma regra de bons modos. Já estive em almoços em que todos os participantes colocavam os celulares na mesa assim que se sentavam. O garçom não sabe nem onde colocar o pãozinho! Mas não se trata apenas de boa educação ou de espaço na mesa: você estará mais ligado à conversa durante a refeição em vez de ficar conectado a qualquer outro lugar.

Responda assim que possível. Eis uma das melhores estratégias que aprendi contra a pressa da era da informação. Se sempre responder aos *e-mails* no momento em que os receber, poderão pensar que há algo errado se não responder imediatamente. Poderá se tornar um indicativo de um problema ou preocupação, ou dar a impressão de que não gostou da última proposta. Controle as expectativas alheias. Varie os tempos de retorno. Poderá ser favorável se estiver montando um contrato e precisar de mais tempo para pensar. Esteja acessível, mas não demasiadamente, para não ficar sob o jugo do horário dos outros e sem tempo para si mesmo.

O debate sobre como e quando usar da melhor forma a tecnologia disponível cria uma separação entre as gerações cada vez maior no ambiente de trabalho. Meus amigos e parceiros mais velhos parecem detestar nossa atenção reduzida – "a efemeridade da juventude", dizem – e sustentam que a troca de mensagens de texto ou *e-mails* durante as reuniões é destrutiva e desrespeitosa. Meus amigos mais jovens, no entanto, estão habituados a conversar com um colega enquanto teclam uma mensagem para outra pessoa no celular, nunca olhando para a pessoa com quem estão conversando. O certo não deve ser nem lá nem cá.

VOCÊ RECEBEU *E-MAIL*!

A boa etiqueta para mandar *e-mails* apresenta os próprios problemas. Há um erro conceitual muito difundido de que não há problema em ser menos formal e profissional numa mensagem de *e-mail* do que seríamos ao escrever uma carta propriamente dita. Não aceito essa linha de raciocínio, mas recebo esse tipo de *e-mail* o tempo todo. No trabalho, os jovens tendem a usar o *e-mail* do modo como costumavam escrever bilhetes no colégio. Misturam segredinhos e comentários paralelos, pensando que ninguém vai lê-los. Mas o *e-mail* no trabalho não é anônimo nem protegido, e não deveria ser. Também, com certeza, não é pessoal. Recentemente, o ciberespaço tornou-se um lugar público como outro qualquer, portanto, é tolice pensar o contrário.

Aprendi isso da pior maneira, tenho de confessar. Costumava trocar *e-mails* com um executivo influente. Éramos bons amigos e adquirimos o hábito de mandar recortes de matérias engraçadas e piadinhas um para o outro, algumas um pouco mais pesadas. Era um tipo de colagem, mas era mais social do que profissional. Depois de algum tempo, passei a escrever de modo informal demais, e foi aí que criei o problema. Li um artigo num jornal que dizia que meu amigo havia acabado de fechar um grande negócio num mercado emergente.

Mandei um *e-mail* bem bobo para ele: "Uau. Grande pegada. Quem levou o pé na bunda?".

Não levei a sério o que escrevi, mas deveria ter pensado duas vezes. Esse é o problema com muitos *e-mails* enviados e recebidos no local de trabalho – não pensamos muito a respeito. Não pensamos nas fotos que colocamos *on-line*, também, mas isso parece mais óbvio. Porém, hoje em dia, os jovens empresários aprenderam que precisam filtrar as imagens que colocam de si mesmos no Facebook, Twitter e MySpace, porque elas também contam ponto. Eu *sempre* faço um levantamento *on-line* quando penso em contratar ou trabalhar com alguém. É apenas uma questão de tempo até que um candidato político ou alguém indicado a um cargo importante seja descartado por causa de uma foto inadequada.

Mas *e-mails* boca-suja e mal formulados são ainda bastante problemáticos, e minha mensagem tola me deixou embaraçada. Poucos minutos após ter enviado meu *e-mail*, recebi uma mensagem bastante formal do meu então informal amigo pedindo que me retratasse por escrito e me dizendo, de forma bem direta, que meu comentário havia sido totalmente inadequado. Afinal, ele era o CEO de uma grande empresa pública e aquela mensagem idiota poderia ter lhe causado problemas muito sérios. Fiquei mortificada... e deveria ficar mesmo. Meu comportamento foi antiprofissional e simplesmente estúpido. Passei o resto do dia pensando em como pude ter agido de maneira tão descuidada.

Regra de ouro: se não se sentir à vontade para dizer algo numa mesa de reunião, diante do chefe, ou mesmo numa sala repleta de pessoas desconhecidas, não escreva isso num *e-mail*; é como se tivesse alugado um teco-teco e exibisse a mensagem numa faixa ondulante pelos céus da cidade. Mesmo que pense que o comentário seja totalmente ingênuo, nunca sabemos como parecerá fora de contexto e, depois que enviamos a mensagem, não temos mais o controle sobre esse contexto. Podemos fazer um comentário mais picante numa conversa informal, mas, nesse momento, pelo menos, temos algum controle sobre a situação – você poderá determinar como e quando o comentário será dito e quem poderá ouvi-lo. Com um *e-mail*, no entanto, nunca sabemos até quem poderá chegar e como será lido, então é melhor se conter.

Meu amigo Andrew Cuomo, procurador-geral de Nova York, contou-me que *e-mails* são a chave para processar qualquer pessoa hoje em dia. Elas são tão displicentes com a correspondência eletrônica, como se fosse uma versão moderna dos sinais de fumaça de antigamente, que desaparecem sem deixar vestígios. Na verdade, é exatamente o oposto: as mensagens de *e-mail* podem ser recuperadas pelo resto da vida; não há modo de ocultar o que se escreveu com pressa ou esperar que desapareça. As mensagens de texto têm uma vida um pouco mais reduzida, mas ainda podem ser incriminadoras. Tenho certeza de que um *hacker* pode entrar nas transmissões do seu celular e recolher anos e anos de ligações telefônicas.

Não são apenas as mensagens que você envia que deveriam preocupá-lo; são as que recebe. Vamos encarar: você não quer ser associado a uma linguagem, comportamento ou julgamento duvidosos, mesmo que não seja culpado de nada além de se corresponder com pessoas que tenham um ponto de vista diferente sobre o mundo. De vez em quando, recebo um *e-mail* que me coloca numa situação vulnerável, como aquele que infelizmente mandei para meu amigo, e, quando isso acontece, respondo com uma mensagem de desaprovação. "Nunca mais me copie num *e-mail* desses novamente", escrevo, ou qualquer outra coisa do gênero. Se você não me conhece, posso parecer inofensiva, mas nada me incomoda mais do que pensar que alguém possa abrir um *e-mail* tendencioso com meu nome copiado e associar meu nome a ele.

Conclusão: somos tão responsáveis pelos *e-mails* que recebemos quanto pelos que enviamos, algo que deverá ser considerado quando usar seu endereço de *e-mail* de trabalho para se comunicar com os amigos. Se você e seus amigos usam esse meio de comunicação como canal central de relacionamento, pelos menos deveriam ser inteligentes a respeito: usem uma conta de *e-mail* pessoal para que nada do que enviem ou recebam possa ser mal interpretado em relação ao trabalho.

Outra de minhas preocupações quanto às várias formas de comunicação eletrônica instantânea é o modo como ela acelerou o declínio da língua. Arrepio-me toda vez que recebo um *e-mail* com erros gramaticais ou abreviações usadas por adolescentes. Desculpe, mas esses termos não têm lugar no meio profissional. E os *emoticons*?! O que as pessoas pensam ao acrescentar carinhas sorrindo para indicar que estão felizes ou sisudas para mostrar descontentamento? É totalmente infantil, pouco profissional e inadequado.

PIT BULLS E CHIUAUAS

O caráter é a chave dentro do local de trabalho e, normalmente, consigo identificar bem os vários tipos de personalidade que encontramos nesse ambiente. Por isso, sempre digo às pessoas para prestar muita atenção à maneira como se apresentam aos chefes e colegas, porque nunca se sabe como ou quando um padrão de comportamento poderá atrapalhar seu desempenho.

Por exemplo, há duas pessoas que trabalham para mim na Organização Trump que tendem a ser superansiosas. Em escala menor, não é algo tão ruim assim. Quando um funcionário é superansioso, tende a se esforçar um pouco mais para acertar e em ser mais meticuloso. Cada um deles é uma peça valiosa dentro da equipe de trabalho e cada um contribui de modo importante, mas eu, por vezes, penso que são ansiosos demais para o bom desempenho deles – e, em decorrência, para o meu, como gerente. Estão sempre atrás de mim, fazendo perguntas e pedindo retorno e aprovação do trabalho que fizeram. Fazem o trabalho deles e muitas vezes ultrapassam as minhas expectativas, mas, em geral, isso me custa muito caro. Fico com a sensação de que estão sempre no meu pé, desesperados para conseguir minha atenção, quando, na realidade, estão mais à altura das tarefas que receberam do que eu.

A ansiedade deles faz com que assumam novos projetos, é óbvio. Mais uma vez, não há nada de errado com tanto fervor e dedicação. Esses dois funcionários fazem tudo que passo para eles. Chegam a competir entre si para assumir os trabalhos, de forma até salutar. Há pouco tempo, ambos vieram saltitando ao meu escritório depois de saberem que tínhamos acabado de fechar um contrato. Antes até que pudesse verificar detalhes do projeto, estavam disputando sobre quem iria trabalhar nele. Um ressaltou que tinha mais experiência em incorporação horizontal, enquanto o outro contra-argumentou que havia acabado de concluir um projeto semelhante na Turquia e seria mais indicado para assumir o cargo.

Vejo esses dois funcionários como *pit bulls*, por serem incansáveis e agressivos no modo de lidar com o trabalho. Em escala menor, *pit bulls* podem ser ótimos para se trabalhar. Podem não ter vindo das melhores escolas, ou não ser tão afeitos socialmente falando, mas trabalham bem – em geral, dentro do prazo e do orçamento. Em escala maior, esse é o tipo de personalidade que pode ser um pouco exagerado. *Pit bulls* demais podem gerar tensão e opressão dentro do escritório. É preciso haver um equilíbrio. Quando monto uma equipe de trabalho para um projeto, sempre prefiro os que se esforçam mais e trabalham de forma mais agressiva, mas apenas se já não tiver outros *pit bulls* no grupo.

Do outro lado da equação, tenho um grupo de funcionários que se aproximam mais do temperamento dos chiuauas. Em vez de serem agressivos e confiantes, mostram-se nervosos e temerosos. Como muitas pessoas que amam cachorros grandes, tendo a achar chiuauas um pouco irritantes, mas mesmo assim reconheço que, se não tivesse alguns desse tipo no grupo, o ambiente do escritório seria extremamente estressante. Portanto, procuro o equilíbrio. Essas pessoas trabalham muito, mas não se esforçam para se tornarem líderes; são apenas grandes soldados. Isso também é bom. Nem todo mundo pode ser líder. É necessário ter bons coadjuvantes.

Certa vez, tive um funcionário que realmente era mais chiuaua do que *pit bull*. Ele era brilhante e talentoso, mas também inseguro e um pouco tímido. Em vez de assumir cada novo trabalho de forma segura, sempre voltava para pedir orientação – orientação que eu nem sempre tinha o tempo ou a paciência necessários para oferecer. Diferentemente de um *pit bull*, que é agressivo e assertivo na maneira de atuar, esse funcionário era extremamente tímido. Toda vez que falava comigo, fazia perguntas que, na verdade, não precisaria fazer.

– Ivanka, você se importa em revisar os pontos deste *e-mail* antes de eu mandá-lo?

Ou:

– Ivanka, você acha que estou conduzindo esta negociação da maneira correta?

Nenhuma dessas perguntas era problemática, mas, juntas, tornavam-se um peso. Chegou uma hora em que, ao vê-lo no corredor, meu instinto era me virar e me esconder. Em vez de apreciar sua inteligência e talento, que eram consideráveis, sua necessidade passou a definir seu caráter. A princípio, pensei que quisesse que eu gerenciasse o seu tempo. Depois, pensei que não estivesse lhe dando trabalho suficiente, e esta era a maneira passiva e agressiva de me dizer que poderia fazer mais coisas. De qualquer forma, tudo isso demandava muito tempo da minha parte. Queria entregar um trabalho a ele e saber que seria feito; portanto, temo declarar que este chiuaua não tenha durado muito tempo na organização.

Quando seu chefe olha para você, ele vê um *pit bull* ou um chiuaua? Sua atitude é confiante e incansável? Ou é temerosa e incerta? Você pensa com cuidado quando e como deve pedir um conselho? Ou apenas faz perguntas sem pensar, mesmo sobre questões triviais que poderia deduzir sozinho? Conheça sua força e suas fraquezas e reconheça que aquilo que parece uma fraqueza em uma pessoa pode ser a força de outra. Saiba também que, se houver muitos tipos parecidos com você no escritório, é preciso tentar mudar de comportamento, pois é difícil se destacar num ambiente em que todos se parecem. Se todos no escritório são pessoas suaves, passe a atuar de modo mais agressivo no trabalho.

Para mim, tudo bem se um chiuaua passa pelo meu radar de forma disfarçada, enquanto souber que está se esforçando nos bastidores. O que não funciona é um funcionário fraco se esconder atrás das próprias inseguranças e incapacidades esperando que ninguém as perceba. Todos já trabalharam ao lado de pessoas assim, que acreditam que, ao parecerem ocupadas e frenéticas, darão a impressão de que se esforçam para cumprir a tarefa que lhes foi confiada no trabalho. Como gerente, no entanto, vejo o oposto. Quando observo um funcionário frenético e atarefado, não penso: "Aqui está uma pessoa que está se esfalfando de trabalhar". Em vez disso, reflito: "Puxa, talvez ele devesse se acalmar. Se não fosse tão nervoso, seria mais produtivo".

Russell Simmons, o todo-poderoso do *hip-hop*, gosta de lembrar aos funcionários mais jovens que estresse não significa trabalhar duro. Ele me confidenciou isso outro dia, e eu lhe disse que iria roubar a frase e colocá-la no meu livro. Ele me disse que adora a energia que os jovens trazem para a empresa, mas tem de lembrá-los constantemente para canalizarem a energia de forma mais eficaz.

– Gosto de ver que esses garotos queiram acertar – contou. – Mas o erro que cometem é pensar que o tempo que gastam se preocupando com uma coisa seja o mesmo que trabalhar por ela.

Vejo isso acontecer o tempo todo, tanto entre *pit bulls* quanto com chiuauas. No final do dia, meus funcionários mais valiosos não são os que puxam os cabelos e enlouquecem quando veem uma pilha de trabalho em cima da mesa, mas os que se concentram mais e se tornam mais eficientes quando estão ainda mais ocupados. Alguns o fazem de modo discreto, e outros de maneira a atrair atenção. Não importa. Tudo o que me interessa, na verdade, é que concluam o trabalho – e que o façam de maneira equilibrada e harmônica. Sou como a maioria dos gerentes nesse aspecto, acredito. Não gosto de barulho e de estardalhaço demais. Não gosto de excesso de silêncio. Gosto de quando tudo acontece da forma correta.

NEGOCIE TUDO

Sim, tudo.

Na minha vida, significa tudo, desde leis a contratos imobiliários no Panamá. Negocio desde que me dou por gente. Quando estudava em Choate, negociei privilégios fora do *campus* para poder seguir minha carreira de modelo em Nova York – algo não muito fácil no ambiente tradicional de um colégio interno. Os diretores do colégio se alinharam contra mim nessa questão, mas tive um argumento incontestável. Haviam dado permissão a uma aluna que treinava para ser esquiadora olímpica, então usei o precedente a meu favor e consegui o que queria, o que incluía manter um carro no *campus* e ter permissão para dirigir a Nova York para chamadas em desfiles. Uma das grandes lições nesse ponto foi meus pais terem deixado que eu tratasse os termos do meu acordo. Como era algo que queria, sabiam que eu conseguiria criar o atalho para fazer com que acontecesse.

É isso que se faz quando se monta um acordo: criamos um atalho para fazer algo acontecer: um negócio, um contrato, um acordo de qualquer tipo. Os melhores negócios resultam num acordo que beneficia ambos os lados, portanto, é quase sempre o que tento conseguir. Claro que há vezes em que queremos sair ganhando tudo num acordo, mas, como princípio elementar, deve-se jogar limpo, porque nunca se sabe quando se estará de novo sentado com aquela mesma pessoa para montar um acordo posterior. A única vez que deixo de lado essa filosofia é quando antevejo algum tipo de rompimento em nível pessoal ou quando o relacionamento residual for irrelevante. Ligo para renegociar a minha conta de TV a cabo, por exemplo, se souber que um amigo que mora no meu prédio está pagando muito menos pelo mesmo serviço. Nesse caso, não espero construir nem nutrir um relacionamento do modo como faria numa negociação profissional. Em vez disso, quero conseguir o melhor preço pelo mesmo serviço. Estou oferecendo à empresa de TV a cabo o contínuo privilégio de me manter como cliente, assinante antiga que sou. O que quero é simplesmente a gentileza de receber os mesmos termos que estenderam a outros clientes – e, de preferência, melhores.

Muitos pensam que é deselegante pechinchar com um vendedor. Têm até um nome para isso: barganhar. Mas não vejo nada de errado nessa prática. Não há lado negativo para esse costume; que eu saiba, é negociação pura. Por muito tempo, havia alguns meios em que negociar um preço de venda era considerado inaceitável – em lojas de departamento, por exemplo. Embora em mercados do mundo inteiro pechinchar um preço seja a ordem do dia. É a lei da oferta e da procura. Nos Estados Unidos, é perfeitamente aceitável, até esperado, negociarmos sob determinadas circunstâncias, digamos, ao comprar um carro novo. E hoje, à medida que a economia aperta, vemos esse tipo de negociação ocorrer cada vez com mais frequência, enquanto consumidores estão cada vez menos inclinados a gastar o suado dinheirinho e vendedores cada vez mais propensos a tirar esse dinheiro das mãos dos clientes.

Meu pai é bastante conhecido por suas qualidades de negociação, e tive sorte de aprender com o melhor negociador. Muitos dos chamados especialistas já escreveram vários livros sobre o assunto, mas há alguns pontos que fui coletando ao longo do caminho.

Saiba o que quer. É a primeira regra ao entrar em qualquer negociação, embora ninguém pense muito a respeito. Começarão conversando sobre uma série de pontos e imaginam que seus objetivos se tornarão claros com o tempo. Se fizer isso, permitirá que o outro lado defina os próprios objetivos em vez de acontecer o contrário.

Esteja consciente de sua presença física. Tamanho conta ponto. A altura, a estatura, como você anda – tudo entra numa negociação. Em alguns casos, o equilíbrio do poder já está inclinado em determinada direção antes de as conversas sequer começarem. Certa vez, li sobre um executivo que mandou fazer sua mesa quinze centímetros mais alta (com a cadeira ajustada para essa altura) em relação à cadeira do visitante, que estava, portanto, quinze centímetros mais baixa. Não defendo essa ideia, mas entendo a mensagem subentendida: uma demonstração de força pode ser facilmente mal interpretada como... bem, como força. O truque era colocar o executivo numa posição de poder e autoridade destacada sobre a visita, para fazer o opositor se sentir "dominado" logo de cara. Nem me fale em vantagens num campo de jogo!

Certifique-se de estar negociando com a pessoa certa. Um erro clássico é entabular uma conversação que negocia todos os aspectos de um acordo, fazendo todo o tipo de concessão e, de repente, perceber que a pessoa com quem está conversando não tem autoridade para fechar o acordo. O "chefe" verdadeiro virá depois para a mesa continuar a negociação, provavelmente sem conhecer as concessões que já fez.

Tente perceber quem está do outro lado da mesa. Ponha-se no lugar deles. Pense o que é importante para eles nesse acordo. Pense nos pontos que não deverão estar propensos a conceder e por quê.

Conheça a personalidade das pessoas com quem negocia. Reúna a maior quantidade de informações possível sobre as pessoas com quem vai negociar. Aprenda o que elas de fato esperam conseguir com o acordo, não apenas o que estão lhe dizendo. Descubra o objetivo real da outra parte e estará a meio caminho de descobrir o seu. A melhor maneira de fazê-lo é ouvir mais do que falar. Você poderá descobrir uma concessão que pode fazer que lhe custará pouco e representará muito para o outro lado. Saiba que algumas pessoas reagem melhor a um tipo de oferta e outras, a outro tipo. Conheça o tipo de pessoa com quem está lidando e mude o estilo para poder se encaixar. Seja de um jeito ou de outro, feche o negócio.

Seja honesto consigo mesmo. Saiba que sua personalidade poderá, por vezes, bater de frente com a do outro e não haverá nenhum problema se precisar se afastar da negociação caso perceba que seu envolvimento está sendo contraproducente. Lembre-se: a questão não é você; é o acordo. Traga outro membro da equipe se houver um impasse. Don, Eric e eu sempre estamos medindo nossos "oponentes" do outro lado da mesa para determinar qual de nós possui o melhor perfil para fechar determinado negócio.

Compreenda que em geral eles pedem mais do que esperam conseguir. Sinta-se à vontade para fazer o mesmo. Meu irmão Don está sempre me lembrando de que não se consegue aquilo que não se pede.

Explique a razão dos pedidos. Se o negociador do outro lado compreender os seus motivos, e se suas razões forem boas, será mais difícil se opor ao pedido.

Confie, mas verifique. Estou sempre preparada para confiar em alguém, mas tomo o cuidado de apurar os dados. Um pouco de ceticismo é saudável enquanto se analisam os méritos de qualquer acordo.

Resista à tentação de dividir as vantagens. Faça negócios, mas não pense que dividir a diferença ao meio seja um tipo de solução de sucesso para um cabeça-dura. Demonstre a disposição de fazê-lo, e o outro lado se aproveitará da situação. O outro lado acabará pedindo alto demais para conseguir arrancar um valor maior, tornando mais difícil reduzir a diferença dentro da negociação.

Não negocie por *e-mail*. Pode parecer uma economia de tempo conveniente, mas é uma armadilha. Pela minha experiência, sempre beneficia a parte mais fraca, porque a pessoa poderá evitar um contato direto e ter mais tempo para elaborar uma resposta a fim de fortalecer sua posição mais fraca.

Dê antes para receber depois. O melhor acordo é aquele que favorece os dois lados, exceto em um contrato de compra e venda sem pretensão de futuros negócios. Tento me lembrar disso quando estou trabalhando numa nova sociedade ou em algum tipo de *joint venture*. Muitas vezes, continuamos a trabalhar com aquele sócio muito tempo após o acordo ter sido celebrado, então é melhor para todos assegurar que ambos os lados acreditem que seja um bom negócio. Não me importo que o outro lado pense que "ganhou" em uma negociação, porque, se estiver feliz com o resultado e atender aos objetivos da minha empresa, quer dizer que ganhei também.

A percepção é mais importante do que a realidade. Se algo for percebido como verdadeiro, é mais importante do que se fosse de fato verdade. Deixe que a outra parte pense o que quiser. Não significa que devemos agir incorretamente, mas não precisamos desfazer uma presunção equivocada se ela funcionar a nosso favor.

Apresente todas as suas dúvidas. De imediato, se possível. Quanto mais esperar para abrir o jogo, menos cartas terá para jogar.

Certifique-se de que suas concessões sejam reconhecidas. Mesmo que sejam pequenas. Poderá lhe ser útil mais tarde se a outra parte achar que ganhou uma vantagem ou duas.

Use seu *status*. Não deixo de usar minha fama a meu favor nas negociações. Ou meus contatos. Muitas vezes, quando estou tentando fechar favoravelmente um contrato, convido o provável sócio para visitar um de nossos clubes de campo para uma partida de golfe. Às vezes, o menor dos "presentes" pode produzir grandes efeitos; adoça o outro lado e o coloca em posição positiva em relação a mim e aos meus termos.

Esteja preparado. Os escoteiros sabem o que fazem. Pesquise e venha para a mesa de negociação com a pesquisa e o levantamento de dados feitos, ou qualquer outra informação que consiga apurar. Quanto mais souber, mais forte será sua posição. É difícil argumentar com alguém que consegue sustentar as afirmações com fatos racionais e bem fundamentados.

Saiba quando cair fora. Alguns dos melhores acordos são os que nunca foram fechados. Ultimamente, tive muita sorte em cair fora de vários negócios de ponta que apenas não faziam sentido na época. Que hoje façam ainda menos sentido é uma vitória. Sempre tento manter o que chamo de "meu poder de cair fora". Mostre que não fechará o acordo se não puder fazê-lo do jeito que quer. Se a outra parte perceber que você se deixa levar pelas circunstâncias para fechar um negócio, terá uma vantagem.

Não permita que as negociações se estendam por tempo demais. Muitos negócios sufocam com o próprio peso. Pode ser um bom negócio, mas a natureza humana atrapalha. As pessoas, em particular empresários, costumam se desinteressar por transações que não chegam a uma conclusão se pensarem que queremos dobrá-las em questões imateriais.

Estratégias de negociação entram em jogo no ambiente de trabalho também, à medida que colaboramos com colegas e supervisores. Um dos rituais de passagem mais desgastantes para qualquer jovem profissional é negociar o próprio aumento de salário, ou tentar fazê-lo. No meu caso, meus nervos ficam em frangalhos quando chega a hora de pedir um aumento, porque tenho de negociar com meu pai, que se orgulha em ser duro nas negociações. Sempre presumi que significasse ser mais duro ainda comigo – e, com certeza, tem sido.

Da primeira vez, tive de demonstrar meu valor para a empresa em termos reais. Foi cerca de um ano após ter começado a trabalhar para ele, e senti que chegara o momento de pedir um aumento. Verifiquei todos os acordos em que tinha trabalhado, todos os projetos que ajudei a desenvolver, todo planejamento que havia posto em ação. Tentei quantificar cada esforço para tentar fazer meu pai ver que me contratara havia um ano a preço de banana. De fato, ele soube acalmar meus ânimos e continua a fazê-lo até hoje. Às vezes, consigo o que quero; em outras, não. Mas meu pai acertou praticamente todas as vezes. Ele pode não ter me dado sempre o aumento que eu queria, mas em geral me deu o que eu merecia.

Essa dança de salários com meu pai me ensinou algo importante sobre nossa medida de valor dentro da empresa: não tenha medo de dizer ao chefe que está fazendo um bom trabalho. Com muita frequência, encontramos funcionários jovens que não querem assumir o crédito por suas contribuições. Foram ensinados a acreditar que não é educado chamar a atenção para si mesmos, mas esse tipo de modéstia nunca vingou em nossa casa. E, com certeza, não vinga na Organização Trump. Uma coisa é fazer parte da equipe, mas, num reajuste de salário, é preciso agarrar o que é seu. Cresci em um ambiente onde era encorajada a assumir minhas conquistas, e isso passou para os negócios da família também. Aprendi, durante o breve período em que trabalhei na Forest City, e em um punhado de estágios em outros lugares, a nunca presumir que meus chefes diretos soubessem inteiramente qual havia sido minha contribuição no trabalho, porque sempre haverá pessoas que tentarão receber o crédito por algo que fizemos. Se seu superior direto estiver recebendo o crédito, não tenha medo de montar em cima dele e reclamar o que é seu. Desenvolva uma aproximação estratégica, mas vá com calma. Você precisará ter sua contribuição reconhecida e valorizada por pessoas que tenham condição de promovê-lo sem passar por cima do superior direto. Se não quiser ou não puder sair da sombra de um chefe que impede seu crescimento e não lhe dá o crédito pelo resultado dos esforços, provavelmente terá de sair da empresa e recomeçar em outro lugar. É fundamental sair das garras de um chefe intermediário que queira marginalizar o trabalho que você faz.

Começar a trabalhar cedo também me ensinou a importância de escolher bem os momentos para falar. Não falo com meu pai para pedir aumento se percebo que o humor dele está azedo, da mesma maneira que não respondo favoravelmente quando um dos meus funcionários se aproxima de mim para pedir um aumento no final de um dia de trabalho estressante. Com meu pai, verifico antes com a secretária como está o dia dele. Consulto a agenda dele para ter certeza de não ter nenhuma restrição de horário para conversar se eu aparecer sem avisar. Também tento conversar quando tudo está indo bem com a empresa de modo geral, ou depois de fecharmos um grande negócio em que tenha me empenhado. Se pedir aumento durante um período de recessão ou de índices negativos prolongados, o pedido poderá não ser acolhido, então é bom prestar atenção à condição do mercado.

Uma recomendação final: aceite o fato de que tempo de serviço não conta automaticamente para conseguir um aumento. Observo que esse tipo de mentalidade o tempo todo, algo que me irrita profundamente. Se estiver contribuindo para a empresa do mesmo modo como contribuía há cinco anos, você não merece aumento. Deverá ficar satisfeito por ainda estar no emprego.

INFORMES DO MEU BLACKBERRY

MARK BURNETT - Produtor de televisão

MANTENDO A PALAVRA

Encontrei Donald Trump a primeira vez em maio de 2002, quando produzia o final de *Survivor: Marquesas* [Sobrevivente: Marquesas]. Queria fazer o final em Manhattan e pensei que o ringue de patinação Trump Wollman seria a locação perfeita. O horizonte de Nova York à noite é belíssimo. O programa seria exibido ao vivo do ringue de patinação e, menos de dois minutos antes de ir ao ar, subi ao palco e falei para cinco mil fãs e convidados na plateia. Sentado na primeira fileira estava Donald Trump em pessoa. Agradeci a ele imensamente por nos ter permitido usar o ringue e lembrei a todos que havia sido batizado com aquele nome por ser a única pessoa em Manhattan capaz de construí-lo.

É uma grande história; contei-a na mesma hora. Donald Trump via o ringue que estava sendo construído há muitos anos de sua cobertura na Trump Tower, e já estava cansado de ouvir os filhos perguntarem todos os dias:

— Papai, quando o ringue vai ficar pronto para podermos patinar nele?

Então ele entrou em litígio com o prefeito Ed Koch alegando que a prefeitura havia arruinado o projeto e que ele poderia terminá-lo em três meses a um preço abaixo do orçamento. Em resposta, o prefeito Koch convocou uma entrevista coletiva de imprensa, na qual riu da proposta. O que o prefeito desconhecia era que Trump sabia exatamente o que estava fazendo. Já havia telefonado para o incorporador do ringue de hóquei no gelo do Montreal Canadians, para pedir uma reunião. O homem que construiu o ringue explicou que a prefeitura estava tendo dificuldades em manter uma superfície lisa de gelo no ringue porque usavam refrigeração em vez de apenas usar mangueiras e água. O que a prefeitura não conseguiu em seis anos, Trump conseguiu em três meses e meio. Como parte do acordo, conseguiu batizar o ringue com seu nome e receber os direitos de concessão permanentes.

Após contar a história, desci do palco e, segundos antes de entrarmos no ar, Donald Trump me interceptou e me contou que adorava o programa *Survivor* e que deveríamos fazer um programa juntos algum dia. Passemos para o final daquele ano. Estava numa locação no Brasil gravando a temporada seguinte. Vivia um momento incrível na minha carreira. Já havia terminado quinze desses programas rodados em locais bem remotos no meio da floresta. Um câmera já havia sido mordido na mão por uma piranha no rio ao tentar pegar uma lente que havia caído na água. Toda noite, ao nos dirigirmos ao conselho tribal, tínhamos de desviar de pelos menos trinta crocodilos ao atracarmos os barcos na margem. Jaguares rondavam nossas tendas à noite. Sentei-me na floresta para pensar se conseguiria passar parte do ano nos Estados Unidos com alguma segurança. Assim que pensei nisso, virei-me e vi milhões de insetos devorando uma carcaça. E, nesse minuto, me veio à mente... a cidade de Nova York, onde a maioria das pessoas que vivem naquela pequena ilha não podem comprar uma xícara de café sem pegar fila. Nova York me veio, naquele instante, como o ambiente perfeito para um drama competitivo que ainda não havia sido roteirizado.

E o que todos queriam em Nova York? Queriam emprego e ficar ricos. Naquela noite, em dezembro de 2002, no meio da floresta amazônica, nasceu a ideia de *O aprendiz*. O programa consistiria em entrevistas de emprego televisadas, com duração de treze semanas, mas, em vez de usar currículos e entrevistas, os candidatos seriam divididos em grupos e assumiriam cargos do mundo real. O vencedor receberia a proposta de emprego de sua vida. A questão era encontrar alguém que representasse as qualidades empresariais de forma icônica. Alguém que fosse exigente, respeitado, ousado. Alguém que simbolizasse o programa. Quem seria esse empresário sério que poderia interagir perfeitamente com os candidatos e com a audiência norte-americana? Voltei de imediato àquela noite no

Ringue Wollman, quando Donald Trump disse que gostaria de trabalhar comigo. Pensei: "Já estava escrito".

Voltei aos Estados Unidos e comecei a conceber mentalmente o formato para o novo programa. Tinha de ir a Nova York para resolver questões relativas ao *Survivor* e pensei em aproveitar o momento para tentar falar com Donald. Estávamos em meados de fevereiro de 2003. Liguei para o escritório dele assim que aterrissei na cidade, esperando marcar uma reunião. Ainda não havia concluído a minha proposta, mas pensei que teria um dia ou mais para arrematar meus pensamentos. O que não esperava era que Donald Trump fosse um cara tão imediato. Quando ele punha a mente para funcionar em relação a algo, já estava pronto. Instantâneo. Ele atendeu o telefone e perguntou:

– Onde você está?

Disse a ele que estava no carro, saindo do aeroporto LaGuardia.

Ele respondeu:

– Venha para cá. Apenas diga seu nome ao porteiro. Ele o deixará subir.

Pensei: "Lá se foi a minha proposta". Poderia ter adiado a reunião, mas não quis perder o momento, mesmo sem estar totalmente preparado. Era agora ou nunca. Ou eu conhecia o projeto de cabo a rabo e acreditava nele, ou nada feito. Antes que começássemos, Donald me contou o tipo de *reality show* que todo mundo queria que fizesse: um programa no estilo Ozzy Osbourne, onde as câmeras o seguiam por toda a parte e o filmavam enquanto ele escovava os dentes ou o seu famoso cabelo. Ele não estava interessado nisso, então expliquei minha ideia. Ele adorou. Achou que era excelente e muito "Trump", e concordou em fazê-lo na mesma hora. Apertamos as mãos para selar o acordo. É assim que Donald Trump faz negócios. Ele é muito instintivo e decisivo. Aposta em alguém como sócio se acreditar que tenha a capacidade de realização. Quando nos separamos, disse à assistente para entrar em contato com o agente para finalizar o acordo.

Saí do escritório me sentindo realizado, mas isso logo mudou. Recebi um telefonema do agente de Trump, que não estava nem um pouco satisfeito:

– Gostaria que tivesse ligado para mim antes – disse ele. – Como agente de Donald, deveria ter ouvido essas ideias antes dele.

Suspirei. Agora deveria contar tudo de novo para ele, e por telefone. O cara já estava contra a ideia, mesmo sem ouvi-la, mas eu não tinha escolha. Fui em frente. Quando terminei de falar, achei que havia me expressado melhor do que quando me encontrei cara a cara com Donald, mas o agente ouviu de outro modo. Fez-se um longo e desconfortável silêncio, e então me respondeu:

– Não acho que vai dar certo.

Foi muito desgastante. Sabia que poderia voltar ao escritório de Donald Trump e explicar a situação e dizer que havia uma grande possibilidade de salvar o acordo que havíamos feito. Mas, ao mesmo tempo, pensei que Donald poderia voltar atrás com base na opinião negativa do agente. Não conhecia Donald tão bem assim; não sabia como receberia a notícia, mas ele havia me parecido uma pessoa que mantinha os acordos que fazia ao apertar a mão das pessoas, e tinha gostado muito da ideia do programa. Assim, voltei ao escritório dele. Donald me olhou do outro lado da mesa, sorriu e comentou:

– Então, está tudo combinado, certo?

Respondi:

– Não exatamente. Surgiu um problema.

Expliquei a ele qual era. Quando terminei de explicar, ele fez algo que já deveria saber que faria. Era uma atitude muito "Trump". Não sabia como Donald reagiria nas primeiras reuniões, mas hoje sinto como se já o conhecesse muito bem. Ele chamou a assistente e pediu que mandasse uma mensagem ao agente. Dizia apenas: "Você está demitido".

O fato selou nosso acordo e sugeriu o bordão que logo ecoaria por todo o país, mas também me ensinou tudo o que precisava aprender sobre o que se precisa fazer para atingir o sucesso. E tudo o que precisava saber sobre o meu novo sócio. Quando Donald Trump dá sua palavra, ele a mantém. Ele apertou minha mão e me olhou nos olhos. Para ele, não havia dúvida de que estávamos trabalhando juntos. Era um acordo selado. Tudo o que queria do agente era um serviço burocrático. Já havia decidido e estava seguindo seu instinto; nada o faria mudar de ideia. E ele estava certo. *O aprendiz* tornou-se o programa de maior sucesso do país e, após oito temporadas, ainda continuamos firmes e fortes.

Toda vez que estou no estúdio, sei quanto essa parceria parece estranha. Entre mim e Donald Trump. Para um americano naturalizado que já vendeu camisetas em Venice Beach e se sentou por lá para ler *A arte dos negócios* pensando se algum dia tudo iria dar certo, ser sócio em *O aprendiz* é quase mágico. É a mágica da América, concretizada num aperto de mão.

CAPÍTULO 9
NEGÓCIOS INCOMUNS

> A menos que um homem faça mais do que pode, nunca fará tudo aquilo que pode.
> — Henry Drummond

Agir no tempo certo é tudo.

Quando entrei na Organização Trump, era um grande momento para se trabalhar no setor imobiliário, não apenas em Nova York, mas em todo o país e em mercados estrangeiros também. Havia tanta disponibilidade de financiamentos, que podíamos comprar, incorporar, administrar e ceder nossa marca a um sem-número de imóveis em todo o mundo, portanto tínhamos um fluxo constante de projetos em várias fases de andamento. Basicamente, se conseguíssemos encontrar um arquiteto para projetar o que queríamos e convencer a prefeitura local a nos dar o zoneamento necessário, havia grandes possibilidades de realizar o projeto. Nossa média de metas durante o período, medida pelo número de obras concluídas dividido pela receita geral, era muito boa.

Um dos nossos arquitetos em Dubai resumiu da melhor maneira: "Em nosso meio, nos dias de hoje, a única coisa que detém os incorporadores são a gravidade e a imaginação". De fato, havia uma sensação entre os incorporadores de que o céu era o limite, mas os tempos mudaram. E com muita rapidez. É assim que funciona nos negócios. Aquilo que está por cima num dia fica por baixo no outro. As oportunidades que parecem abertas em um ano fecham-se, todas, no ano seguinte, e resta aos líderes de mercado reagrupar, destrinchar e remanejar os negócios se quiserem manter a vantagem e continuar a liderar dentro da nova economia.

Com bastante frequência, essa vantagem continua com as empresas que tiveram agilidade suficiente para responder às súbitas mudanças de mercado. Na Organização Trump, significou repensar toda a estratégia básica de negócios. Embora ainda nos consideremos uma empresa de incorporação imobiliária, o termo "incorporador imobiliário" tornou-se um pouco ultrapassado em nossa economia morosa, e ficou claro que precisávamos abrir mão da postura mais tradicional e abrir espaço para novos estilos. Ninguém mais está incorporando novos edifícios urbanos nesse clima devido ao fato de o financiamento imobiliário praticamente ter desaparecido. Por isso, tivemos de reconsiderar todas as opções. Poderíamos manter a nossa linha e continuar trabalhando como incorporadores e perder muita energia e recursos procurando financiamentos para construir novos projetos – negócios comuns. Ou poderíamos reestruturar o modelo básico e descobrir novas formas de utilizar os recursos e as habilidades exclusivas num meio em que não estava sendo construído nada novo – *negócios incomuns*.

Felizmente, escolhemos o último, e foi uma mudança interessante, que contrasta com nossa resposta à recessão que praticamente reduziu a indústria há mais de quinze anos. O resultado é que ainda estamos fechando negócios, mesmo que o tom dos acordos tenha mudado. Uma das mudanças mais evidentes no plano geral foi a abordagem comercial em relação aos hotéis, onde encontramos oportunidades incríveis. A tendência na indústria hoteleira nos últimos anos fez com que os incorporadores se filiassem a marcas de fora do setor imobiliário, como Nobu e Armani, esperando que a parceria pudesse render alguns benefícios interessantes para o cliente. Teoricamente, creio que algo contribuiu para essa linha de pensamento, mas, na prática, tornou-se uma confusão. Na Organização Trump, divertíamo-nos com alguns casamentos estranhos, porque pareciam se basear apenas em meras esperanças, um reconhecimento geral de marca e uma linda apresentação de PowerPoint. Algumas das recém-formadas empresas de "administração de hotéis" não tinham a menor bagagem dentro da indústria hoteleira, embora tenham convencido os incorporadores, de alguma maneira, de que suas marcas e qualidade teriam uma boa tradução para os hotéis.

De modo inevitável, algo se perdeu nessa tradução. Na maioria das vezes, as marcas não compreenderam como funciona a administração de hotéis e a incorporação imobiliária. Não sabiam como estabelecer a proporção entre o espaço de salas de reuniões e conferências e os quartos de hóspedes. Ou como projetar a área de serviços do hotel. Ou como montar e administrar um sistema de reservas, ou contratar e treinar uma equipe antes da abertura etc. Eram novos dentro do mercado hoteleiro e estavam fora de sua seara, o que não causaria problema se estivessem apenas cedendo nomes e a força de sua marca à sociedade, mas, muitas vezes, essas empresas usavam a própria experiência administrativa – experiência essa que era irrelevante para o negócio. As pessoas pareciam acreditar nesse modelo equivocado: proprietários dos imóveis, licenciados, hóspedes... Por algum tempo, numa economia viçosa, foi possível funcionar em alguns dos negócios, mas, à medida que o mercado foi se estreitando e se tornando mais competitivo, a inexperiência das novas equipes de administração hoteleira tornou-se aparente.

Hoje, parece que a tendência entre os incorporadores mudou em relação a fechar negócios com bandeiras que não acrescentem nenhum valor tangível e quantitativo aos projetos. "Bandeira" é um termo industrial para uma marca de hotel, e, hoje em dia, gasto boa parte do meu tempo identificando incorporadores que estejam desiludidos com alguma dessas bandeiras e queiram se associar a uma organização que tenha a infraestrutura necessária para atingir o sucesso na empreitada; da construção à administração, do *marketing* às reservas. A boa notícia é que, enquanto estou procurando esses incorporadores – acenando-lhes com a bandeira Trump! –, eles estão procurando por mim. De maneira objetiva, a Organização Trump é uma das poucas empresas imobiliárias de "nome de marca" com profunda experiência em incorporação, operações, *marketing* e venda de hotéis, campos de golfe, imóveis comerciais e residenciais.

Sou como meu pai, acredito, quando se trata de elencar as qualidades de nossos projetos e imóveis. Recentemente, uma das minhas primeiras iniciativas na Organização Trump foi afinar os projetos de hotelaria, que estão hoje agrupados dentro da divisão dos Hotéis Trump. Trabalhando com meus irmãos, Don e Eric, foi minha maior área de concentração desde que entrei na organização. (Nosso esforço conjunto está refletido até mesmo no *slogan* da rede hoteleira: "A próxima geração Trump".) Através de nossa empresa de administração de hotéis, estamos conseguindo administrar projetos em

Waikiki e no elegante distrito de SoHo, em Manhattan, para complementar os imóveis assinados em Nova York, Chicago e Las Vegas. Nos próximos anos, vamos gerenciar hotéis em Toronto, Panamá, Escócia, Dubai, República Dominicana, além de outros destinos de negócios e lazer em todo o mundo.

Um objetivo fundamental da divisão hoteleira é assegurar que cada novo imóvel reforce positivamente a "marca" Trump, que passou a representar o mais alto padrão de luxo e excelência, em nossos hotéis, condomínios e campos de golfe. Quando trabalhamos com um incorporador local para administrar um hotel, não planejamos apenas um novo *resort* ou uma construção urbana de relevo, gerando um novo caudal de receita; estamos também construindo e estendendo nossa marca – algo a que damos toda a atenção e que, aposto, ocupará cada vez mais nosso tempo daqui para a frente.

Até agora, a virada negativa da economia rendeu grandes resultados para nós. É mais fácil desenvolver uma rede de hotéis num mercado aquecido; no entanto, no clima de hoje, a falta de financiamento disponível e a queda geral de gastos com viagens colocaram uma série de projetos de hotéis novos ou semiconstruídos em espera. Com poucos novos hotéis sendo erguidos, esperamos nos associar a incorporadores desiludidos para dar uma nova marca e reposicionar hotéis já em operação. Parte da proposta é que, como incorporadores que somos, compreendemos as necessidades especiais deles e trabalharemos juntos para atingir seus objetivos. Significa para nós uma oportunidade de traçar um exclusivo portfólio de qualidades e cabedal qualificado para resgatar valores e reposicionar os imóveis no nível de satisfação do dono. Esperamos nos próximos meses fechar um número ainda maior desses negócios à medida que surgirem mais imóveis precisando de uma nova marca.

Outro foco primário da minha organização hoje em dia foi procurar imóveis construídos que estejam disponíveis para compra com grande desconto. Numa economia em baixa, há sempre grandes barganhas a serem fechadas por investidores com recursos e visão – e talvez o estômago (além do balanço da empresa!) para guardar um imóvel por um período de queda prolongado. Esses negócios podem ser traiçoeiros numa perspectiva temporal, uma vez que se queira comprar com o mercado em baixa, mas estamos sempre procurando a oportunidade certa. Desse modo, conseguimos comprar dois campos de golfe de primeira, apenas no ano passado, e esperamos encontrar oportunidades dentro do mercado de escritórios comerciais de Nova

York num futuro próximo. Quando fizermos isso, estaremos prontos para assumir projetos que estejam parcialmente construídos ou concluídos, mas que entraram em execução ou faliram, ou que encontraram algum outro tipo de dificuldade. Sim, podemos fechar um contrato com preço atraente, mas também estamos ajudando investidores ou credores a sair de um compromisso que não faça mais sentido para eles, talvez não nos termos que visualizaram ao entrar, embora ao preço do mercado atual.

Nos últimos meses, assistimos à falência de vários condomínios em construção, tirando os incorporadores desses projetos e deixando os bancos financistas em posse de edifícios que eles não têm tempo nem experiência para administrar e vender. Essa foi uma oportunidade especial num mercado desaquecido para nós, por termos a sorte de estarmos bem em termos financeiros. Estamos sempre nos encontrando com banqueiros, procurando adquirir imóveis de que tomaram posse após uma execução. Não há muita concorrência por esse tipo de imóvel, e os bancos estão mais propensos a vendê-los a preços mais em conta do que os incorporadores desesperados, que ainda estão parados, esperando uma virada positiva. No final do dia, os bancos não querem se ver amarrados a uma carteira de imóveis. Não têm interesse de fazer parte do negócio de incorporação e administração de imóveis, mas nós sim.

Afinal, é nosso carro-chefe.

Se for como eu, provavelmente já leu dezenas de livros sobre negócios que falam dos benefícios de fazer algo diferente. De ir a favor quando todo mundo é contra. De tentar uma nova forma de fazer que contraria o mercado e as convenções. Já falei sobre isso antes, num contexto diferente, mas, de certo modo, penso que a estratégia já foi abordada várias vezes, portanto evitarei a tentação de falar a mesma coisa. Pode ser fácil deixar de lado o exemplo de a Organização Trump seguir seu caminho e fazer o que pode para combater uma tendência negativa, por exemplo, indo a favor quando todos estão indo contra na economia. Mas há algo além. Não tivemos sucesso em redirecionar nossos negócios porque assumimos uma posição contrária; tivemos sucesso porque fomos ágeis o suficiente para responder às mudanças das condições de mercado. Estar à frente na estrada é, por vezes, melhor do que construir uma nova estrada, afinal. Basicamente, basta estar na posição de responder à altura, como foi o caso. Com dinheiro na mão, nós nos reposicionamos como compradores num mercado de vendedores, porque estávamos em condições de fazê-lo e porque fazer isso nos oferece as melhores oportunidades disponíveis na situação atual.

Cabe aqui uma explicação para a nossa posição financeira favorável. Há anos, meu pai previu a queda do mercado atual. Discutimos o assunto em família e concordamos que os preços dos imóveis estavam muito inflacionados. Em vez de continuar a comprar imóveis e fazer vultosos empréstimos para financiar a construção de novas incorporações, aumentamos o uso da marca, do licenciamento e modelos de administração para eliminar alguns desses riscos. Usamos o Trump International Hotel Tower, em Nova York, como carro-chefe da recém-batizada Trump Hotel Collection (Cadeia de Hotéis Trump) e, meticulosamente, reunimos a infraestrutura necessária para uma empresa de administração de hotéis. Grande parte do conhecimento que precisávamos para operar já estava na empresa, em áreas como o gerenciamento de construção, vendas e *marketing*, então procuramos nos associar a outros incorporadores e licenciar nosso nome e *know-how*, bem como serviços de administração, para construir a cadeia de imóveis.

Veja, as empresas de administração de hotéis, em geral, não são donas dos imóveis que administram. Tampouco constroem os imóveis. Apenas recebem uma comissão lucrativa e de incentivos pelos serviços. Por exemplo, Four Seasons e Ritz-Carlton não são empresas hoteleiras proprietárias; são empresas fundamentalmente gerenciais. Sob esse modelo, poderíamos gastar menos num momento em que outros incorporadores não economizaram, o que nos permitiu permanecer íntegros e viáveis quando o mercado virou. Pudemos manter os recursos entrando nos cofres da empresa através dos contratos de administração e licenciamento, sem nenhum risco relevante para a nossa meta. Ao inverter a tendência e usar nossas forças e recursos, redirecionamos a empresa de tal modo, que ficamos bem posicionados em uma economia difícil.

Se tivessem me perguntado, quando comecei a trabalhar na Organização Trump, qual seria meu foco dali a cinco anos, teria dito, sem hesitar, que estaria construindo novos edifícios e incorporando novos imóveis. Esta era a minha visão ao entrar na empresa, e seria a minha visão dali em diante. Ou, pelo menos, era assim que pensava. Pergunte a meu pai ou a meus irmãos, e eles teriam dito a mesma coisa. Nunca teríamos suposto a ideia de trabalhar com outros incorporadores para administrar e dar uma nova marca a seus projetos fracassados, ou que estaríamos procurando adquiri-los dos bancos executores, porque, lá atrás, claro, os incorporadores e os bancos estavam por cima. Minha paixão era e continua sendo incorporação e construção. De fato, é *nossa* paixão como empresa. Sabemos construir e valorizar o imóvel. Mas por que construir um novo edifício quando podemos comprar um imóvel que gera receita por muito menos do que o custo de construção? Não faz sentido para nós construir hoje em dia, portanto o que nos resta é jogar com as cartas que recebemos. Não é ir a favor quando todo mundo é contra, necessariamente, mas aprender com os prós e os contras e aplicar o aprendizado aos nossos objetivos. Aceitar o que o mercado nos dá e responder de modo eficiente. E estar preparado para mudar de ênfase de novo nos próximos anos, quando o pêndulo da incorporação for novamente favorável e fizer sentido voltar a construir.

O que nunca questionei, quando a previsão de meu pai de uma crescente recessão começou a se tornar realidade, foi a força subjacente ao nome Trump. Como disse, é um dos nossos principais bens, mas foi necessário haver uma economia recessiva para que reconhecesse o valor intangível do que meu pai havia construído – daquilo que continuaremos a construir juntos, como família.

AMPLIE O ALCANCE

Eis uma imagem estranha: meu pai, no palco do Prêmio Emmy, de 2005, cantando a canção-tema de *Green acres*[4] com a atriz Megan Mullally. Mais estranho ainda foi ter usado um chapéu de palha e um macacão, e segurar um ancinho. Foi uma cena absurdamente engraçada, para a qual nossos parceiros internacionais não tinham nenhum padrão de referência. Por que Donald Trump, um dos maiores incorporadores imobiliários do mundo, estava no palco fazendo graça de uma comédia musical?

Não tinha a resposta. Tudo o que pude fazer foi pensar: "Isso não é normal. Foi divertido, mas não normal. Meu pai não é normal. *Nós* não somos normais". Não é desse jeito que as coisas devem acontecer normalmente no mundo dos negócios, mas então pensei que aquilo significava exatamente

---
4 Série de televisão protagonizada por Eddie Albert e Eva Gabor.

que não éramos pessoas do mundo dos negócios tradicionais. Bem, somos e não somos. Fazemos negócios, mas, ao mesmo tempo, construímos um nome próprio – um nome que carrega determinado peso e proclama nossos interesses muito antes de termos tido a chance de pesá-los.

Não me entenda mal. Foi um esquete inocente e engraçadinho, e adorei assistir a meu pai fazer o que queria – ele foi muito gaiato! –, mas, também, foi um momento surreal. Flagrei-me pensando como o descreveria a qualquer um de nossos sócios internacionais, que podem não ter achado tanta graça na disposição do meu pai em se expor daquela maneira num momento de puro lazer e entretenimento.

No início da carreira, meu pai reconheceu a oportunidade singular de atrair o poder da mídia e aplicá-la como uma vantagem, profissionalmente falando. Bom para ele, não? Ele cultivou sua imagem pública de tal modo, que o nome Trump passou a significar excelência, luxo e o mais alto dos padrões de qualidade. Bom para os negócios, não? Ele próprio assumiu as mesmas características, porque sabia que as pessoas não fariam distinção entre seu negócio e sua personalidade.

Meu pai é muito inteligente, mas nem ele poderia prever toda a atenção que se voltaria para ele. Não se preparou para ser uma personalidade da mídia. Tornar-se famoso não era um de seus objetivos. Rico, talvez. Mas famoso? Nem tanto. Havia se preparado para se tornar um incorporador bem-sucedido, como seu pai havia sido antes dele, e com certeza ele também seria. Mas, quanto mais sucesso ele fazia, mais começou a interagir com a imprensa, mais percebeu que sua fama crescente era um bem que estava a ponto de se materializar. Projetava uma personalidade de sucesso, vibrante, para cima, e as pessoas correspondiam de forma calorosa. E casou perfeitamente com a impressão que queria que as pessoas tivessem de seus imóveis. Uma imagem pública positiva, ele percebeu, ajudaria a promover os edifícios e a ressaltar sua reputação como empreendedor. Ele passou a representar um estilo de vida sofisticado e uma maneira ousada de fazer negócios que, com rapidez, se tornou o ideal norte-americano.

Adquirindo uma posição única de celebridade empresarial, meu pai ganhou enorme exposição na mídia, o que lhe garantiu atingir seus objetivos. Viveu à grande. Realizou festas lendárias em Mar-a-Lago e compareceu a festas fabulosas de outras pessoas. Comprou uma companhia aérea – a Eastern Shuttle, que rebatizou de Trump Shuttle. Comprou um time de futebol americano – os New Jersey Generals, início da Liga Americana de Futebol. Comprou e restaurou um iate com vários andares e rebatizou-o como *Trump Princess*. Escreveu um livro. Assumiu a propriedade de um marco da cidade e o resgatou do esquecimento. E fez isso mais uma vez. E outra. Quando o casamento dos meus pais acabou, ele se tornou o solteiro mais cobiçado de Nova York, e suas idas e vindas tornaram-se manchete dos tabloides sensacionalistas.

Em determinado momento, ele olhou em volta e percebeu que havia se tornado uma marca – até mesmo uma mercadoria. Exatamente como um de seus prédios e *resorts*. O nome Trump passou a representar um de seus maiores bens como empresário. Era maior do que qualquer negócio, porque transcendia a todos eles. Chegou a ponto de poder lançar um edifício em plena Manhattan e outro no meio de lugar nenhum, e ambos os projetos se tornaram notícias internacionais. Afinal, *ele* era a notícia. A cada novo edifício, contava mais um capítulo da *sua* história. Cada empreendimento bem-sucedido destacava todos os empreendimentos anteriores e criava especulação sobre os seguintes. Sem querer, meu pai havia se tornado uma celebridade, e essa celebridade não poderia fazer outra coisa senão destacar a marca Trump. Outros incorporadores gastavam milhões de dólares tentando ganhar exposição para seus projetos, enquanto a Organização Trump gastava quase nada. Na verdade, mal divulgamos nossos imóveis – pelo menos, não do modo tradicional. Para que comprar espaço numa revista quando podemos conceder uma entrevista para a mesma publicação e nos transformar na matéria de capa? Esse é o tipo de exposição que nenhum dinheiro investido em publicidade consegue comprar.

Um dos melhores exemplos da capacidade de meu pai em aumentar a fama como incorporador por intermédio da mídia é *O aprendiz*, seu *reality show* de sucesso na NBC. Em retrospectiva, a decisão de meu pai de fazer um programa de televisão no horário nobre pode parecer muito óbvia, mas, na época, não era algo tão óbvio assim. À medida que os *reality shows* se multiplicavam, meu pai vivia recebendo pedidos deste ou daquele produtor, que queria segui-lo com uma câmera no ombro, mas sempre recusava as propostas, porque nenhum deles ofereceu uma oportunidade substanciosa. Ele não precisava do dinheiro. Não precisava da atenção. E não precisava se apresentar em público num veículo que poderia expô-lo ao ridículo.

Então, apareceu Mark Burnett. Mark era o superbem-sucedido produtor de *Survivor*, *reality show* que, de muitas maneiras, conseguiu redefinir esse gênero televisivo. Em pouco tempo, fez seu nome como o cara de ponta nessa área. Seus programas tinham uma apresentação, um estilo próprio. Não apenas porque tendiam a fazer sucesso, mas porque se destacavam em termos de qualidade e apelo. Apresentavam uma marca registrada de drama refinado, bem elaborado com a finalização de suspense e todos os tipos de atrativos e emoção que motivavam as pessoas em casa a ligar a televisão semana após semana. Os dois se encontraram quando Mark estava em Nova York filmando o final de *Survivor*. É a história que Mark contou antes deste capítulo, portanto não preciso repeti-la aqui, exceto ao acrescentar que ele e meu pai se juntaram para desenvolver uma ideia de um programa de negócios que basicamente seria uma longa entrevista de trabalho. Os participantes se apresentariam para uma vaga de emprego na empresa do meu pai, e ele os contrataria ou despediria de acordo com seu critério.

Todo mundo que conhecia meu pai alertou-o para cair fora. Seu agente. Amigos. Conselheiros mais próximos. Mesmo os filhos. Nenhum programa de negócios havia dado certo em horário nobre. Não compreendi por que meu pai arriscaria manchar sua reputação tão suada com um programa de televisão com prognósticos tão ruins. Mas meu pai via tudo de modo diferente. Para começar, ele gostava de Mark Burnett e acreditava nele. Confiou em Mark para cuidar da sua imagem pública. Confiou no próprio instinto também. Se um produtor de sucessos como Mark Burnett imaginara que ele poderia ganhar pontos de audiência com um programa de negócios, meu pai não poderia discordar dele. A princípio, no entanto, meu pai pensou que seria divertido. No final, este foi seu primeiro e último argumento para concordar em emprestar seu nome e ceder tempo para a empreitada. Quando eu o puxei de lado para perguntar o que, exatamente, ele iria fazer no programa, meu pai respondeu:

– Gritar e berrar como um lunático.

Claro, ele fez muito mais do que isso, mas via sua participação com bom humor e tinha um sentido realista sobre sua parte nessa empreitada.

Meu pai era muito mais inteligente do que todos nós, mas não *tão* inteligente assim. Nem ele poderia prever o enorme sucesso de *O aprendiz*. O programa atingiu o maior índice de audiência da televisão na primeira temporada e se tornou uma das franquias mais valiosas da NBC. A fama de meu pai aumentou exponencialmente, e, com isso, o nome Trump brilhou mais do que nunca. O sucesso do programa cimentou o caminho para mim e meu irmão Don, para criarmos personalidades públicas próprias, com papéis de destaque na continuação: *O aprendiz: Celebridades.*

O triunfo de meu pai nessa área é especialmente notável quando se faz um levantamento mental de todos os CEOs que tentaram lançar programas de negócios próprios desde que *O aprendiz* estreou em 2003: de *The benefactor*, de Mark Cuban, a *The rebel billionaire*, de Richard Branson, até a versão *soft* de Martha Stewart de *O aprendiz*. De fato, os céticos e os negativistas estavam certos em dizer que era impossível fazer sucesso com um programa de negócios no horário nobre – a menos que fosse feito por Donald Trump.

Em geral, meu pai sabe como entreter as pessoas. Essa é a força motriz de seu negócio. Por isso, fez sucesso em uma área em que outros empresários não tiveram tanta sorte. Ele sabe o que compradores de imóveis de luxo querem ganhar na transação, o que os telespectadores querem ver num anfitrião de *reality show*, mesmo o que o público do Emmy quer assistir na entrega dos prêmios. Ele consegue, porque é ele mesmo quem faz.

Na Organização Trump e em casa, ficamos todos entusiasmados com o incrível sucesso de *O aprendiz* e o sem-fim de oportunidades que o programa trouxe para a empresa, mas também entendemos a natureza efêmera de programas de sucesso na televisão. Isso ficou claro para meu pai durante a conversa que teve com o produtor do programa *Saturday night live*, Lorne Michaels. No início de *O aprendiz*, meu pai admitiu que, embora os executivos da NBC estivessem extáticos com os índices de audiência, ele tentava não se deixar levar pelo sucesso do programa.

– Sei que, um dia, vão me chamar e dizer: "Donald, você está demitido" – comentou, fazendo ecoar o bordão que tornou famoso no programa.

– Não – corrigiu Lorne, veterano experiente da televisão. – Sequer vão chamá-lo.

A Organização Trump já era a empresa de incorporação mais famosa do mundo antes do programa, mas *O aprendiz* aumentou nossa visibilidade como família e alçou a incorporadora a um nível muito mais alto. Em particular, para mim e Don. Ao aparecermos no programa de meu pai – agora regularmente no *O aprendiz: Celebridades* –, meu irmão e eu nos tornamos quase celebridades instantâneas. Sempre se soube que éramos os filhos mais velhos e, no meu caso, uma ex-modelo de sucesso, mas agora estávamos sendo reconhecidos como jovens profissionais completos e preparados, e peças-chave do time de meu pai. A exposição que recebemos no programa causou um impacto imediato sobre a Organização Trump, onde fomos imediatamente encaixados como membros de uma equipe administrativa. Ou seja, fomos encaixados nesses papéis para o público; de fato, já tínhamos tais cargos antes, mas apenas entre nós, de forma discreta. Essa mudança pública acabaria vindo à tona com o tempo, mas o programa de televisão destacou-nos em tempo acelerado e mostrou para a comunidade de incorporadores que tínhamos a atenção direta de nosso pai, além de sua confiança.

Quase da noite para o dia, Don e eu fomos vistos como emissários diretos da empresa de meu pai, e a "marca" Trump parecia transitar nos círculos imobiliários e da mídia como marca familiar. Devido a nossos papéis no programa, as pessoas passaram a nos ver com mais seriedade do que em geral veriam. Isso se tornou especialmente visível fora dos Estados Unidos, onde *O aprendiz* foi franqueado a mais de cem países, como México, Malásia e Mongólia. Como resultado, quando viajo para fechar um contrato, torna-se notícia. O contrato em si não importa – o simples fato de nos interessarmos por uma região ou um imóvel em especial agora é considerado notícia em algumas partes do mundo.

Às vezes, minha celebridade recém-adquirida pode atrapalhar um contrato que esteja querendo fechar, mas, na maioria dos casos, oferece enorme vantagem diante da concorrência. Uma vez, numa viagem a Istambul, para anunciar nossa sociedade num complexo residencial e comercial de dois edifícios a serem construídos com o Grupo Dogan, um proeminente conglomerado na Turquia, o programa ajudou-nos no lançamento de forma inesperada. O propósito da viagem era anunciar o projeto numa festa que estaria dividindo como anfitriã com a família Dogan, mas a festa acabou recebendo muito mais atenção do que a equipe poderia prever. Mais de trinta jornais da Turquia receberam credenciais para comparecer, e minha foto foi publicada na primeira página dos jornais de todo o país na manhã seguinte – tudo graças ao meu papel de destaque em *O aprendiz: Celebridades*. Nossos sócios do Grupo Dogan estavam mais que satisfeitos com a atenção extra, porque ninguém poderia ter pago por esse tipo de publicidade com um orçamento publicitário normal.

O mesmo tipo de recepção me aguardava numa viagem recente a Israel, onde iria apenas procurar alguns possíveis parceiros. Não havia nenhum negócio sendo fechado. Mesmo assim, minha chegada para o que seria uma missão especulativa gerou uma quantidade imensa de notícias e, quando voltei ao escritório, recebi mensagens de metade dos incorporadores de Israel com propostas para *joint ventures* ou projetos de incorporação que esperavam atender nossos critérios de luxo – tudo por causa da atenção dada pela mídia.

Não há como fugir do âmbito e do alcance de *O aprendiz*, mesmo quando, em alguns países, ainda exibiam as primeiras temporadas, enquanto já estávamos na oitava ou nona nos Estados Unidos. Foi o que aconteceu em uma viagem a Dubai com Andy Litinsky, o formando de Harvard, um dos nossos participantes durante a segunda temporada do programa. Andy não ganhou naquele ano – meu pai teve de demiti-lo por não se esforçar como gerente de projeto no final da temporada –, mas ficamos impressionados com suas qualidades e impulso para conseguir o que queria. De fato, gostamos tanto de Andy que acabamos por contratá-lo depois de gravarmos o último programa. Ele trabalhou para mim e Donnie por muitos anos na divisão imobiliária antes de se mudar para Los Angeles, para dirigir a Trump Productions, onde tem se superado produzindo programas de televisão como *Pageant place* e *The girls of hedsor hall* para a MTV.

Mas estou me antecipando à história – ou retrocedendo, como nossos fãs em Dubai logo iriam descobrir. Fomos a Dubai para uma reunião na Nakheel, a maior incorporadora dos Emirados Árabes. Toda vez que voltávamos ao hotel depois de um longo dia repleto de reuniões, ou saíamos para jantar ou almoçar, éramos cercados por centenas de fãs de *O aprendiz*. O programa estava no topo da lista dos mais assistidos no país, mas essas pessoas não vinham me ver, ou a meu irmão. A televisão de Dubai exibia as temporadas anteriores e os telespectadores não nos tinham visto ainda no programa. De fato, estavam no meio da temporada de Andy durante a nossa visita, e ele seria eliminado. A ironia da coincidência foi que, quando os moradores viram Andy viajando conosco, presumiram de imediato que tivesse vencido. Alguns ficaram decepcionados, porque tinham perdido tanto tempo assistindo aos primeiros episódios e pensaram que havíamos estragado a surpresa ao revelar que Andy seria o próximo "Aprendiz". Explicamos várias vezes a esses fãs que não deveriam tirar essa conclusão apenas pela presença de Andy, uma vez que já estávamos na pré-produção da sétima temporada, mas de nada adiantou tentar convencê-los; todos acreditavam que a viagem a Dubai fazia parte do prêmio que Andy recebera por ter ganhado a segunda temporada.

O agito e as atenções com certeza afagaram o ego de Andy, mas também impressionaram nossos amigos na Nakheel. Nós três íamos a toda parte como estrelas de rock, e não nos importava que Andy fosse na frente. Don e eu permitíamos que ele ficasse sob os holofotes. O que contava era que o programa havia adiantado passos importantes para nós, e isso aconteceu em várias ocasiões. Num mundo obcecado por grifes e celebridades, nossos parceiros ficam muito impressionados ao ver esse tipo de reconhecimento em relação à decisão em trabalhar com a marca Trump. Adoram o agito e a purpurina que respingam neles com a soma de nossos esforços. E adoram saber que isso é único. Ninguém se agita quando um alto executivo da Related Companies ou da Four Seasons visita um de seus projetos de incorporação. Não importa quão bem-sucedida ou grande seja o portfólio de imóveis; incorporadores imobiliários e operadoras de hotéis não são, em geral, vistos como celebridades – com apenas uma exceção.

Seja em Dubai, Istambul ou Manhattan, o impulso de relações públicas que recebemos com *O aprendiz* e, ultimamente, com nossas diversas outras aparições e projetos de entretenimento deu-nos uma vantagem insuperável sobre a concorrência. O Grupo Corcoran, maior agência imobiliária de Nova York, concluiu há pouco uma pesquisa que determinou que a "marca" Trump num edifício em Manhattan gerava 35% de aumento de valor em relação à concorrência. O que é muito. E a força da marca paga dividendos ainda maiores no exterior. O preço inicial de venda do nosso projeto no Panamá, apenas para citar um exemplo, foi três vezes superior do que o maior preço de mercado até então. Por certo, com nossa exposição na mídia mundial, criamos um valor tremendo, virtualmente, sem nenhum custo. Aliado ao compromisso com o luxo e qualidade insuperáveis, tem sido a pedra fundamental do nosso negócio.

A lição? Bem, não seria razoável sugerir que jovens empresários saíssem e fizessem o próprio *reality show* para mostrar o seu perfil público ou que dessem um jeito de nascerem filhos de um magnata da mídia que conseguiu transformar o nome da família numa *commodity* valiosa. Mas há um aspecto importante: precisamente, há um valor imenso em estar aberto a novas ideias e oportunidades. Mantenha o foco no negócio central, mas procure oportunidades em lugares incomuns para reforçar a parte central. Em qualquer atividade, em qualquer área, é muito fácil estabelecer as regras e deitar sobre os louros conquistados. A chave está em pesar as oportunidades à sua volta e seguir aquelas que fizerem mais sentido, mas você nunca conseguirá seguir nenhuma delas se não tiver jogo de cintura. Não caia na armadilha de dar ouvidos a conselhos convencionais, aos chamados especialistas, que tentarão convencê-lo de que um programa de negócios nunca dará certo em horário nobre. Em vez disso, siga seu instinto. Faça o que *parece* ser certo. Esteja preparado para reinventar a si mesmo, seu negócio, sua forma de agir, porque será necessário crescer e evoluir se pretende continuar a ser relevante a longo prazo.

O IMPULSO DA CONFIANÇA PESSOAL

Há pouco tempo, recebi um *e-mail* do CEO de um conglomerado da Indonésia. O cavalheiro dizia que estava procurando uma empresa para administrar vários de seus hotéis na Ásia e foi indicado a mim por um conhecido em comum de uma famosa empresa de serviços financeiros nos Estados Unidos.

Até esse ponto, a mensagem era normal. De fato, recebo mensagens como essa o tempo todo. Faz parte do meu trabalho ser a porta de entrada, na verdade, de muitos dos contratos que acabamos fechando. Os *e-mails* levam a um telefonema, e aí as coisas começam a ficar interessantes. Como a filha de 27 anos do incorporador imobiliário mais famoso do mundo, consigo detectar uma dúvida ou suspeita subliminar da outra parte. Com muita frequência, ela se torna evidente. Às vezes, está logo abaixo do verniz. Na maioria dessas conversas, parece haver uma longa lista de perguntas que não são feitas e ficam suspensas do outro lado da linha. Quase posso ouvi-las a ponto de serem pronunciadas ou imaginar a outra pessoa mordendo o lábio, tentando não verbalizá-las nem insinuá-las.

As perguntas são sempre as mesmas:
—Você não era modelo?
Ou:
— Eu me lembro de vê-la na televisão quando era bem pequena. Como agora pode saber sobre o que está falando?

Ou:

– Por que tenho de falar com *você* antes de poder falar com *ele*?

Nunca ouvi, de fato, esta última pergunta, mas sei que está lá. À minha espera. Não acredito que alguma vez vá ouvi-la, no entanto, porque a maioria não tem coragem de falar o que pensa dessa maneira, o que significa que, como grande parte das perguntas nunca é feita, jamais terei de respondê-las. Tudo bem para mim. Estou preparada para ouvi-las. Aliás, é algo que sempre tento fazer: me preparar para qualquer contingência. Não tenho problema em respondê-las quando surgem, mas em geral ficam no final de uma longa lista e dificilmente chegam a ser formuladas.

Nessa ligação em especial, o executivo segurou a língua e conseguiu guardar as preocupações. Se é que tinha alguma preocupação. Meus parceiros não questionam minha experiência, fico feliz em dizer. Na maioria das vezes, o benefício da dúvida é meu, e ninguém me julga nem questiona minhas qualidades. Essas questões aparecem cada vez menos à medida que aumento meu currículo e reforço minha reputação. Esse questionamento em especial parecia vir sem nenhuma ideia preconcebida do que eu seria ou não capaz de fazer; dos julgamentos ou análises que seria ou não capaz de efetuar; do lugar que eu merecia ou não ter dentro da empresa do meu pai. Era estimulante e muito bem-vindo. De fato, a ligação foi bastante agradável, e os largos parâmetros do negócio que o CEO estava propondo, com certeza, pareciam garantir uma discussão posterior. Então marcamos uma conferência telefônica para alguns dias mais tarde com o CEO e alguns de seus colegas – algo também típico para esse tipo de telefonema. Na conferência telefônica que se seguiu, falei dos muitos projetos de hotéis em que a Organização Trump trabalhava nos Estados Unidos e no exterior e em seguida expliquei quais os critérios que procuramos num incorporador com quem desejamos trabalhar. O CEO e seus colegas falaram mais especificamente sobre o acordo que propunham. A conversa durou quase uma hora e, no final, ambos os lados estavam otimistas sobre a possibilidade de trabalharem juntos.

Até aí, tudo bem.

Mas... aconteceu. A pergunta que eu sabia que esse camarada estava doido para fazer. Ele adiou o máximo que pôde, contudo, quando nos despedimos, enfim acabou soltando:

– Senhorita Trump – começou a dizer –, devo confessar que, quando nosso amigo sugeriu que eu a contatasse pela primeira vez, fiquei em dúvida.

— E por quê? — perguntei.

Suspeitava qual seria a resposta, mas deixei-o continuar.

— Tinha a impressão de que era apenas uma modelo — explicou o CEO num tom embaraçado.

Ao ouvir isso, pensei: "Ahá! Lá vamos nós! Demorou, mas falou!"

Por mim, essa parte da conversa seria desnecessária; já sabia de antemão o que ele diria, mas quis deixá-lo concluir. Pelo lado do CEO, ele estava desconfortável; sabia o que queria dizer, mas queria escolher bem as palavras e ter certeza absoluta de que não me ofenderia. Mesmo assim, continuou falando:

— Achei que nosso amigo não tivesse entendido o que eu queria — contou — e tivesse suposto que procurava alguém que ganhasse para vir aos nossos hotéis. Mas, agora, depois de ter falado com você, posso entender perfeitamente por que ele me indicou o seu nome.

Fiquei momentaneamente surpresa pelo comentário, ao mesmo tempo contente por tê-lo ouvido. E lhe respondi:

— Muito obrigada. É muito bom ouvir isso.

— Foi um grande prazer — o executivo reiterou. — E estou ansioso para fechar o contrato com a sua empresa.

Foi assim. Nada tão terrível nem execrável; nada pouco profissional, embora algumas mulheres em minha posição pudessem ter se ofendido com a observação do CEO. Poderiam interpretá-la como um elogio duvidoso, mas não interpretei dessa forma. É possível que tivesse me ofendido em algum momento anterior da minha carreira, mas não hoje. Não me entenda mal; esse homem foi muito agradável, educado e bem-comportado. Teve o cuidado de cercar a observação do modo mais político e socialmente correto, mas a presunção subjacente ao comentário poderia ser vista como ofensiva. Embora não tenha me incomodado nem um pouco, nem por uma fração de segundo. Por quê? Bem, por um lado, estava habituada a ouvir esse tipo de coisa. E por outro, tenho pele forte — e confiança suficiente em mim e nas minhas qualidades para não me preocupar em demasia em ser subestimada ou preterida por causa do meu sobrenome, da minha pouca idade ou da carreira de modelo. Isso vem naturalmente. Além disso, cheguei a um ponto em que sabia que não era incompetente e sentia-me perfeitamente capaz de identificar pessoas com esse tipo de prejulgamento.

Nos negócios, hoje sou capaz de usar o meu treinamento como aprendiz do meu pai para ver cada oportunidade com os olhos dele. Não preciso falar com ele diretamente, mas penso: "Papai não fecharia esse acordo". Ou: "Papai vai adorar isso". É algo que dá brilho à minha visão. É o que a influência positiva e forte de um mentor pode fazer por você. Ouvi a voz dele quando me preparava para lançar a Coleção Ivanka Trump. Estaria sozinha nesse empreendimento, mas, ao mesmo tempo, percebi que nunca estaria totalmente sozinha. Teria meu pai comigo. Minha mãe e meus irmãos também, mas em particular meu pai. Eu o ouviria falar entre meus pensamentos, me dizendo para cair fora ou seguir em frente, para saber que estava indo na direção certa. Ou não. Da mesma forma que ouvi a voz dele quando era adolescente naquela lojinha de *piercing*, tirando-me de lá antes que cometesse um grande erro.

INTENSIDADE E CONTEÚDO

Quando tinha nove anos, estava no escritório do meu pai e vi uma capa de revista numa moldura que ele havia pendurado na parede. Lembro desse momento como se fosse ontem. A capa trazia a foto dele sob uma manchete que dizia: "Donald Trump: o que há por trás de tanta intensidade?" Era uma das capas que ele costumava ganhar nessa época, mas isso iria mudar.

A década de 1980 foi muito boa para o meu pai e a Organização Trump. Ele havia se tornado o jogador de maior destaque dentro do mercado imobiliário de Nova York. Mas os mercados pararam de crescer no início da década de 1990, e os negócios, em geral, perderam bastante o pique. Muitos incorporadores ficaram mal das pernas devido à queda da economia, mas meu pai colocou grande parte da culpa pelas dificuldades da empresa nele mesmo. Ao analisar hoje, ele acredita que tenha perdido o foco. Não ajudava, com certeza, que o país estivesse passando por problemas, mas meu pai sabia que, se tivesse mantido o jogo, poderia ter visto a crise se aproximar. De fato, acreditava que a dedicação, a ambição e o propósito que caracterizaram a primeira fase de sua carreira pareciam ter se esvaído. Havia se deixado levar pela própria intensidade, ele diz hoje, e permitira que os objetivos paralelos o distraíssem. Lera um artigo na *Business Week* que trazia a seguinte manchete: "Tudo que Trump toca vira ouro", e passara a acreditar nisso.

Como consequência do escândalo que envolveu a poupança e os empréstimos no final da década de 1980, o mercado imobiliário sucumbiu, atirando a nossa economia inteira numa profunda recessão. A Organização Trump, como a maioria dos incorporadores, foi pega de surpresa. De repente, bancos como o Chase, Citicorp e Bankers Trust começaram a cobrar os empréstimos, exigindo que meu pai pagasse imediatamente as grandes somas em dinheiro que haviam disponibilizado para novos projetos da Trump.

Ele logo se viu devendo centenas de milhões de dólares e começou a ser combatido pela imprensa todos os dias. Especulava-se que estaria acabado como incorporador. Mesmo alguns dos "amigos" estavam propensos a executá-lo, mas ele tentava não perder o equilíbrio. Um dia, durante esse período, meu pai estava caminhando pela Quinta Avenida com sua então esposa, Marla, quando viu um mendigo sentado em frente da Trump Tower. Meu pai virou-se para Marla e comentou:

— Sabe, esse homem tem novecentos milhões de dólares a mais que eu.

Não entendi o que ele queria dizer quando me contou essa história depois; pelo menos, não a princípio. Estava diante de um magnífico edifício com o nosso nome escrito nele. Como um mendigo poderia ter uma condição financeira melhor do que meu pai?

— Pelo menos, ele não deve dinheiro algum — meu pai explicou ao ver meu olhar confuso. — Ele não tem nada, mas eu devo novecentos milhões de dólares. Pelas minhas contas, isso o faz muito mais rico que eu.

Eu era muito jovem para entender inteiramente o tamanho do problema que a Organização Trump enfrentava, mas, por muitos anos, a empresa oscilou à beira da falência, embora, com a combinação certa de energia, obstinação e diligência, meu pai tenha encontrado o caminho que o conduziu para o outro lado da crise. Diferentemente da maioria dos amigos incorporadores, ele não pediu concordata e simplesmente sobreviveu. E emergiu mais forte do que nunca. Recusava-se a desistir. Trabalhou sem parar para salvar seu império. Vendeu seus "brinquedos". Cortou despesas. Gastou inúmeras horas negociando com banqueiros e convencendo-os a recalcular as dívidas.

Tenho certeza de que fez tudo pessoalmente ao se ver num buraco tão fundo e íngreme e lendo as coisas negativas que alguns dos jornais escreviam sobre ele, mas não iria permitir que seu ego interferisse na sobrevivência da empresa. No final, graças ao trabalho árduo e ao jogo de cintura de meu pai e da equipe, ele pôde se restabelecer e, por fim, alçar a empresa a um novo patamar. Embora admire tudo o que meu pai conseguiu ao longo dos anos, sinto mais orgulho de sua força durante o período difícil que enfrentou no início da década de 1990. Claro que meu pai não foi o único incorporador que penou na época, mas foi um dos poucos que conseguiu voltar de forma extraordinária. Muitos dos concorrentes não viram saída para os problemas e acabaram liquidando as empresas. Em outras palavras, jogaram a toalha. Muitos declararam falência. Para eles, desistir era mais fácil do que lutar. Para meu pai, desistir não era uma opção.

Sua atitude incansável diante de circunstâncias tão extremas remete ao comentário sobre "gravidade e imaginação" feito pelo arquiteto em Dubai. Nesse caso, o peso, ou a *gravidade*, dos problemas encarados pela Organização Trump poderia ter sido suficiente para acabar com os sonhos, ou a *imaginação*, de qualquer visionário, mas meu pai não era apenas qualquer visionário. Sua imaginação e visão o ajudariam a vencer, ele pensou. Claro que também ajudou o fato de ter tenacidade e já existir muito investimento na marca Trump para deixá-la oxidar.

Sua luta durante esse período continua a me inspirar, e sei que há uma grande lição por trás dessa tenacidade. As pessoas costumam desistir sem lutar muito, tanto na vida profissional quanto na pessoal. Não é necessário ter o peso de uma dívida de novecentos milhões de dólares. Podem ser cinco mil dólares que se deve ao cartão de crédito. Pode ser a inadimplência em um empréstimo para pagar a faculdade, acrescida de juros em que o devedor precisa gastar todos os rendimentos do primeiro emprego conseguido após a formatura. Pode ser um gerente intermediário preso a um cargo que não parece levar a lugar nenhum. Pode ser um estudante que não consegue encontrar tempo para estudar a fim de prestar o exame da Ordem. Há obstáculos para o nosso sucesso a cada curva, e cabe a cada um encontrar a maleabilidade e força de caráter para superá-los. Em vez de ligar para a companhia de cartão de crédito e tentar negociar a dívida, algumas pessoas se escondem dos credores ou declaram falência. Em vez de chegar cedo e trabalhar até tarde para poderem ser promovidos, deixam as horas escoarem e esperam que seu desempenho medíocre continue a passar despercebido. Em vez de se matricular num curso especializado ou gastar o dobro do tempo estudando, nunca prestam o exame da Ordem e abandonam o sonho de se tornarem advogados. Meu pai se recusou a ser uma dessas pessoas. E hoje, devido a seu exemplo, recuso-me também a ser uma delas.

Encontrar a perseverança necessária para conseguir o sucesso duradouro é um dos desafios fundamentais que os jovens enfrentam profissionalmente. É uma bênção termos nos tornado adultos num mercado fortalecido, mas agora muitos estão encontrando dificuldades pela primeira vez na carreira. Os obstáculos, que antes não passavam de meras lombadas, podem agora parecer intransponíveis. Mas, tenha certeza, há um modo de superá-los.

Um amigo que hoje dirige um dos maiores fundos *hedge* do país me disse há pouco como se sentia frustrado com os novos funcionários.

– Não sei o que fazer com pessoas da sua idade – ele reclamou em certa tarde, como se eu fosse responsável pelas falhas da minha geração. – Todos saíram da faculdade direto para o mercado mais aquecido da história. Nenhum de vocês sabe olhar para um contrato sem ser extremamente otimista. Esperam que todos os acordos rendam milhões de dólares do dia para a noite e, quando isso não acontece, sentem-se frustrados e logo procuram outra "grande tacada".

Ele tinha razão. Fomos condicionados a esperar o sucesso, muitas vezes instantâneo. Muitos de meus pares ficavam felizes em colher as recompensas de um mercado forte, mas não têm a resistência para sobreviver a uma recessão. No entanto, vão precisar dessa perseverança, porque os mercados sempre mudam. A chave, se quiser conquistar um sucesso duradouro, é sair das explosões e identificar e agarrar as oportunidades que certamente serão encontradas nos destroços.

Repetindo: saber agir no tempo certo é tudo. Agora, quando se está começando, é hora de construir uma base forte. Seja paciente e mantenha os olhos abertos para as novas oportunidades. Veja o exemplo do Trump Place, nosso projeto de construção de oito edifícios de luxo diante do rio Hudson, no West Side de Manhattan. É um complexo residencial que se estende por quase vinte quarteirões da cidade, muito impressionante. O envolvimento da família com esse imóvel remonta a 1974, quando meu pai fez a primeira opção para comprar o terreno por dez milhões de dólares. Acabou fechando o acordo em janeiro de 1985 e recebeu a aprovação final de zoneamento em dezembro de 1992. Sua visão inicial para o West Side era levantar um projeto que incluísse um grande estúdio de televisão e o edifício mais alto do mundo.

Enfrentou, no entanto, imensas dificuldades para obter o zoneamento para o projeto e também encontrou resistência dos críticos, que queriam que ele construísse algo de proporções bem menores. Houve uma pressão considerável sobre a empresa para abandonar inteiramente o projeto, mas meu pai não desistiu. Em vez disso, gastou décadas lutando pelo direito de construir o Trump Place da maneira como pensava ser melhor, de um modo que aumentaria o valor da propriedade e atenderia à sua visão. Sabia que um terreno tão grande nunca mais estaria disponível em Manhattan de novo e recusava-se a comprometer a qualidade do projeto ou suas dimensões. Estava disposto a lutar por trinta anos, se necessário, para fazer o projeto vingar. E levou um pouco mais que isso para terminá-lo.

Hoje, o Trump Place é um dos endereços mais sofisticados de Manhattan, uma construção que mostra a "melhor face do West Side", como diz nosso material de divulgação.

Quantos jovens têm paciência e dedicação suficientes para esperar mais de trinta anos só para ver um projeto concluído? Não muitos, temo dizer, mas essa é a mentalidade que todos precisaremos ter se quisermos conquistar um sucesso duradouro.

INFORMES DO MEU BLACKBERRY

TORY BURCH – Estilista de moda

SIGA SEUS INSTINTOS

Quando de início à minha empresa, muitas pessoas me aconselharam a não abrir uma loja de varejo, porque seria um risco muito grande. Disseram para vender no atacado e testar o mercado antes, porque esse era o caminho tradicional e mais seguro.

O conceito estava tomando forma em minha mente e meu pai me disse para ser corajoso e ousar. Era um empresário e investidor de sucesso, portanto confiei no instinto dele. Sabia o que significava correr riscos. Ele também reconhecia a minha paixão por *design* e meu profundo compromisso em transformar o investimento num sucesso. Ajudou-me a me manter no curso e me ensinou o que a confiança em minha visão bem como o foco e a determinação poderiam fazer por mim.

Hoje, quando pedem minha orientação, sempre passo o mesmo conselho: seja fiel à sua visão e não tenha medo de assumir riscos, mesmo que signifique ir contra tudo e contra todos.

CAPÍTULO 10

ALCANÇAR E CONECTAR-SE

Estou convencido de que uma das razões do meu sucesso é que quase sempre competi com pessoas maiores e mais fortes, mas que mostravam menos empenho e vontade do que eu.

— TED TURNER

MUITOS PRESUMEM QUE APRENDI tudo que sei sobre negócios com meu pai. Não há dúvida de que ele tenha me ensinado bastante, mas também aprendi muita coisa com a minha mãe – e outro tanto por conta própria. Desenvolvi meu estilo pessoal, mas vejo a influência de meus pais em como organizo o meu dia e sigo a minha rotina.

Essa é uma das grandes coisas sobre uma carreira profissional. Não há uma rota determinada que todos devam seguir. Temos liberdade de escolher o caminho que funcione, abandonar um que não dê certo e tomar emprestado algum outro, livremente, de mentores e modelos humanos que sejam capazes de nos guiar ao longo da estrada. Se algo dá certo por algum tempo e depois perde o sentido, poderemos tentar fazer algo novo. Se alguma tática nos surpreende com um resultado positivo, poderemos retomá-la tantas vezes quanto quisermos. Felizmente, não é possível patentear uma estratégia profissional bem-sucedida ou um estilo pessoal, por isso estou sempre procurando novos métodos para revigorar a minha atuação. Passei a acreditar que um dos maiores bens que devemos ter como jovens profissionais é termos a mente aberta, e é preciso nutrir e alimentar essa maneira de pensar se quisermos pegar a dianteira e nos mantermos lá. O crescimento e o refinamento pessoal e profissional não são um esforço esporádico. Precisam ser um foco constante na vida, a base de toda iniciativa e estratégia que adotar, ou você perderá o compasso e deixará que a concorrência o ultrapasse.

A primeira coisa que faço toda manhã, logo após checar meu celular, é me atualizar em relação ao que está acontecendo no mundo. Normalmente assisto a um programa de notícias na CNBC enquanto me apronto para trabalhar, mas acredito que a única e melhor maneira de nos informarmos sobre as notícias e os acontecimentos do dia é lendo o jornal. Infelizmente, sou uma das poucas pessoas da minha geração que pensam desse modo. Já mencionei antes, eu sei, mas cabe repetir. A maioria de meus colegas fica conectada com o mundo através de uma variedade de outros meios, em grande parte eletrônicos, mas continuo lendo meu jornal matutino. Não há nada igual para se ter um olhar mais profundo sobre os mercados e fazedores de mercado que preciso levar em consideração no meu trabalho. Admito que o Google Reader está aos poucos me seduzindo, mas ainda adoro o jornal impresso. Desconfio que sempre gostarei dele. Se estiver viajando, faço questão de ler o jornal local também. Leio ainda uma diversidade de publicações sobre comércio e interesses variados, como *Crain's* e *Women's Wear Daily*. Se tiver tempo, ainda visito alguns dos *websites* mais importantes, como *The Huffington Post*, *The Drudge Report* e Observer.com – qualquer coisa que encontre que me mantenha informada sobre as notícias e pronta para agir.

COLOQUE NO PAPEL

Enquanto leio, faço pequenas anotações para mim mesma. Informações, lembretes, prospectos... qualquer coisa que me venha à mente. Mais importante: escrevo o nome das pessoas que estão fazendo coisas importantes dentro da minha área de trabalho, tomando iniciativas incríveis ou, em geral, seguindo a carreira de modo inspirador e iluminado. Talvez eu apenas tome nota do nome de uma pessoa que gostaria de conhecer. Pode ser um incorporador que anunciou um novo projeto, um agente imobiliário que acabou de fazer uma venda recorde de uma residência na cidade ou um estilista de moda com uma nova coleção belíssima. Em alguns dias, a lista de nomes pode ficar um bocado longa, e, quando termino, pesquiso os nomes dessas pessoas pela internet. (Obrigada, Google!) Certos dias, posso não estar inspirada para escrever o nome de ninguém. Quando venço a preguiça, normalmente mando um bilhete curto, escrito à mão, me apresentando e explicando que tenho acompanhado a carreira dessa pessoa pelos jornais. Sempre expresso a minha admiração ou estendo meus cumprimentos, se for adequado – é minha forma de agradecimento, talvez.

Meu pensamento nesse caso é básico: se alguém me inspira, é bom que a pessoa saiba disso. Faço coisas assim baseada na teoria de que nunca se sabe como as pessoas vão reagir, mas provavelmente essa iniciativa poderá levar a um contato positivo. Coloco-me no lugar delas e penso como seria bom receber esse reconhecimento – muito bom! – e ouvir um comentário respeitoso sobre algo que estou fazendo. Não é que espere que essas pessoas agradeçam a minha mensagem, mas muitas o fazem, portanto tenho tido retornos agradáveis e duradouros com base nessa atitude. É uma troca sem fim, embora muitas vezes tenha um benefício colateral e, por isso, tem sido uma prática recompensadora, algo genuíno! Provém de uma ligação positiva, e não me custa mais do que alguns minutos e o valor de um selo de correio. Mais adiante, o benefício final é a chance de fazer amizade com alguém cujo trabalho é interessante e inovador; alguém que poderá se tornar um contato valioso. Mas, naquele momento, é apenas um gesto: fazer com que o destinatário saiba que alguém admira o que ele está fazendo. Isso é tudo. É um tipo de "ligação fria", mas não no sentido de *marketing* direto. Sou apenas eu, falando como pessoa, com alguém que quero conhecer melhor.

Descobri que pode ser incrivelmente valioso agir assim, mas, surpreendentemente, é um modo muito pouco utilizado para aumentar a nossa rede de contatos. Um bilhete manuscrito pode ser um instrumento tão poderoso, em especial se comparado ao calor e à pressa com que as pessoas se comunicam hoje em dia. É um dos grandes hábitos que adquiri com meu pai. Atualmente, parece que os bilhetes pessoais manuscritos tomaram o mesmo caminho dos telefones analógicos, mas acredito que o antigo charme faça com que esses bilhetes se destaquem ainda mais. Pense a respeito: com *e-mails* e mensagens instantâneas, Facebook e Twitter, temos cada vez menos razões para pegar um papel e escrever. Criamos todos esses atalhos e, ao mesmo tempo, construímos um muro virtual à nossa volta; todos esses recursos somados, o novo cenário atrapalha qualquer tipo de interação substancial e de comunicação real.

Criou-se uma enorme distância desnecessária entre as pessoas, você não acha? Eu acho, e minha ideia com esses bilhetes inesperados é voltar o relógio um pouco no tempo e talvez pegar uma pessoa influente de surpresa. Há vinte anos, quando observava minha mãe enviando bilhetes de agradecimento escritos à mão em papel de carta lindamente preparado, era algo maravilhoso, embora, de certa forma, era o que se esperava que fizéssemos: agradecer um convite, um almoço ou uma gentileza de modo requintado. Hoje, no entanto, esse tipo de comunicação se destaca. As pessoas acabam se deixando seduzir. Não é como um telefonema ou um *e-mail*. É muito mais íntimo, mais pessoal, porque perdemos esse hábito.

Recentemente, recebi uma grande dica de Robert Toll, o CEO da Toll Brothers, uma das construtoras de casas de luxo mais bem-sucedidas do país. Nós nos reunimos para conversar sobre um projeto e, em seguida, mandei-lhe um bilhete agradecendo por ter gasto seu tempo vindo nos visitar no escritório pessoalmente. Ao mesmo tempo, Bob também me escreveu, mas a carta que me mandou arrasou o meu bilhete – tinha três páginas! Em geral, escrevo poucas linhas. Em seguida, minha atenção vai para o espaço! Minha caligrafia não é lá grande coisa, e minha ortografia, pior ainda. Escrevo tantos desses bilhetes que não posso gastar muito tempo com cada um deles.

A carta de Bob me impressionou tanto que mencionei o fato na vez seguinte em que o encontrei:

– Bob, muito obrigada pela adorável carta – falei. – Mas como teve tempo de escrever três páginas? Você é um dos incorporadores mais ocupados dos Estados Unidos!

Ele riu e, então, me contou o segredo:

– Engraçado você me perguntar isso, Ivanka. Acabei de receber esse novo programa de computador e fiz uma experiência. Você é a primeira pessoa que comenta sobre ele.

Agradeci a Bob pela sinceridade e lhe contei o quanto havia gostado de receber a carta e sua visita. Depois saí e fui comprar o programa, porque, afinal de contas, fico feliz em tomar emprestada a brilhante ideia de alguém e torná-la minha também. Tornou-se um dos truques mais eficientes que já descobri para economizar tempo. Era uma invenção genial! Precisei chamar um dos técnicos do escritório para me ajudar a instalar o programa, mas valeu o esforço. Basicamente, escrevemos todas as letras do alfabeto, em maiúsculas e minúsculas e carregamos a nossa caligrafia. O programa a registra, junto com todos os sinais de pontuação. Também podemos colocar a assinatura e qualquer outro sinal que queiramos acrescentar. Afinal, funciona como qualquer outra fonte de computador. Em vez de escolher Times New Roman ou Arial para usar nos documentos, podemos selecionar a fonte Cursiva. Agora posso ditar todos os meus bilhetes ou digitá-los no meu *laptop* ou no celular quando estou viajando – e imprimi-los em tinta comum, no meu papel de carta personalizado e com a minha caligrafia! Esse programa é uma bênção – e ninguém percebe a diferença! Verdade seja dita: não deveria divulgar tão amplamente essa adorável invenção, porque não gostaria que esse toque pessoal se tornasse algo tão impessoal quanto qualquer outra forma de correspondência. Mas por que não cooptar a tecnologia para fazer uma mudança e fazê-la trabalhar a *nosso* favor em vez de continuarmos a ser cooptados por ela?

Uma das "ligações frias" mais gratificantes que já fiz foi para o bilionário mexicano Carlos Slim Helú, que se tornou notícia de primeira página ao saldar a dívida de 250 milhões de dólares do *New York Times*. A maioria dos norte-americanos nunca ouvira falar dele antes de seu envolvimento com o *Times*, mas o homem, conhecido como "Warren Buffett mexicano", é bastante famoso nos círculos financeiros como um dos verdadeiros gigantes do século XX. A revista *Forbes* apontou-o como um dos homens mais ricos do mundo – é evidente que era alguém que valeria a pena conhecer. Não por sua riqueza, mas pela experiência e sabedoria que havia ganhado construindo sua fortuna. Não esperava receber uma resposta dele, mas mandei um bilhete assim mesmo. (Só para constar, foi antes de conseguir aquele programa de caligrafia, portanto, *realmente* escrevi o bilhete.) Conhecia Carlos Slim como líder do setor imobiliário do México, apesar de ter feito sua fortuna com telecomunicações, mas, ao salvar o *Times* dessa forma dramática, aquela me parecia a oportunidade perfeita para falar com ele. O bilhete chegava a parecer a carta de uma fã. Contei a Carlos Slim que vinha acompanhando sua carreira, que o achava brilhante e que me sentiria muito honrada em conhecê--lo pessoalmente se um dia viesse a Nova York.

E foi tudo. Enviei o bilhete sem esperar uma resposta, mas, uma semana depois, recebi um telefonema do escritório de Carlos Slim dizendo que ele estava na cidade e esperava me encontrar naquela noite no hotel onde estava hospedado. Evidentemente, cancelei todos os meus outros compromissos e cheguei à hora marcada. Se você puder conhecer alguém como Carlos Slim e desperdiçar a chance, perderá uma grande oportunidade. E então, durante duas horas, esse líder empresarial gentil e visionário graciosamente partilhou seus pensamentos comigo sobre uma miríade de assuntos: o relacionamento entre México e Estados Unidos, o futuro da mídia, o papel das telecomunicações nos países em desenvolvimento, as tendências do mercado imobiliário e sua filosofia sobre negócios em geral. Quando saí, sentia-me como se tivesse absorvido em duas horas de conversa casual tanta informação quanto em todas as minhas aulas na Wharton. Foi de fato surpreendente. Até hoje, lembro da minha conversa com Carlos Slim como um ponto alto da minha carreira, apesar de não ter havido nenhum benefício direto nem tangível, tampouco algum negócio em andamento. Foi apenas uma conversa – embora, de fato, tenha sido uma troca assimétrica.

Meu pai, devo dizer, ficou bastante orgulhoso quando liguei para ele na volta do encontro com Carlos Slim.

– Adivinha com quem acabei de me encontrar? – perguntei. E, sem esperar que adivinhasse, contei a ele.

– Uau! – ele respondeu. – *Você* conseguiu um encontro com Carlos Slim? Acho que você *é* realmente minha filha!

Com frequência, meus bilhetes têm resultados mais concretos. Uma vez, li um artigo no *Wall Street Journal* sobre um incorporador estrangeiro que estava construindo um grande complexo de uso misto no lado leste da parte central de Manhattan, chamada Middle East. Fiquei impressionada com o tamanho e a escala da obra e imediatamente associei-a a um projeto no estilo Trump. Procurei na internet pelo contato do incorporador e liguei para parabenizá-lo pelo esforço até aquele momento e para me apresentar. Finalizei a ligação sugerindo que déssemos nossa marca ao projeto dele e administrássemos o hotel que haveria no local. Expliquei ao incorporador o valor que poderíamos agregar ao projeto, desde nossa experiência de construção e *design* ao prêmio que poderíamos gerar em relação ao lucro imobiliário, e ele ouviu minha proposta com atenção. O incorporador estava quase fechando um contrato com outro operador de hotel cinco estrelas, portanto voei para Londres a fim de encontrá-lo no dia seguinte para conversar sobre a minha proposta pessoalmente. No final da semana, fechamos um acordo de parceria na construção.

Muitos desses "agradecimentos" não têm nada a ver com negócios. Alguns são pura diversão. Há pouco tempo, conheci o *rapper* e produtor Kanye West num jantar da *Vanity Fair*, durante o Festival de Cinema de Tribeca, e pensei em mandar um bilhete a ele. Este não foi fácil – minha assistente teve de passar por seis ou sete agentes e relações-públicas para conseguir o endereço –, mas, enfim, conseguiu o *e-mail* dele. Mandei uma mensagem dizendo que tinha gostado de conhecê-lo, ainda que rapidamente, e que adoraria reencontrá-lo para bebermos algo juntos. Disse que era uma grande fã de sua música e dele, como pessoa. Tornamo-nos amigos desde então.

Nunca se sabe o que vai acontecer depois, não é?

CHEGUE AO TOPO

Uma das minhas histórias de "ligações frias" favoritas me foi contada pelo meu amigo Robert Wiesenthal, chefe executivo financeiro da Sony. Quando Rob começava como banqueiro de investimentos, durante a recessão imobiliária do início da década de 1990, decidiu aplicar uma grande soma de dinheiro num terreno nos Hamptons. Era um bom investimento, ele pensou, mesmo sendo um esforço econômico considerável para ele na época. Era jovem, havia começado a trabalhar, e seu dinheiro era limitado. Conseguira um empréstimo para construir que se desdobrava numa hipoteca. Ele gastou todos os seus tostões no terreno, portanto queria receber um habite-se para a casa que planejava construir e, então, resgatar algum dinheiro numa venda.

Rob começou a construir, mas, oito semanas depois, ainda não havia recebido a carta de anuência do Dime Savings Bank, instituição financeira que havia oferecido a aprovação inicial para o empréstimo. Ligou por duas semanas, todos os dias, até ouvir dos construtores a notícia desagradável de que iriam parar a obra. Por fim, com esse ultimato em mãos, Rob conseguiu falar com o gerente de financiamento do Dime. O gerente lhe pediu que esperasse ao lado da máquina de fax, e Rob entendeu que a carta de anuência estaria a caminho. Rob acreditou na palavra do gerente. Trinta minutos depois, nada. Duas horas depois, nada. Rob fez um monte de ligações até o fim do expediente daquele dia, mas ninguém veio atendê-lo nem retornou nenhum dos recados.

Dois dias mais tarde, Rob enfim conseguiu falar com alguém do Dime, que lhe disse que o banco estava deixando de operar com financiamentos para construção. Foi uma surpresa desagradável de se ouvir. O gerente de financiamento do outro lado da linha se desculpou muito, mas o Dime não poderia mais oferecer a Rob o dinheiro prometido.

O pobre Rob se revoltou. O valor da entrada não era reembolsável, e ele já estava devendo a fundação da casa. Se o Dime não cumprisse o acordo, ele perderia todo o dinheiro da poupança. Rob decidiu escrever uma carta bem desaforada ao CEO do banco detalhando tudo o que o Dime havia feito de errado. Após ler a carta, rasgou-a e escreveu outra, desta vez, sem raiva nem rancor. Mesmo ainda jovem, Rob sabia que esse tipo de tratamento virulento em relação a um contrato que não deu certo pode ser negativo e muito perigoso. Afinal, nunca se sabe onde encontraremos essas pessoas depois. Da segunda vez, usou uma abordagem mais profissional, ressaltando que o banco prestava serviços a clientes e que ele também prestava serviços. "Deixe-me contar o que aconteceu comigo", escreveu, "e diga-me o que acha".

Na manhã seguinte, entrou na sede do Dime, na Quinta Avenida, esperando entregar a carta pessoalmente. Na época, não havia serviço de segurança na maioria dos escritórios no centro da cidade e Rob pôde passar pelos guardas e subir o elevador até o andar da gerência. Estava vestindo um terno, carregava um envelope e provavelmente parecia um mensageiro. Ele perguntou onde era a sala do CEO. O CEO do Dime, na época Richard Parsons, iria se tornar o CEO da Time Warner e, depois, do Citigroup. Rob ficou, é claro, surpreso de não ser barrado por ninguém, em particular por Dick Parsons, uma vez que entrara no escritório do executivo sem ser anunciado. Em vez de ficar furioso com Rob pela invasão, Dick Parsons contou a Rob que havia sido indicado para ser o gerente de financiamento de Rob e que este já havia sido aprovado. Conversaram por algum tempo e apararam as arestas. Em determinado momento, Dick perguntou:

– A propósito, o que você faz para viver?

Rob explicou que era analista de mídia, e a conversa tomou essa direção. No final da visita, Rob conseguira mais do que um financiamento: adquirira um novo amigo influente e um contato valioso. Dois anos depois, quando Rob visitou a Time Warner como banqueiro, Dick, é evidente, lembrou-se do primeiro encontro deles, e perguntou a Rob se havia conseguido pagar o empréstimo. (Claro que sim.)

Hoje, a Sony é um dos clientes de investimento bancário mais importantes do Citibank – mais uma vez, nunca se sabe o que poderá acontecer.

Certamente, a manobra de Rob foi um tanto arriscada. Não se pode esperar entrar no escritório de uma empresa e ser atendido. (Sinceramente, não teria tido sequer a coragem de tentar!) E suponho que não se deva esperar uma resposta de um empresário de relevo como Carlos Slim sem um renome como o meu. Mas o seu papel de carta não precisa ser Trump para que leiam o bilhete e, com certeza, não precisará chegar de madrugada para fazer com que sua carta seja entregue. De fato, recebo retorno apenas de uma pequena quantidade das pessoas importantes com quem entro em contato. Nesses casos, meu nome não parece ter muito a ver com a resposta tanto quanto o tempo e o cuidado que dispensei em contatá-las. É surpreendente como as pessoas se tornam acessíveis se nos aproximamos do modo certo. A experiência tem me mostrado que, quanto mais bem-sucedidas forem essas pessoas, mais provavelmente responderão a um contato inesperado. Afinal, não se tornaram bem-sucedidas ao rejeitar todas as ideias, oportunidades ou trocas que puderam fazer pelo caminho. Além disso, creio que exista uma mística da "menina mais bonita da escola" em torno do cargo mais alto de uma empresa. Acredite ou não, ninguém abandona esse tipo de atitude negativa na lanchonete do colégio. Ela o segue ao longo da carreira também, de uma maneira ou de outra. Eis por que vários empresários principiantes nem pensam em se aproximar dos melhores e mais brilhantes de sua área; não acreditam que conseguirão alguma coisa. Presumem que líderes inovadores estejam cercados por pessoas pedindo um pouco do seu tempo ou atenção, mas não é o que em geral acontece. De alguma forma, pessoas em cargos de muito poder são como a menina mais bonita da escola. Na verdade, é possível que se encontre muito menos concorrência pelo tempo delas do que se possa imaginar.

Do meu ponto de vista, essas "ligações frias" são propostas de sucesso. Se não houver resposta, tudo bem. Não me ofendo. Não espero que me respondam, então nunca me decepciono. O pior que poderia acontecer seria encontrar alguém que tentei contatar alguma dia e essa pessoa me esnobar, mas e daí? Simplesmente corto o nome dele da minha lista e tento falar com o seguinte. Ou procurarei outra oportunidade para entrar em contato dois meses depois, com a mesma energia positiva, entusiasmo e confiança. E esqueço a primeira tentativa que não deu certo.

Saiba que a maioria dos CEOs não faria vista grossa para uma "emboscada" como Dick Parsons fez. Não sei dizer como teria reagido se tivesse sido abordada da mesma maneira; ficaria impressionada e assustada ao mesmo tempo, talvez. Muitos executivos se sentem mais confortáveis protegidos pela burocracia corporativa do que lidando diretamente com o público fora da empresa. Compreendo isso, e também respeito. Mas também ponho essa atitude de lado de vez em quando e parto para cima. Já observei, no entanto, que empresários que administram a própria empresa tendem a abrir as portas a pessoas inteligentes e destemidas que estejam começando. Não apenas porque gostem de compartilhar experiências, mas também porque se lembram o que passaram quando esperavam uma primeira oportunidade e querem continuar ligados a novas perspectivas trazidas pelas novas gerações.

Recomendo a quem está começando que tente esses avanços e se surpreenderão com o retorno que poderão conseguir. Warren Buffett, por exemplo, é conhecido por atender o seu telefone. Imagine que legal seria ligar para Omaha e Warren Buffett em pessoa atender e começar a conversar? Ao longo de toda a lista dos líderes mais bem-sucedidos das empresas de maior sucesso, encontraremos pessoas exatamente como ele. Eles poderão não atender o telefone, mas responderão sua carta ou receberão um telefonema seu, talvez.

Algo que você deve lembrar quando entrar em contato com alguém: cabe a você, a pessoa que inicia o contato, manter o diálogo, em particular se a pessoa que estiver contatando for mais velha, mais experiente e mais importante. Muitos jovens fazem o esforço inicial, fazem tudo para conseguir trinta segundos da atenção de uma pessoa e depois deixam por isso mesmo. Consideram a pessoa como alguém que conheceram, e talvez saibam algo sobre ela, mas não fazem nada para alimentar e sustentar o relacionamento. Esse é um grande erro. Ou, pelo menos, uma oportunidade desperdiçada. Estou sempre trabalhando a minha rede de "relacionamentos", mesmo que haja muito pouco conhecimento para chamar desse modo.

Em outras partes do mundo, leva muito tempo cultivar um relacionamento profissional significativo. Nos Estados Unidos, fazemos negócios com praticamente qualquer pessoa. Tudo se relaciona ao contrato e à possibilidade de lucro. Se fizer sentido, vale a pena fechá-lo. Mas, praticamente em todos os outros lugares, os negócios baseiam-se na confiança, algo que leva tempo para ser cultivado. É como uma dança. Estou sempre procurando uma chance de entrar, esperando o próximo passo. Não de forma calculada, mas de maneira aberta e natural. É necessário estar sempre investindo na área. Posso ter feito um contato inicial ou ter tido um breve encontro, mas estou sempre procurando um motivo para fazer uma ligação depois ou mandar um bilhete que signifique algo para o destinatário. Talvez encontre um artigo pelo qual considero que a pessoa ficará interessada em ler. Ou talvez leia que a pessoa acabou de receber um prêmio ou alguma honraria. Seja o que for, encontrarei o modo de falar com ela de novo, para manter o diálogo, porque, se não mantiver a conversa, o primeiro contato se torna inútil. Você poderá contar a história aos amigos, mas é tudo. De nada vai lhe adiantar, com certeza.

ENCONTRE O EQUILÍBRIO

Não estudamos a respeito desse tipo de rede de contatos na Wharton. É apenas um bom hábito que desenvolvi desde cedo e o mantive. Não se tratava de obter resultados nem cultivar contatos, mas passou a ser algo parecido com o tempo. Já produziu benefícios bastante tangíveis e, após algum tempo, comecei a perceber que certas abordagens funcionam melhor que outras. Sempre tomo cuidado para me manter do lado certo da linha tênue que separa o entusiasmo da intrusão. É muito fácil ficar do lado errado e parecer uma jovem incômoda. Você deve estar certo de que não parece muito ansioso, animado ou qualquer outra coisa em excesso. As melhores respostas costumam vir de elogios que fazemos, desde que sejam sinceros. Pessoas inteligentes conseguem perceber algo errado num piscar de olhos, mas isso não muda o fato de as pessoas – mesmo as bem-sucedidas e dinâmicas – gostarem de receber elogios. Faz parte da natureza humana. Empresários adoram ouvir recém-formados em administração ou *marketing* lhes dizer que querem se espelhar na carreira deles. Um elogio verdadeiro nem sempre lhe abrirá as portas em termos profissionais, mas poderá ajudá-lo de alguma forma, em particular quando se lembrar que empresários não recebem correspondência de fãs.

Ao mesmo tempo, queremos manter nosso ego em dia. Esses bilhetes, telefonemas e encontros casuais bem arranjados não são para você; servem para lhe mostrar o que poderá aprender ao entrar em contato com outra pessoa. Você não desperdiça a conversa matraqueando sem parar sobre um contrato em que esteja trabalhando ou o que espera obter na carreira, a menos que lhe perguntem. Mesmo assim, deverá dar respostas simples e diretas. Esteja preparado para ouvir e aprender. Se tiver perguntas, faça-as, mas não de forma mecânica e automática. Deixe as perguntas aflorarem com naturalidade ao longo da conversa. Engaje-se. Conecte-se. E aproveite o máximo que puder.

Se tiver de fazer muita força para se mostrar inteligente, não parecerá sincero. Fale com o coração e diga à pessoa por que a admira. Seja específico. Se estiver enviando um bilhete escrito, seja breve e doce – qualquer coisa além de uma página provavelmente será longo demais, mesmo usando o programa de caligrafia de Bob Toll. Certifique-se de se despedir fazendo um convite aberto para manter o diálogo, mas sem fazer pressão para que lhe respondam. Então, coloque a carta na caixa do correio e esqueça.

Se houver resposta, ótimo. Se não houver, ótimo também.

Quando entrei em contato com Carlos Slim, meu objetivo não era impressioná-lo com o meu conhecimento sobre finanças internacionais nem sobre as relações entre México e Estados Unidos, mas ouvir o que ele teria a dizer sobre esses assuntos. Se tiver a sorte de encontrar cara a cara com alguém que responda à sua mensagem, permita que ele o conduza. Deixe que determine o tom e a forma da conversa. Tudo bem falar 80% do tempo numa entrevista de emprego, mas dessa vez deverá ouvir 80% do tempo. Não estrague a oportunidade querendo provar sua inteligência. Ninguém se importa com isso. Se for de fato inteligente e confiante, esses traços vão transparecer – se você não puder tudo a perder. E, ainda que não transpareçam, não seria necessário mostrá-los.

Outra coisa: tome a iniciativa. Aproveite a vantagem dos contatos que puder fazer por meio de amigos e da família, mas, ao mesmo tempo, não os negligencie. É surpreendente quantos jovens deixam de reconhecer as imensas oportunidades de uma rede de contatos que está diante deles. Obviamente, não sou a única empresária com menos de trinta anos com contatos de pessoas influentes. Assisti a meus amigos se movimentando no meio empresarial por conta própria, e muito poucos fizeram um esforço nessa área. Diversos filhos privilegiados, cercados de oportunidades, tratam a rede de amigos influentes e de contatos dos pais como uma herança, mas isso dificilmente acontece. Com certeza, vários incorporadores e conhecidos atendem meus telefonemas ou respondem a um bilhete apenas por respeito à minha família, mas é só. Quero criar relacionamentos que sejam construídos sobre algo além da obrigação, e tomo o cuidado para nunca me aproximar de nenhuma dessas pessoas influentes por causa da minha posição. Se há alguma posição a ser considerada em nossa correspondência, é a delas – e elas têm o direito de me ignorar. Por isso, ao ler um artigo elogioso sobre um incorporador com quem meu pai costumava trabalhar, escrevo um bilhete cumprimentando-o por isso. Ou se encontro, por acaso, um advogado que costumava trabalhar com meu avô, tento entabular uma conversa relevante e me certifico de mandar depois um bilhete manuscrito ou um *e-mail*. Desse modo, se alguma vez tiver de ligar para quaisquer dessas pessoas para pedir um conselho ou uma assistência, haverá uma ligação mais profunda do que meu sobrenome.

Não limito esse tipo de rede de contatos a pessoas sobre quem leio nos jornais. Também faço questão de me relacionar com banqueiros, corretores e outros profissionais de vários ramos da indústria pelo menos duas vezes por semana. Dessa forma, suponho, estarei criando uma rede maior que a de Tony Hsieh (CEO da Zappos.com). Compareço a eventos comerciais, partidas de golfe, festas, inaugurações – mesmo quando preferiria passar algum tempo em casa sossegada ou sair com amigos à noite para me divertir –, porque é nesses lugares que os negócios acontecem. Preciso estar na mente das pessoas com quem poderei fechar algum negócio, pessoas que possam me apresentar a oportunidades de selar uma série de acordos. Quero saber em que estão trabalhando e deixar que saibam o que estou fazendo, de maneira aberta, para que pensem na Organização Trump em primeiro lugar quando quiserem construir. Então, em algum momento – cada vez mais, espero –, *eles* estarão ligando para *mim*.

Meu pai conta uma história que ilustra bem esses pontos. Certa noite, em 1991, quando os mercados imobiliários despencavam e vários bancos cobravam com agressividade os empréstimos, meu pai foi convidado para uma convenção de banqueiros no Waldorf-Astoria em Manhattan. Em qualquer outra noite, teria ido à convenção sem pestanejar, mas naquela noite em especial sentia-se cansado e deprimido após um dia de trabalho muito difícil.

Estava de pé desde o amanhecer, por isso pensou na hipótese de não ir. Foi para casa e começou a se aprontar para se recolher, mas refletiu novamente e mudou de ideia. Com rapidez vestiu seu smoking e foi correndo para o Waldorf, chegando a tempo para o jantar. Havia perdido o coquetel que em geral precede esses eventos, mas se contentou em pelo menos ter comparecido à convenção.

Durante o jantar, viu-se sentado ao lado de um homem que não parecia nem um pouco interessado em conversar com ele. Às vezes acontece, mas meu pai é um bom companheiro de mesa durante os jantares. Ele é charmoso, engraçado e inteligente – tudo de bom. Finalmente, após quase quinze minutos falando tudo o que poderia falar de melhor, conseguiu quebrar o gelo do cavalheiro, os dois começaram a conversar. Foi apenas então que meu pai reconheceu o homem como um dos banqueiros que queriam executar o seu empréstimo. Meu pai devia milhões para aquele homem! Numa sala com mais de mil pessoas, sentara-se exatamente ao lado da única pessoa que poderia ajudá-lo.

Àquela altura, já haviam começado a se entender, e o banqueiro comentou:

– Sabe, Donald, você não é mau. Por que não vem ao meu escritório amanhã e pensaremos num jeito de resolver essa questão?

Foi exatamente o que aconteceu. Partiram do ponto de encontro em comum que tiveram durante o jantar e encontraram um modo de renegociar os termos do empréstimo.

Escreva um bilhete.

Telefone.

Vá à reunião, à conferência, à festa, à excursão...

Seja o que for, faça um esforço a mais. Porque, no final das contas, nunca se sabe o que pode acontecer.

INFORMES DO MEU BLACKBERRY

BARRY STERNLICHT – Presidente e CEO do Starwood Capital Group

DIFERENCIE O PRODUTO

Quando se trabalha numa grande empresa, uma das coisas mais importantes de que devemos nos lembrar é que pertencemos a uma marca. Como funcionários, somos a personificação da marca. É necessário nos colocarmos no lugar da marca e nos perguntar: "Como a marca gostaria que eu me comportasse?". O mesmo acontece no topo. Toda interação, toda iniciativa, toda decisão é um momento da marca. Estamos no ramo da hotelaria, mas digo ao nosso pessoal que são as interações com os funcionários que as pessoas guardam na lembrança, não os tijolos. O hotel pode ter um projeto arquitetônico maravilhoso, mas, se alguém for rude com um hóspede enquanto ele esteve ali, é tudo o que dirá quando for embora para casa. É bom ser um estranho no ramo. Digo isso em relação aos hotéis, mas se aplica à maioria dos casos. Não quero denegrir as escolas de hotelaria, mas todos aprendem a mesma coisa. Dão uma boa base, mas não ajudam a diferenciar o produto. Se cada lata de Coca-Cola tivesse um gosto diferente, não haveria uma marca. É necessário ter a consistência da experiência. É preciso construir um produto diferenciado. Para começar, é preciso ser como a Starbucks é para o café, como a Target é para o varejo. É preciso criar uma atitude em relação à marca e depois reforçá-la com inovação de produtos e serviços que distingam o que fazemos daquilo que todo mundo faz.

Grande parte do meu sucesso dirigindo a Starwood Hotels & Resorts veio na área de inovação de produtos. Éramos os menores da "grande árvore", em termos de receita dentro do sistema, seguindo o Marriott e o Hilton, portanto precisávamos nos alçar a um patamar mais alto. Precisávamos trabalhar para encontrar e manter nossa vantagem. Tornamo-nos conhecidos por nossa Cama Divina. Inventamos também a Cama Divina para Cães, e tudo se ramificou de algo que aprendi na faculdade de administração: "Cortesia de Howard Head". Ele inventou os esquis Head e depois voltou a atenção para o calçado de tênis e criou a raquete de tênis Prince. Afirmou que as invenções mais bem-sucedidas são as feitas com base nas coisas que usamos no dia a dia, de maneira mais fácil, mais prática, melhor. Então tomou o conceito e aplicou-o ao tênis. Aumentou a tela da raquete de tênis, deixando-a com uma área maior. Grande ideia. Ganhou muito dinheiro com isso. É o que tentamos fazer com nossas Camas Divinas. Tomamos algo que as pessoas haviam praticamente esquecido e com a qual haviam deixado de se importar. A tendência era cortar custos, e as pessoas tentavam economizar seus dólares em colchões, travesseiros e lençóis, mas, se quiséssemos distinguir nosso produto e nos conectar com o cliente, tínhamos aí uma grande oportunidade. Em hotelaria, não há outra forma de se aproximar mais do cliente do que por intermédio da cama. Ele ficará deitado no produto por oito ou dez horas, então nosso pensamento foi investir o dinheiro nelas e criar a melhor cama de hotel.

Na maioria das empresas, a inovação dos produtos lhe dá apenas uma vantagem instável. Qualquer um pode copiar o que estamos fazendo. Mas, se conseguir alinhar uma série de inovações, será identificado como uma empresa inovadora. E algumas darão certo. O primeiro a ir para o espaço é normalmente aquele que dá o nome. Com tocadores de MP3, Apple foi o primeiro a sair, e agora as pessoas pensam no iPod. Entre nós, mesmo que Marriott, Hilton e Hyatt tivessem novas camas, a Cama Divina era Westin's, e ganhamos a aprovação e nossa fatia de mercado.

A chave para a conquista da excelência em qualquer organização é padronizar a marca fora do mercado e padronizar a empresa em relação às melhores da categoria – não apenas dentro da sua indústria, mas em relação a todas as demais. Veja seus recursos humanos, por exemplo, e veja os melhores recursos humanos no país, no mundo – não apenas na indústria hoteleira. Mude os padrões de excelência e não tenha medo de fazer as coisas de modo um pouco diferente dos outros. Então, ao observar os padrões, encontre uma forma de aplicá-los à sua empresa. Por isso foi de grande ajuda eu ter vindo de outro lugar. É algo que nos liberta de maneira a poder centrar as diferenças de excelência, a distinguir o que fazemos daquilo que todos os outros fazem dentro do mesmo ramo.

Uma das nossas melhores inovações veio de um de nossos sócios no Canadá que, por acaso, notou um chuveiro de cano curvado num pequeno catálogo de peças de banheiro. Era um item simples e pequeno, que custava em torno de treze dólares, mas que abria bastante espaço dentro de um boxe apertado. Aquele item fez o interior do boxe parecer muito maior. Ao constatar isso, com rapidez o transformamos em um dos nossos padrões, mas claro que, depois, todo mundo viu. Todos os demais hotéis tinham canos de chuveiro retos, e nos copiaram. É algo que parecia óbvio, mas alguém reparou, nossos sistemas captaram a ideia, chegou à minha mesa e então a implementamos. Tivemos uma vantagem por algum tempo, mas esta foi apenas uma de uma série de constantes mudanças necessárias para manter a marca no topo de forma relevante. É assim que uma grande empresa trabalha melhor, quando ideias que vêm de baixo chegam ao topo sem serem eliminadas ao longo do caminho; quando a experiência do cliente e da equipe têm a chance de tornar o produto um pouco melhor a cada dia para ajudá-lo a fazer a diferença. A diferenciação constrói o valor da marca, e as marcas criam vantagens econômicas e, portanto, valor acionário sustentável.

CAPÍTULO 11
INDO SOZINHO

O ato mais corajoso ainda é pensar por si mesmo.
— Edward de Bono

Por trás de cada novo empreendimento há um pouco de arrogância e empáfia, como se pudéssemos fazer algo melhor do que outra pessoa – no meu caso, que pudesse projetar e construir um imóvel com todas as facilidades possíveis para garantir que o hóspede ou morador preferisse se instalar ali no máximo do luxo. Seja o que for que queira fazer, produzir ou vender, montamos um negócio com a presunção de que podemos fazer melhor, de modo mais eficiente e mais bem bolado do que a concorrência. De outra forma, por que fazer?

Trabalhava na Organização Trump havia dois anos quando surgiu uma inesperada oportunidade de praticar alguns desses impulsos – numa área que ainda não tinha cogitado. Não estava procurando uma nova atividade, mas acredito que devamos manter nossas antenas ligadas e captar qualquer sinal que vier. É o espírito do empreendimento. Não significa que devemos limitar nosso foco a oportunidades dentro do nosso campo ou área de conhecimento. Ao longo dos anos, meu pai fez incursões bem-sucedidas em territórios que eram, na época, totalmente novos para ele: concursos de beleza, livros, agência de modelos, e eu podia ver a adrenalina que inundava seu corpo ao assumir um risco calculado e tocar um novo experimento. Observava-o e pensava: "Algum dia, Ivanka, chegará sua vez". Essa chance se apresentou de forma paralela. Tentava conseguir um terreno em Fort Myers, Flórida. Não gostei do contrato quando me foi apresentado, mas o examinei mesmo assim. Na época, há quase dois anos trabalhando na Organização Trump, analisava tudo o que me caía nas mãos para aprender cada aspecto de todos os negócios que fazíamos, e foi muito bom que o tivesse feito, porque, apesar de o terreno não ser atraente, me conduziu a outra oportunidade.

Especificamente, trouxe-me um bom relacionamento profissional com o jovem empresário Moshe Lax, que havia me apresentado o terreno. Todos os negócios reduzem-se a relacionamentos, de uma maneira ou de outra, e fazemos bem em cultivá-los sempre que possível. Foi um dos grandes temas nessa primeira fase da minha carreira, como tem sido nas páginas deste livro. Nunca se sabe quando um contato-chave poderá ajudá-lo a abrir a próxima grande oportunidade, e foi exatamente o que aconteceu. Nos meses seguintes, estabeleci uma amizade profissional com Moshe e Chaim, agora seu falecido pai. Nós três passamos a trocar ideias. Apesar de termos nos conhecido por causa do setor imobiliário, o negócio principal da família eram os diamantes. De fato, eram donos uma grande empresa de fabricação de diamantes com sedes em Nova York e em Israel. A empresa era uma das maiores fornecedoras de diamantes avulsos para algumas das mais renomadas grifes de luxo do mercado. Moshe queria que os negócios da empresa crescessem. Sob esse aspecto, creio, éramos muito parecidos, tentando fazer o próprio caminho por uma senda aberta por nossos pais e tentando estender esse caminho em novas direções, o que, acredito, explica por que nos associamos.

Meu novo sócio era um empresário completo. Eu o admirava por isso. Ele também não queria deitar sobre os louros do pai ou se aproveitar do sucesso das empresas da família. Admirava isso também. Além da empresa de diamantes e da carteira de imóveis, ainda possuía vários restaurantes bem-sucedidos em Nova York, então tinha uma boa experiência em vendas no varejo para complementar o conhecimento em comércio de diamantes no atacado. Nessa época, ele se esforçava para manter uma porta aberta no varejo para a empresa de diamantes da família. Especificamente, tinha uma loja na avenida Madison que não estava correspondendo às expectativas. Não conseguia encontrar o *design* ou a marca de forma que pudesse distinguir suas peças das outras feitas pelos outros *designers* de joias das lojas próximas à sua butique. As peças eram feitas artesanalmente com lindos diamantes e os melhores materiais, mas tinham um estilo genérico, sem impacto. Pareciam com quaisquer outras joias. Não havia nada que atraísse os clientes para aquela loja sem charme – e com certeza nada que os fizesse voltar uma segunda ou terceira vez.

O esforço fazia sentido, mas, ao mesmo tempo, também fazia sentido continuar insistindo, considerando a enorme vantagem que havia em relação aos outros joalheiros com a empresa de diamantes da família. A vantagem estava em ser dono do estoque de pedras, o que basicamente lhe permitia ser o próprio fornecedor. Moshe, portanto, acreditava na viabilidade do negócio e pensava que essas idas e vindas faziam parte do crescimento, algo que logo conseguiria superar.

Conversamos sobre como ele poderia revigorar a coleção de joias, e ele gostou de muitas das minhas ideias. Sinceramente, eu também. Não havia percebido que tinha paixão ou gosto por esse tipo de esforço de *marketing*, mas acredito que tenha folheado várias revistas de moda e usado outras tantas, caríssimas, para saber o que poderia funcionar na área. Além disso, adoro joias! Que garota não gosta? Em particular, a filha de Ivana Trump!

Sem perceber, comecei a me animar com a perspectiva de como uma joalheria redesenhada poderia se parecer comigo no projeto. Meu novo amigo reconheceu que estava tão entusiasmada quanto na posição de contribuir com uma qualidade singular para a operação, então começamos a conversar sobre como poderíamos trabalhar juntos numa loja de joias. Não que estivéssemos pensando em fechar um negócio. As conversas continuaram a evoluir em meio aos outros assuntos profissionais, e, quanto mais procurávamos por oportunidades, mais encontrávamos motivos para gostar da ideia da parceria.

SIGA SUA CURIOSIDADE

Muitas vezes, quando procuramos oportunidades, as melhores ideias têm um modo de se mostrar. Como empresários, devemos estar abertos para o que se apresenta à frente. Não significa que devemos sair rastreando o planeta atrás de negócios interessantes escondidos em algum lugar, mas é bom lembrar que na maioria dos casos os empreendimentos mais viáveis, mais lucrativos, estão bem debaixo do nosso nariz. Como disse, nunca tinha pensado sobre o mercado de joias de luxo até Moshe e eu começarmos a conversar sobre ele, mas me parecia uma boa ideia. Meu possível sócio tinha uma grande experiência em diamantes e uma tremenda vantagem e poder de compra, que reduziria drasticamente o capital inicial de que precisaríamos para lançar o novo empreendimento. (A barreira de entrada tradicional para qualquer joalheiro que trabalhe com diamantes é o custo das pedras, e tínhamos um suprimento imediato de qualidade a preço razoável.) Do meu lado, havia um forte conhecimento em desenvolvimento de marca, que era o que a empresa de diamantes mais precisava para criar um nome próprio no varejo. Além disso, tinha alguma experiência e muitos contatos dentro do mundo do *design* e da moda, e ainda grandes ideias para uma coleção que com certeza se destacaria.

No geral, parecia haver um negócio factível e sustentável ali esperando para ser iniciado, portanto passamos a conversar em outro nível. Ao fazê-lo, comecei a perceber que estava doida para encontrar uma abertura para fazer a minha marca *fora* dos negócios da família. Não era uma paixão declarada, mas estava lá, bem no fundo, escondida. Estava indo bem na Organização Trump e em apenas dois anos havia conseguido silenciar a maioria das pessoas que presumiram que estivesse ali por causa do meu nome e parentesco, mas é um grande reconhecimento fazer algo por conta própria que não tenha nada a ver com seu famoso pai. Por isso, correspondi a esse aspecto de uma possível sociedade. É evidente que o principal interesse e responsabilidade permaneceriam junto à Trump, mas não havia motivo para descartar uma oportunidade paralela tão atraente.

Veja, não queria apenas formar uma nova empresa. Isso não me atraía naquele momento da minha carreira, sem dizer que não seria nem um pouco prático. Com certeza, não teria o dinheiro para investir nos sonhos de ninguém. Percebo, evidentemente, que este é em geral o jogo final para muitos investidores e sócios ocultos, mas não estava em posição de investir na empresa de outra pessoa. *Estava*, no entanto, propensa a investir no meu próprio sonho, e com bastante rapidez a ideia da joalheria emergiu como uma paixão. Isso me remeteu a muitas noites da infância, quando assistia a minha mãe se vestir para um jantar ou festa de gala. Adorava vê-la escolher as joias que iria usar. Ela me deixava experimentar todas as peças, e eu fazia poses na frente do espelho, imaginando-me muito elegante e sofisticada. Fazia com que me sentisse adulta. Ela costumava me levar junto quando ia fazer compras, também, embora as famosas joalherias da Madison ou da Quinta Avenida parecessem mausoléus frios para uma menina como eu. Muitas vezes, minha mãe e eu éramos as únicas clientes dentro da loja, e me lembro de ter sentido como se todos os funcionários estivessem olhando para mim, observando todos os meus movimentos. (Provavelmente achavam que tentaria furtar alguma coisa!) Na verdade, estavam com os olhos grudados na minha mãe, esperando que ela gastasse o máximo possível.

Pessoalmente, achava essa vigilância bastante opressiva. Intimidadora. As pessoas que trabalhavam nessas lojas eram sempre muito solícitas com a minha mãe ou com os poucos clientes que ali entravam, mas nunca me senti totalmente à vontade num ambiente tão austero, o que, creio, explica por que nunca entrei nessas lojas sozinha. Não que não tivesse dinheiro para me dar um lindo colar novo ou um adorável par de brincos de vez em quando, mas não me sentia atraída em fazer compras nesse tipo de loja, nem as minhas amigas.

Ao conversar com Moshe, comecei a pensar num modo de transformar essa distância numa vantagem.

CONSTRUA UMA MARCA

Quanto mais eu pensava nas experiências da minha mãe nessas lojas sofisticadas e em meu distanciamento sentada a seu lado, mais reconhecia a oportunidade de uma linha de joias de luxo criada para a mulher moderna com base nas necessidades e gostos baseados em seu estilo de vida, mulheres que não esperavam que os maridos ou pais lhes dessem uma joia caríssima de presente. Mulheres que tivessem um apelo de elegância que talvez não estivesse refletido nos *designs* dos joalheiros mais tradicionais e sofisticados. Mulheres que não se sentiam à vontade para usar as joias das avós, mas queriam investir em peças antigas e chiques, com traços familiares, que gostariam de usar por muito tempo e das quais gostariam de desfrutar antes de passá-las a filhas e netas. E, acima de tudo, mulheres que estivessem procurando uma orientação das filhas, mais voltadas para a moda, a fim de saber o que usar — em vez do contrário: procurar as mães, como era costume ao longo de várias gerações.

À medida que acertávamos os detalhes, notei que havia um vazio no mercado esperando para ser preenchido. Selamos nossa parceria e resolvemos levá-la adiante. Moshe já tinha um lugar na avenida Madison, então nosso primeiro passo foi fechar a loja e refazê-la de cima a baixo. Contratamos uma equipe de *design* fantástica para dar um trato no visual, que também incluiria as embalagens. Nosso objetivo inicial era dar a ela uma aparência *art déco*, que seria mais atraente e convidativa do que o modelo de mausoléu de que me lembrava da infância. A aparência seria reforçada com o estilo de nossas peças ao começarmos a desenvolver a coleção, mas a primeira ordem comercial era redecorar o espaço de maneira retrô e criar uma assinatura, um estilo, uma identidade e um logo para a nossa nova marca.

Ao longo do caminho, fiz algumas anotações mentais sobre o que precisaríamos fazer ao apresentar a coleção, e as compartilho aqui por se aplicarem para lançar qualquer nova empresa, produto ou serviço:

Faça uma extensa pesquisa de marca. Esse é um primeiro passo bastante óbvio, mas iria se surpreender se visse quantos principiantes dão com a cara na parede quando descobrem que outra pessoa já detém aquela marca. Em nossa época internáutica, significa assegurar o nome do domínio também.

Desenvolva uma identidade forte. Sua aparência e seu logo são muito importantes. Hoje em dia, o *design* de sua página também faz parte dessa "aparência" (veja www.ivankatrumpcollection.com), junto com as embalagens e outros materiais da empresa. Gaste algum tempo para projetá-los, porque serão a imagem que os clientes levarão para casa, comprem ou usem o produto ou não. Torne-se inesquecível.

Não confunda oferta e demanda. Outro conselho básico. Apenas porque tem bastante de um produto, não significa necessariamente que muitas pessoas vão querer comprá-lo. Identifique a demanda pelo produto primeiro e, depois, lance-o. Edifícios de luxo são um ótimo exemplo. Incorporadores escolherão um terreno como ideal apenas porque outros incorporadores estão construindo projetos semelhantes em terrenos próximos. Mas não estamos falando sobre *Campo dos sonhos* aqui. "Se você construir, eles virão" pode parecer uma mensagem poderosa num filme meloso sobre beisebol, mas um *resort* com muitos lançamentos imobiliários pode ser uma imensa furada.

Identifique o vazio que existe no mercado e posicione a marca de forma a preenchê-lo sozinho. Se quiser fornecer um produto ou serviço que não esteja disponível no seu ponto de venda, pesquise a concorrência nos dois sentidos. Pode haver alguma razão para ninguém estar transitando por aquele mercado. Se não houver motivo, encontre-o e preencha-o.

Crie uma identidade forte e consistente. Seja qual for seu desejo quanto à imagem, estabeleça-a logo e mantenha-se fiel a ele. Sem uma reputação estabelecida, não existe marca, então se esforce para criá-la e mantê-la. De outro modo, perderá o alvo. Por exemplo, Trump é sinônimo de luxo, *glamour* e elegância. Todo projeto que realizamos reforça essa reputação. Desviar desses princípios seria minar os valores da marca.

Defina o mercado. Eis uma regra básica. Descubra o cliente-alvo, mesmo que não pareça tão óbvio no início. Quanto melhor conhecer os clientes e suas necessidades, mais facilmente poderá lhes vender.

Certifique-se de que a equipe compreende sua missão, visão e objetivos. Você se espantaria com quantos vendedores conheci que não conhecem o produto nem compartilham a visão do patrão. Em nossos hotéis, temos um programa de aclimatização de dois dias para explicar extensamente aos novos funcionários quem somos e o que a Trump Hotel Collection representa. Faça com que a equipe embarque com você ou terá um grupo de agentes livres fazendo o que lhes der na cabeça.

Foque no serviço ao cliente. Num mercado competitivo, toda empresa é uma empresa de serviços. O cliente tem sempre, sempre, sempre razão. Mesmo quando não tiver razão. Certifique-se de montar um sistema para dar voz ao cliente – e, também importante: preste atenção ao que ele diz. O CEO da cadeia de hotéis Orient Express liga ao acaso para três quartos de toda a rede todos os dias, apresentando-se e perguntando aos hóspedes se estão gostando da estada. Faça a conta: três ligações, 365 dias por ano... Representa um retorno enorme!

Incentive a lealdade à marca a cada oportunidade. Um dos indicadores do nosso sucesso no mercado imobiliário é ter diversos proprietários de apartamentos que compram unidades em mais de um edifício Trump. Alimentamos esses relacionamentos e garantimos que os mesmos compradores saibam que valorizamos seu negócio dando-lhes a chance de consultar os imóveis em pré-venda em primeira mão, apoiando iniciativas filantrópicas ou talvez até mesmo oferecendo-lhes acomodação em um dos hotéis. Tudo que os faça continuar comprando.

Evite gastar sempre que possível. É necessário gastar para ganhar dinheiro. Isso é especialmente verdade ao lançar uma nova marca, mas, se não tiver cuidado, verá que a maioria dos gastos colaborará muito pouco para o sucesso. Faça uma pesquisa primeiro, antes de gastar muito em qualquer setor. Estude atentamente a apresentação do produto, o segmento-alvo e a estratégia de *marketing*. Só então aloque o dinheiro onde ele poderá lhe dar o maior retorno.

Não acredito na contratação de consultores. Meu estilo é falar com o maior número de pessoas que puder, ouvir especialistas de várias áreas a que tenha acesso e em seguida tomar minha própria decisão. Não raro, quando procuramos as pessoas certas, recebemos o conselho de que precisamos de graça, e, quando ele é dado de graça, toca uma corda mais forte em nós. Prefiro ouvir um amigo ou um profissional conhecido que tenha uma opinião franca sobre um assunto que conheça a contratar um consultor que vai me passar ideias preconcebidas, dizer algo que seja um lugar-comum, ou o que ele pensa que quero ouvir.

Procurei todo mundo que conhecia no mercado de joalheria. Conversei com comerciantes, fornecedores, varejistas de diamantes, todos que consegui alcançar e encher de perguntas. Perguntei-lhes quais tinham sido as estratégias mais bem-sucedidas e quais não tinham funcionado. Também falei com mulheres que seriam nosso público-alvo, para entender o que queriam encontrar. Falei com meus amigos, mas também com minha mãe e muitas de suas amigas. Tentei abranger um campo bem extenso, e tudo o que ouvia era que procuravam uma linha de joias de luxo que unisse o que usaram quando jovens e o que as mães haviam usado.

Basicamente, mergulhei numa longa e informal "consulta instintiva", e eis o que o meu instinto me contou: por várias gerações, os homens faziam grande parte das compras dentro do mercado de joias de luxo. Ou, pelo menos, assinavam na hora de pagar. Mulheres e namoradas diziam o que queriam – às vezes, de modo não muito sutil –, e então os homens saíam e compravam a joia. Em geral, a venda estava associada a alguma ocasião, como um aniversário ou bodas de casamento. Mas os tempos mudaram e hoje as mulheres estão fazendo a maioria das compras para si mesmas até determinado preço, portanto fazia sentido que nossa loja refletisse essa mudança. Alguns dos joalheiros mais famosos do mundo fizeram um esforço para, ao menos, reconhecer o poder de compra das mulheres independentes, embora a maioria de fato não tenha correspondido a essa mudança dentro do mercado. Ainda comercializavam da forma tradicional, o que nos levou a criar uma atmosfera feminina atraente, que acolhesse as mulheres e lhes desse força para assumir esse aspecto da vida. Elas poderiam ainda dar dicas aos maridos ou namorados sobre o que gostariam de receber: esta ou aquela joia no Dia dos Namorados, mas, durante o ano, também poderiam ir à loja e comprar algo para elas mesmas. Descobri que havia uma geração inteira de mulheres como eu que queria se recompensar pelo trabalho árduo e bem realizado, e pelas conquistas. De alguma maneira, minhas joias se encaixariam aí!

Pense nestes números: 90% das pessoas que tomam decisões são mulheres; 50% compram para si mesmas; e 40% fazem a escolha. De modo simples, elas mandam os maridos para gastar na loja. Assim, embora 50% dos clientes que frequentem a loja sejam homens, na realidade somente 10% dos homens tomam a decisão de fazer a compra. (O restante só está fazendo o que lhes foi mandado fazer!)

Por que não moldar o produto e o ambiente da loja às mulheres, atendendo a seus desejos e necessidades? Outras joalherias são tradicionalmente masculinas, em particular porque a maioria dos revendedores de diamantes são homens: Laurence Graff, Louis Cartier, Harry Winston etc. Mas meu instinto e meus contatos continuavam me dizendo para manter a loja romântica, suave e convidativa. Queríamos transformá-la num ambiente brilhante, vivaz e caloroso. Mantivemos toda a suntuosidade da joalheria clássica da Quinta Avenida, com muitos espelhos e sedas, incrustações douradas e o mais fino mármore, mas queríamos dispensar os tons esnobes e elitistas. Pensamos que um modo de fazê-lo seria realçar o lugar com padrões *art déco* e toques de cor. Depois de muito refletir e ponderar, selecionamos o coral como nossa cor "significante" e a aplicamos ao *design*. (Vou falar mais sobre isso adiante.) Também decidimos servir champanhe e chocolate quente, porque queríamos que uma visita à butique fosse uma experiência divertida e relaxante. Ainda lembraria um ambiente superluxuoso à entrada, mas também se assemelharia a um *closet* feminino ou a um *boudoir*. O efeito seria muito mais prazeroso e convidativo do que se esperaria encontrar numa loja.

Uma das inovações mais simples da loja tornou-se uma das mais significativas. Em Manhattan, a maioria das joalherias de luxo tem um vestíbulo na frente. É uma entrada com duas portas que "segura" o cliente entre a porta da rua e a segunda porta que dá acesso à loja, como medida de segurança. Os clientes têm de esperar que cada uma das portas seja destravada eletronicamente, para que ninguém entre nem saia correndo sem ser visto pela equipe de segurança. Suponho que tenha um propósito, mas pensei que seria muito formal e embaraçoso. Estabelece um tom arrogante antes mesmo de o cliente cruzar a soleira da loja. Evidentemente, quando se tem milhões de dólares de mercadoria furtável dentro de um local, o dono e a companhia de seguros observarão medidas extras de segurança com bons olhos. Esclarecido esse ponto, imaginamos que poderíamos atingir o mesmo objetivo com seguranças posicionados permanentemente na porta, vestidos como porteiros. Nossos guardas também dariam as boas-vindas às clientes ao lhes abrir a porta, com um cumprimento pessoal – o primeiro sinal de que a experiência de compra seria diferente. A princípio, a seguradora não gostou muito da ideia de usarmos porteiros, porque estavam habituados a tratar desse problema de maneira predeterminada, mas conseguimos convencê-los e, desse modo, estabelecer um tom mais suave e convidativo, praticamente do momento em que o cliente pusesse os pés dentro da loja.

Em seguida, começamos a prestar atenção ao público-alvo e à estrutura de preço. Queríamos oferecer peças de luxo que tivessem cinco, seis ou até mesmo sete casas decimais, mas, ao mesmo tempo, queríamos oferecer peças que tivessem preços entre quinhentos ou mil dólares. Esse é um leque bastante amplo. Da mesma forma, as peças mais baratas ainda representariam uma compra sofisticada para a maioria das pessoas e, com certeza, mais do que gastariam na Tiffany por um artigo mais em conta, mas acreditávamos que estaria adequado ao público-alvo. Desse modo, jovens mulheres que fizessem as primeiras compras mais significativas poderiam crescer com nossa grife à medida que aumentassem seu poder aquisitivo. Na Tiffany, é claro, os clientes poderiam se manter fiéis por muito tempo, mas, ao estudar os produtos, descobri que muitos dos recursos estavam concentrados na venda de itens que custavam centenas, e não milhares de dólares. Como a Tiffany já faz isso tão bem, não queria competir no mesmo espaço. Queríamos preencher o vazio logo abaixo dos joalheiros de luxo como Harry Winston, Bulgari, Graff, Van Cleef & Arpels – butiques que representavam a venda de cinquenta mil dólares ou mais –, criando, simultaneamente, peças de luxo que causariam inveja a qualquer joalheria. Esse era o mercado que estávamos procurando, com alguns itens que custavam quinhentos ou seiscentos dólares e seguiam a mesma linha das peças mais dispendiosas. Como uma boa joalheria, todas as peças da coleção, das mais baratas às mais caras, eram confeccionadas com ouro branco 18 quilates, platina e diamantes. Significava focar em lindas pérolas e ônix preto em lugar de diamantes nas peças de preço médio. (Mais tarde, acrescentamos linhas com ouro amarelo e rosa 18 quilates, usando diamantes com cristais de rocha e outras pedras.) A ideia era criar um ambiente para as clientes mais jovens e menos abastadas, para entrar no universo da marca fazendo compras bonitas, embora significativas, enquanto aguardavam para comprar algumas de nossas peças mais luxuosas – tudo sem sacrificar a qualidade ou o prestígio e sem riscar a imagem que estávamos cultivando como joalheiros femininos, inovadores e inspirados.

É importante notar que, a cada decisão que tomávamos nessa fase de lançamento dos produtos e da loja, mantínhamos o olho nas mudanças sísmicas na cultura de consumo norte-americana e no papel que as mulheres ocupavam nele em tempos atuais. Isso também se traduziu na categoria de "consulta instintiva" como busca de *insights* e informações que pudesse recolher e processar durante a minha fase de "preparação". Cheguei à conclusão de que não fazia mais sentido abrir uma butique de luxo com base na ideia de montar uma armadilha para um homem rico e praticamente forçá-lo a fazer uma compra vultosa. Há dez, vinte ou trinta anos, os clientes não tinham acesso a toda informação que está instantaneamente disponível hoje. Não podiam acessar as lojas *on-line* e comparar preços e *designs*. Hoje, se não ficarem encantados com uma peça em especial ou forem desmotivados por um mau atendimento numa loja, simplesmente vão comprar em outro lugar. As pessoas se informam muito mais do que antes, então não me preocupei com o fato de alguém sair da loja sem comprar nada.

O que me *preocuparia* era se não voltassem mais.

DESENVOLVA UMA ASSINATURA

Uma das coisas de que mais precisávamos era um nome. Tínhamos de batizar nossa linha de... alguma coisa. Uma escolha óbvia se estivéssemos procurando construir ou manter uma grife era meu próprio nome. Afinal, se iria ser a imagem pública da coleção de joias, fazia sentido comercial reforçar essa conexão no nome da nossa linha. De fato, a única discussão que tivemos internamente era se deveríamos usar o meu nome completo ou apenas o meu primeiro nome. Pensando hoje, acho que meu nome teria funcionado bem, por ser singular. Mas todos percebemos que, se esperávamos expandir no mercado internacional, perderíamos uma grande oportunidade em deixar o sobrenome Trump de fora. Já havia visto, em primeira mão, o valor que a marca Trump tinha levado a imóveis à venda, portanto seria bom mantê-lo nesse caso também.

Por essa razão, nunca precisamos acrescentar uma palavra ou frase para indicar o luxo e a opulência da nossa linha – como "lustro" ou "brilho" –, porque esses adjetivos seriam secundários e dispensáveis. Ademais, a maioria dos joalheiros clássicos e estabelecidos do mundo estava por trás de um nome de família ou do nome do fundador, e em relação a esse ponto caberia usar meu nome também – um nome que já representava luxo, *glamour*, riqueza e aspiração. Depois de um curto debate, escolhemos "Ivanka Trump". Para nós, era uma proposta que acrescentava valor – em particular agora, que desfruto de mais destaque por estar ao lado do meu pai em *O aprendiz*. Era um reconhecimento já construído, portanto seria bobagem deixar o meu nome de família de lado em troca de outro genérico.

Após a escolha do nome, tínhamos de decidir a cor da nossa marca – aqui, de novo, outra escolha óbvia. Minhas duas cores favoritas são coral e azul. A Tiffany já havia tomado o azul para si, o que nos deixava o coral, que estava ótimo para mim. Lembrava a minha infância em Palm Beach – a casa da minha mãe era toda pintada dessa cor. A cor coral era suave, feminina, atraente, distinta – tudo de bom –, mas também vibrante, forte e cheia de personalidade. Quanto mais olhávamos para ela, mais víamos que o coral abriria nossos caminhos nos negócios e daria o tom certo para a marca. Nossos decoradores aplicaram a cor na loja, da mesma forma que usamos a cor no *design* das peças e em nossas embalagens.

O mais importante: estava *disponível*. Cartier tinha seu conhecido vermelho-sangue. Asprey tinha o roxo tradicional. Van Cleef, o amarelo. Mas o coral estava livre, portanto passamos a usá-lo como uma característica de destaque na decoração da loja, nos *designs* da joias e das embalagens. Lembra aquele significante poderoso ao qual me referi antes? A cor coral seria nossa, e qualquer um poderia encontrá-la como um detalhe na parte de trás de muitos de nossos itens mais populares. Adoro ver como ele aparece por trás de um de nossos brincos ou no fecho de um colar, como uma surpresa linda e inesperada. Nossa ideia era que as pessoas vissem o coral numa joia e se lembrassem imediatamente de Ivanka Trump – um traço de *design*, como a sola vermelha de um sapato de Christian Louboutin. Algo logo reconhecido como uma grande marca.

Uma palavra muito importante sobre a embalagem. De novo, lembre-se da Tiffany: a caixa azul é tão importante quanto a peça que ela contém, porque a caixa sozinha fala por si mesma. É inequívoca e inesquecível. Em alguns aspectos, a empresa presta tanta atenção ao controle do estoque de embalagens quanto da própria mercadoria. E deveria, porque a caixa é a chave para a marca. Na divisão de anéis de noivado de uma joalheria, por exemplo, os *designs* tendem a ser austeros e simples. As pessoas procuram peças clássicas e atemporais, o que significa que um anel comprado numa loja se assemelha muito a um anel comprado em outra. Um futuro noivo com parcos recursos poderia ir à rua 47 em Manhattan e comprar um anel semelhante por muito menos numa pequena joalheria familiar, e ninguém notaria a diferença ao colocá-lo no dedo da noiva, mas esse não é o momento crucial do negócio. É a ocasião em que o anel será oferecido que deve representar algo, e fomos condicionados a pensar que o anel de noivado tem de ser apresentado na caixa azul da Tiffany (um ícone!); portanto, tenho certeza de que muitos rapazes comprariam um anel mais barato no Distrito do Diamante se conseguissem colocá-lo dentro de uma embalagem da Tiffany.

Com isso em mente, gastamos um tempo considerável planejando a embalagem e, no final, criamos uma caixa incrivelmente linda, para realçar as joias de modo inesquecível e anunciá-las como relíquias antes mesmo de a caixa ser aberta. É uma maravilhosa caixa pintada de branco, forrada com veludo preto, com um sugestivo "IT" no fecho. A caixa pode ser colocada sobre a mesa de cabeceira ou no escritório, e muitos clientes fazem isso.

O nome, a embalagem, o ambiente caloroso e amistoso da loja – tudo é puro *marketing*. No final, nosso sucesso remeteria à força da coleção, assim direcionamos a ela nossa energia. O primeiro impulso era atualizar o estilo *déco* clássico e evitar qualquer coisa que parecesse muito estilística ou efêmera. Estilístico é um rótulo muito perigoso para uma linha de joias de luxo, porque queremos que as peças sejam atemporais. Ninguém quer gastar muito dinheiro numa joia que poderá sair de moda na próxima estação, em particular numa economia em recessão. Uma das expressões que vivíamos repetindo nas sessões de estratégia era "chique antigo". Para nós, significava um traço clássico, mas com aparência moderna. Apresentamos diversas peças preto e branco na primeira coleção, porque parecia jovem, vibrante e, ao mesmo tempo, não há nada mais tradicional e puro do que *designs* com contraste em preto e branco.

Escolhemos o oval como nosso símbolo imagético, outro significante de marca, e tentamos incorporá-lo aos *designs* quando possível. Queríamos estabelecer um visual que se tornasse imediatamente reconhecível como uma peça Ivanka Trump. Nenhum outro joalheiro de luxo havia se apropriado dessa forma de modo significativo. Ademais, é um símbolo gracioso e elegante, não acha? É tão feminino e vital, e se encaixa perfeitamente no *design* de alguns brincos e joias.

Meu objetivo, na verdade, era reinventar as joias clássicas de Hollywood de uma época mais antiga, porém atualizando o visual de maneira a não deixá-la tão pesada e datada. Muitas das joias do tempo da minha avó parecem antiquadas hoje, portanto desejava desenhar algo um pouco mais leve, um pouco mais elegante – um olhar contemporâneo sobre uma estética clássica. Ser "usável" também era um fator-chave em nosso *design*. Minha marca está voltada para a mulher moderna, que usa joias dia e noite – não como símbolo de *status*, mas como expressão de estilo e personalidade.

Como nosso lema sugere, queríamos "mudar a tradição".

Indo sozinho

Cada vez mais, ao passarmos por todos os obstáculos que se interpuseram ao longo do caminho durante o período de preparação, vi-me inspirada em minha mãe. Sua atenção ao detalhe, desde a época do Plaza, era uma característica minha. Eu me pegava sendo obsessiva aos mínimos detalhes.

Ao escrever isso, ainda é muito cedo para dizer quanto sucesso permanente teremos com a Coleção Ivanka Trump. Por enquanto, nessa economia recessiva, estamos indo muito bem. Aparecemos nas maiores revistas de moda como *Vogue*, *Elle* e *Harper's Bazaar*. Recebemos prêmios pelo *design* inovador da página na internet. E atraímos um grande espectro de clientes célebres, como Demi Moore, Mary Louise Parker, Alicia Keys e Rihanna, que, de forma tão bela, fazem a "propaganda" da coleção toda vez que usam uma de nossas joias.

Em bem pouco tempo desenvolvemos seguidores firmes e leais. Na verdade, as coisas estão melhores do que "muito bem", e estamos construindo uma forte identificação de marca dentro do segmento de joalherias de luxo. Trabalhamos constantemente em novos *designs* e esperamos expandir para outros lugares.

No momento, no entanto, fizemos mais sucesso do que se poderia esperar. Estamos seguindo em frente, em todos os sentidos. E fazendo nosso próprio nome – *meu* nome! – num campo tão distante da esfera de influência do meu pai, o que me dá a sensação de pertencer apenas a mim.

EPÍLOGO
JUNTANDO TUDO

Nunca, nunca, nunca desista.
— Winston Churchill

Sinergia. É um dos termos mais usados em negócios, mas está no cerne de cada empreendimento bem-sucedido e, ao olhar para trás, para a carreira que comecei na Organização Trump, percebo que está no cerne de tudo o que fiz também.

Então, permitam-me nestas últimas páginas gastar um pouco mais esse termo para dar um exemplo da sinergia atuante em minha própria carreira. Durante a temporada de 2009 de *O aprendiz: Celebridades*, consegui conciliar meu papel na Organização Trump com a personalidade televisiva de tal forma, que acabou por reforçar a minha grife de joias. Eis uma sinergia tríplice, que aconteceu de forma natural. Uma das marcas do programa de televisão do meu pai são as tarefas ou projetos da empresa Trump que os participantes devem fazer. Invariavelmente, envolve uma empresa patrocinadora, que coloca o produto ou serviço participando da história, resultando num benefício direto para a empresa. Veja como uma forma transparente de inserção de um produto, mas tenha certeza de que a NBC e os produtores do programa (entre eles, meu pai, naturalmente) estão sendo regiamente recompensados pela transmissão "livre". Um comercial de sessenta segundos durante um programa de sucesso no horário nobre da televisão pode custar milhões de dólares, e oferecemos exposição em forma de integração de um produto que pode, por vezes, se estender por todo um episódio.

Algumas das tarefas de *O aprendiz* não têm patrocinador (como a vez em que os candidatos tinham de operar um ponto de bicicleta-riquixá no centro de Manhattan), e, por vezes, surgem oportunidades de última hora para preencher um vazio inesperado na programação da produção, quando um patrocinador agendado cai fora por uma razão ou outra. Quando isso acontece, faço uma sugestão de substituição e procuro criar uma oportunidade para a minha linha de joias, lançando um segmento que usaria algumas de nossas peças num desfile de moda e num leilão. A ideia era criar uma disputa entre as duas equipes de celebridades, que naquele momento, no programa, incluíam a jogadora de pôquer Annie Duke, Melissa Rivers e a modelo da *Playboy,* Brande Roderick, de um lado, e Joan Rivers, Clint Black e Hershel Walker do outro. (Walker, a propósito, jogava no time do meu pai, New Jersey Generals, franquia da Liga Americana de Futebol.) Os times teriam de selecionar várias joias da minha coleção e depois leiloá-las num grande evento de caridade. Quem conseguisse levantar a maior quantia em dinheiro durante o leilão venceria a tarefa e continuaria, pelo menos, por mais uma semana no programa.

Os produtores gostaram da minha ideia. Oferecia uma linha de entretenimento interessante e a chance para as celebridades participantes demonstrarem sua capacidade nas áreas de vendas, *marketing,* promoção e administração, o que, é evidente, era o objetivo de uma tarefa típica em *O aprendiz.* Afinal, estamos colocando as qualidades comerciais dos participantes em questão, por isso a ideia é desenvolver um projeto que abranja essa área. Esta parecia se encaixar perfeitamente. Como bônus, ainda havia os elementos de moda, caridade e *glamour,* todos inseridos num ambiente profissional. No final, os produtores gostaram tanto da ideia, que a transformaram num episódio especial de duas horas de duração.

Mais importante para mim pessoalmente, o episódio ofereceu uma grande forma de integrar os três aspectos da minha carreira. Chegamos a rodar um segmento dentro da minha butique na avenida Madison. Uma exposição desse tipo não tem preço. Além do mais, nossa linha de joias foi debatida ao longo de todo o episódio, e várias de nossas peças apareceram com destaque, com cada uma das celebridades por sua vez dizendo como eram bonitas!

Juntando tudo

Quando arregaçamos as mangas e nos colocamos a trabalhar em diferentes áreas, não podemos fazer outra coisa senão nos dedicar por completo. Dentro de nossa rede de hotéis, para destacar outro exemplo, por vezes ofereço aos hóspedes mais leais quinhentos dólares de crédito numa compra de joias em minha butique (ou na página da internet), como uma forma de agradecer aos melhores clientes e, ao mesmo tempo, atrair o público certo para a loja. Ou levo um possível parceiro de incorporação ou contato bancário importante para uma partida de golfe e um maravilhoso almoço em um de nossos campos para ajudar a fechar o acordo. É uma forma de construir uma rede de contatos e relacionamentos que exponha a pessoa em questão à qualidade de vida que existe disponível para todos os associados da Trump.

Chame do que quiser, mas eu chamo de sinergia. Tudo que fiz me conduziu direto ao que estou fazendo, como tudo o que estou fazendo está ligado ao que poderei fazer depois. Faz parte do todo, e o mesmo acontece com meu pai e meus irmãos. Com minha mãe também, agora que ela vive por conta própria. Afinal, não trabalhamos num vácuo. E não vivemos num vácuo também. Portanto, penso que a melhor forma de viver e de ter uma carreira é realizar tudo o que faz sentido e manter o que dá certo.

Ao usar princípios de conduta, podemos sempre nos aprimorar.

Este livro foi composto em Bembo Std
para Texto Editores Ltda.
em abril de 2010.